中国教育管理文库

·学术前沿系列·

教育管理研究范式与方法论

秦梦群　黄贞裕◎著

教育科学出版社
·北　京·

“中国教育管理文库”
编委会

“中国教育管理文库”总序

改善中国教育管理的知识状况

国家竞争是人才的竞争，也是管理的竞争、制度的竞争。管理落后存在于中国社会各个层面，严重制约着中国的发展，也严重制约着中国教育的发展。改革开放30多年来，中国教育成就多多，但也存在一些问题，现在中国教育的发展站在一个转折点上，教育发展模式由外延扩张为主转向内涵发展为主，提高质量、促进公平成为今后中国教育改革与发展的核心目标。当前我国的教育管理状况尚不能适应教育发展模式转变的需要，不能适应提高质量、促进公平的要求，教育管理的理念、体制、机制、模式、方法等亟待改变。

管理实践对理论研究提出了严峻挑战。尽管改革开放以来我国教育管理的知识状况有了较大改观，国外知识大量引入，知识总量不断增加，研究方法不断改善，但总体而言，研究范式和研究方法依然滞后，高水平的基础理论研究和应用研究凤毛麟角，理论知识对实践变革的贡献并不显彰，远远不能满足管理实践的需要。中国教育管理的知识状况与国际学术前沿相比有很大差距，与中国教育管理实践的客观要求有很大差距，与中国的教育大国地位很不相称，亟待改善。

“中国教育管理文库”就是为改善中国教育管理的知识状况而搭建的一个知识平台，由教育科学出版社与我国教育管理研究者鼎力合作打造。作为一个知识平台，其直接目标是知识贡献，而其间接目标是用知识的力量来提升中国教育管理的实践水准。“中国教育管理文库”的宗旨是：改善中国教育管理的知识状况，提升中国教育管理的实践水准。

与以往的教育管理类丛书、译丛、系列教材、集刊等知识平台不同，“中国教育管理文库”力图搭建的是一个综合性的、更高水平的知识平台，力求在教育管理知识的生产、转化、传播方面实现新突破，更加强调教育管理研究方法的规范性，更加强调教育管理理论研究的原创性，更加强调教育管理知识对于改进实践的针对性，更加强调教育管理课程建设的基础性和优质化。

“中国教育管理文库”分为学术前沿、管理实务、精品教材三个系列，定位各有侧重。

学术前沿系列侧重教育管理知识的生产，尤其强调知识生产的创新性。力图呈现我国教育管理研究的最新成果，传播教育管理的新理论和新方法，尤其注重教育管理研究方法的突破。学术前沿系列以教育管理各分支学科的基础研究和专题研究为主，选题范围涉及教育管理基本理论、教育管理研究方法、教育政策、教育战略规划、教育法学、教育行政、学校管理、教育督导、教育评价、教育管理史等诸多方向。

管理实务系列侧重教育管理知识的转化，强调知识服务于实践的针对性和实效性，目的是改进教育管理实践。管理实务系列以各级各类教育机构的管理实务为主要内容，选题范围涉及幼儿园管理、小学管理、初中学校管理、高中学校管理、职业学校管理、高等学校管理等内容，也涉及更加细分的内容如幼儿园安全管理、小学班级管理、青春期学生管理、高中课程改革、职业学校文化建设等。

精品教材系列侧重教育管理知识在大学的传播，强调教育管理知识的基础性和优质化，目的是为学生未来从事教育管理理论研究或者实践改进奠定扎实的知识基础，完善学生的知识结构，提高学生发现、分析、解决教育管理问题的能力。选题范围以高等学校本科生和研究生的主要课程为基础予以确定。

三个系列涉及的知识类型各有差异，学术前沿系列侧重学术性知识，管理实务系列侧重实践性知识，而精品教材系列侧重基础性知识。教育管理知识应该走出混沌状态，予以分化、分层、分类，这样才更有利于知识的生产、转化与传播，提高知识的生产效率和使用效益。在此意义上，“中国教育管理文库”也是一个对教育管理知识进行分类管理的知识管理平台。

该文库之所以冠以“中国”之名，是为了凸显中国教育管理研究的主体性。文库具有鲜明的“中国”意识，它扎根于也服务于中国的教育管理理论与实践，它重视研究的国际视野，强调国际的学术交流与合作，但其最终目的是为我所用，移植是为了借鉴，国际化服从于本土化。随着国外教育管理著述的大量译介，我国教育管理知识总量中，国外知识占了不小比重，甚至出现了“过度移植”、“食洋不化”的现象，但同时，教育管理学界对于本土的传统资源和实践智慧却关注不足，对中国传统管理思想的继承吸收不够，对管理实践的提炼概括不够，中国的教育管理研究必须承传统、接“地气”，否则难以发展出中国特色、中国风格、中国气派的教育管理理论，难以对国际教育管理大家庭作出自己独特的贡献，难以获取国际地位并获得国际尊重。以国际先进的研究方法解释中国的教育管理现象、解决中国的教育管理问题，概括总结中国传统的管理思想和现实的管理经验，发展出具有鲜明中国特色、中国风格、中国气派的教育管理理论，是中国教育管理研究实现突破的不二法门，也是中国教育管理研究走向世界的基本路径。

教育管理研究和教育管理实践不是价值无涉、价值中立的，教育管理的目的服从于教育的目的。实现人的全面发展和社会全面进步，是现代教育的根本目的。培养现代人，建设现代社会，是现代教育的根本追求。中国教育管理的基本目的就是为现代教育服务，为培养现代人服务，为建设现代社会和现代国家服务。中国教育管理的研究和实践必须坚守现代精神，即坚守科学精神、民主精神、法治精神，只有如此才能造就具有科学精神、民主精神、法治精神的现代教育、现代人、现代社会和现代国家。

科学精神、民主精神、法治精神等现代精神也是“中国教育管理文库”坚守的价值精神。每一个作者的心灵深处、每一本著作的字里行间都应充盈着现代情怀。知识就是力量，而充盈着现代精神的知识则是改造中国教育管理现实的强大精神武器。

“中国教育管理文库”将始终坚持开放性，摒弃学科本位主义和学科孤立主义，多方寻求教育管理研究的知识资源和实践资源，尤其注重从其他学科汲取丰富的知识营养。也只有坚持这种开放性，才能深刻认识和把握教育管理这种复杂的社会现象。

“中国教育管理文库”是一项大工程，需集结全国精锐同心协力方能完成。文库向每一位有志于改善中国教育管理知识状况的人士开放，欢迎向文库编委会投稿，欢迎为文库的高质量出版建言。

文库能够顺利面世，得益于多方的支持与协作。感谢教育科学出版社社长所广一先生、总编辑李东先生和学术著作编辑部刘明堂主任的大力支持，感谢文库编委会成员所奉献的智慧，感谢出版社的编辑人员所付出的辛勤劳动。

褚宏启

2010 年 9 月 8 日

目 录

序　言

众里寻他千百度

众里寻他千百度。“他”是谁？“他”就是指这本书及其作者，“他”还是指教育管理的本质。

教育管理类的书籍为数不少，实务类尤多，但从研究范式和方法论角度阐述教育管理的著作却寥若晨星。本书为其中的扛鼎之作。

本书是一部教育管理的哲学著作，详尽阐述了教育管理诸多研究范式的来龙去脉、演进历程，以及哲学基础、应用情况，述与评并行，广度与深度兼顾，历史纵深感与现实针对性交映。该书在众多教育管理出版物中卓然而立，对于华人学术界具有重要的知识贡献，其立意宏远、内容丰富、思想深邃，让人清醒甚至警醒，能给人以丰富启示。教育管理研究与实践均需要哲学思维。阅读此书，有助于人们从哲学高度，即从方法论、认识论、本体论、价值论等哲学视角，观察思考教育管理现象和教育管理研究，对于教育管理的认知会更上层楼。

写作此书难度极大，无深厚学术功力难以驾驭。本书第一作者是台湾政治大学的秦梦群教授，其在教育管理学界享有盛誉，在台湾教育管理学界的学术地位更是首屈一指，其立德立功立言已至相当境界。他生于台北，但学贯中西，先后获得美国艾奥瓦大学教育硕士、美国威斯康星大学麦迪逊校区计算机科学硕士及哲学博士（主修教育管理），后回台湾任教。他曾任台湾政治大学教育系主任，任内筹设教育学院，并于2002年起担任院长多年。1999年他发起成立“教育行政学会”，并被选为第一、第二任理事长，现为名誉会长。其学术专长为教育管理与教育法学，著述颇丰。他所做的研究工作和相关推广工作，对于提升华人社会教育管理研究的水准贡献良多。

中国大陆地区的教育管理学术界非常需要这样一本从哲学高度阐述教育管理的书，需要一位能写出这本书的学者。众里寻他千百度，蓦然回首，那书、那人却在灯火阑珊处，怎能不让人感到欣喜？这本书对于大陆地区的教育管理学术研究，既是锦上添花，更是雪中送炭。

由于受作者委托为此书写序，我有幸成为第一个读者，深感此书的学术价值，深为敬佩作者的知识面之宽与洞察力之强。此书的出版可喜可贺，是教育管理学术界的一件盛事。

对于我个人而言，很重要的是，我与秦梦群教授不仅是同行，还是好友。我们一见如故，相见恨晚，不仅学术兴趣一致，而且意气相投。人生知己，可遇不可求，能结识秦梦群教授，是我终生的幸运，有千百度寻觅不得而蓦然回首得见的欣喜。他学识渊博，宁静淡泊，情趣高雅，卓尔不群，我很敬重他，彼此相识多年令我受益良多。他是宽厚的兄长，对我关怀备至。他曾把自己正读而未读完之书，割爱相赠与我。每次我赴台访问，他都过问衣食住行每一个细节，令我常常感怀于心。

2007 年 4 月，我应秦梦群教授之邀赴台湾政治大学参加学术会议，他以政治大学教育学院院长身份、我以北京师范大学教育管理学院院长身份共同签署合作协议，力促校际的学术交流。这份协议是彼此间友谊的历史见证，于公于私都值得追忆，往事并不如烟。

秦梦群教授潜心治学，心无旁骛，在多部著作中对于教育管理现象有冷峻的剖析，对于教育管理本质有深入的分析，值得同行学习效仿。我想，两岸教育管理学界同仁有一个共同的心愿，就是通过持续的研究，透过纷纭复杂的教育管理现象探寻教育管理的本质。千百次的上下求索，只为寻到“他”——教育管理的本质。寻即探寻，即研究。而寻求教育管理本质的目的，是更好地认识教育管理现象，改进教育管理实践，更好地发挥教育管理研究和教育管理知识的作用，更好地实现教育管理研究者的自身价值。

这本书所关注的不是教育管理和教育管理研究的细枝末节问题，而是从多元范式的视角去关注、梳理教育管理的本质问题（本体论问题），以及如何去研究教育管理的本质问题（认识论和方法论问题），这本书的作者把我们带到哲学层面去观察、思考教育管理，为我们探索教育管理本质提供了高水平的知识基础。

本书非一般实务性读物，而是从哲学层面讨论教育管理问题，涉及学派众多，学术底蕴丰厚，但阅读起来并不容易。为利于读者阅读把握本书基本框架与精神实质，并在本书基础上展开进一步的思考，建议读者对以下若干问题予以关注：何为研究范式与方法论？教育管理研究范式与方法论何以重要？研究范式如何转换？转换的必要性如何？多元范式共存何以必要与可能？各种范式对于教育管理研究有何影响？多元范式的实践意义与未来走向如何？理论与实践的关系如何？

拜读此书，我受益良多，下文我针对上述问题谈谈自己的读书心得，作为引导性的文字，以助益于读者的阅读。

一、何为研究范式与方法论？研究范式与方法论何以重要？

在本书中，研究范式（paradigm）与方法论（methodology）并列使用，但二者并不等同，我认为前者外延更宽，包含后者。

1962 年库恩（Thomas Kuhn）在《科学革命的结构》（*The Structure of Scientific Revolutions*）一书中提出范式的概念并予以系统阐述。在库恩看来，范式是一种对本体论、认识论和方法论的基本承诺，是科学家群体所共同接受的一组假说、理论、准则和方法的总和。范式从本质上讲是一种理论体系，是从事某一科学的研究者群体所共同遵从的世界观和行为方式，可以用来界定什么应该被研究、什么问题应该被提出、如何对问题进行质疑以及在解释获得的答案时该遵循什么样的规则，范式还可以被用来区分不同的科学家共同体或亚共同体。库恩对于范式的讨论限于科学哲学领域，他认为社会科学领域不存在类似的研究范式。

法国社会学家多甘（Mattei Dogan）紧随其后，在文章《社会科学的范式》（*Paradigms in the Social Sciences*）中认为社会科学领域根本就没有研究范式，因为社会科学领域中使用的概念是多义的，学者间不能深度了解，而且学派林立，难以达成共识（Dogan，2001）。美国科学哲学家劳丹（Larry Laudan）则认为社会科学领域存在范式，范式并不神秘，就是“研究传统”（research traditions）。这些研究传统或者范式存在于每一个社会科学的分支学科中，推动着研究的开展（Laudan，1977）。

教育管理学属于社会科学之一，库恩的范式概念可以用于教育管理研究领域。经过多年的发展，教育管理研究领域已经形成了多元的研究范式。

本书的主要任务就是介绍和评议这些研究范式。本书中使用的“范式”概念，其外延包括了本体论、认识论和方法论，涉及世界观，是一个宽泛的概念。

方法论是一个哲学概念，主要探讨研究的基本假设、逻辑、原则、规则、程序等问题，它是指导研究的一般哲学方法或哲学。教育管理研究方法论要探讨的主要问题是：（1）教育管理研究能否像自然科学那样客观地认识教育管理现象？（2）是否存在客观的教育管理规律？（3）应采取何种方法来研究教育管理现象？（4）如何判断教育管理知识的真理性？（5）人的主观因素（如价值观、伦理观）对教育管理研究有什么影响？研究必须以一定的理论和方法论为指导，但方法论与一定的哲学观点和学科理论相联系，并非统一，不同的理论学派有不同的方法论（袁方，1997，p. 24）。本书全面详尽地介绍了各种理论学派所持有的不同的教育管理研究方法论。

可见，不论是研究范式还是方法论，都与认识相关。而认识又与世界观、本体论、认识论不可分割。

世界观（worldview），也叫宇宙观。世界观是人们对整个世界的总的看法和根本观点。世界观是在社会实践的基础上产生和逐渐形成的。人们在实践活动中，首先形成的是对于现实世界各种具体事物的看法和观点。久而久之，人们逐渐形成了关于世界的本质、人和世界的关系等总的看法和根本观点，这就是世界观。一般说来，人人都有自己的世界观，并以此来观察问题和处理问题。

哲学是世界观的理论表现形式。在世界观中，人们对于事物本质的看法（可以称为“本体观”）处于核心地位。同样，在哲学中，本体论（ontology）处于首要地位。本体论是关于事物或者存在的本质的理论。亚里士多德认为研究实体或本体的哲学是高于其他一切理论的第一哲学。本体论主要探讨本质与现象、共相与殊相、一般与个别等的关系。

2011年佩特罗夫（Vesselin Petrov）根据抽象程度和应用领域把本体论分为四类：（1）高阶本体论（upper ontology），即元本体论（meta-ontology），是理论抽象程度最高的本体论；（2）领域本体论（domain ontology），涉及某一具体的领域或者学科；（3）交叉本体论（interface ontology），涉及两个交叉学科；（4）过程本体论（process ontology），从投入、产出、序列、制约因素等方面关注过程的本质问题（Petrov，2011，p. 137）。

教育管理研究中，也涉及本体论问题，这个层面的本体论问题显然属于领域本体论，要回答“教育管理的本质是什么”的问题。这个本体论问题，显然与认识论和方法论有直接联系。事物的本质是通过认识而获得的。本体论是关于事物和存在的本质的学说，而认识论和方法论则是关于如何认识事物本质的理论。

方法论与世界观和本体论密不可分。没有和世界观相脱离、相分裂的孤立的方法论，也没有不具备方法论意义的纯粹的世界观。一般说来，有什么样的世界观就有什么样的方法论，人们认识世界所持的态度和采用的方法最终是由世界观决定的。正确的世界观可以为人们认识世界和改造世界的活动提供正确的思路方向，错误的世界观则会带来方向性的失误。

各门具体科学的研究方法归根结底也受一定世界观的制约。具体到教育管理学科，世界观在教育管理领域就表现为“教育管理观”，即人们对于教育管理的总体看法和根本观点。例如，有人认为教育管理是客观存在的，有人则认为它是人们主观构建的，这是两种不同的关于教育管理的世界观和本体论，这种差异会直接影响到研究教育管理的方法论选择以及具体研究方法的采用。

认识必须借助于一定的方法，相对于本体论而言，方法论与认识论的联系更为密切。

认识论（epistemology），也称知识论（theory of knowledge），是哲学的一个分支，主要探讨人类认识的本质、范围，认识与实在的关系，认识的前提和基础，认识发生、发展的过程及其规律，认识的真理标准等问题。人类从出现开始，一天也没有停止过认识。但是，对认识本身进行认识和研究，并形成作为哲学组成部分的认识论，则是同哲学的产生相联系的。认识论是方法论的基础，不同的认识论会产生、形成不同的方法论。对于认识本质、知识观、真理观的不同认识论观点，会直接影响到认识的方法论。

研究范式并非只与方法论相联系，也并不是与方法论简单画等号，而是把本体论、认识论、方法论等一网打尽，包容在内。因此，可以把研究范式看作比方法论更为宽泛的概念。本书把教育管理的研究范式分为三种，这三种范式所秉持的本体论、认识论和方法论都不相同。以本体论为例，逻辑实证论认为世界存在唯一、客观的实体，研究的目的在于寻求永恒性规律；后实证论认为，世界上存在着多元的实体，不同角度的观察将发现不同的实体；后现代主义则认为，世界上不存在任何客观实体，即使有也永远追寻不到。三种研究范式以不同的本体论为基础，产生了三种不同的认识论，以及相应的方法论。

研究范式作为一组共有的信念和本体论承诺，它为研究共同体提供了一个世界观和方法论标准。范式并没有穷尽所有问题的答案，但提供了一种认知未知世界的工具和方式。

研究范式和方法论都是抽象的、哲学层面的理论。这些抽象的东西离具体的研究活动很远，它们对于教育管理研究有什么意义和价值呢？

任何研究都需要借助于一定的研究方法。教育管理研究离不开具体的研究方法，而方法背后的东西就是方法论。尽管方法论观点影响着研究者对于具体研究方法的选择，但方法论不同于研究方法。近年来，方法论是个流行词汇，被用来作为“方法”一词的“时髦替代物”（pretentious substitute），将方法论与方法两个词等量齐观，使方法论一词丧失了其“真正的认识论含义”（true epistemological meaning），这种误解和误读降低了方法论对于设计研究过程的指导性价值（Howell，2013）。

方法论是对于某一研究领域所使用的各种研究方法的系统性、理论化的分析，它往往涉及范式、理论模型、量化技术、质性方法等术语。方法论并不述及具体的研究方法，并不提供具体的解决办法，但它能提供理论基础，关注研究的性质与过程，以决定哪种方法或者哪些方法组合是最适合于某项研究的。

在教育管理研究中，研究者往往对使用的各种研究方法心知肚明，因为不使用某种或者某几种具体的研究方法，研究就没有办法往下进行，但研究者对于各种研究方法背后的方法论却关注不够，如同本书导论中所言，“主修教育的学生，多半可对各种研究方法侃侃而谈，但对其背后之方法论脉络，则往往一知半解”（见本书第一章），对于方法论背后的认识论和本体论，就更是知之甚少了。只知其然，不知其所以然，更不知其所以然之所以然。

对于研究者而言，从方法论和认识范式的角度去思考教育管理问题，意味着透过芜杂的研究细节与研究技巧方法，从一个更深刻的理论视角反观、反思自己的研究起点、设计、结果，可以清楚地知道自己所使用的研究方法与范式的利弊得失，知道自己的研究对于教育管理本质所能揭示的程度，以及对于教育管理现象的认识深度。

二、研究范式如何转换？转换的必要性如何？

不论在自然科学领域还是在社会科学领域，研究范式的转换都是历史事实。本书阐述了教育管理研究中的逻辑实证论、后实证论和后现代主义三种范式，以及三者间的转换。对于研究范式的种类，还有与此不同的划分，如胡森（Torsten Husen）的实证范式和诠释范式二分法，朴普科维茨（Thomas Popkewitz）的实证范式、诠释范式、批判范式三分法，贝瑞尔（G. Burrell）和摩根（G. Morgan）的功能论（实证论）、诠释范式、激进人文主义、激进结构主义四分法（详见本书第六章第一节中的介绍）。这些研究范式中有的还可以进一步划分为若干子范式，如本书论及的后实证范式又进一步划分为主观主义（诠释范式或者解释学范式）、批判理论、人文主义等子范式。尽管各种划分方法见仁见智，但一旦将分类细化到“子范式”层面，就可以发现二分法、三分法、四分法等分类方式并无实质性的差异。

范式转换（paradigm shift）的前提是旧范式的形成与存在，否则谈不上旧范式向新范式的“范式转换”。为了全面地、历史地讨论一个学科的研究范式的形成与转换，可以把一个学科的研究历史粗略划分为三个阶段：前范式阶段、旧范式阶段、新范式阶段。前述的几种范式分类都涉及旧范式和新范式，但都没有涉及前范式阶段。我认为讨论前范式阶段有助于完整理解一个学科的发展历史。这三个阶段的划分类似库恩的前科学时期、常态科学时期、科学革命时期（即范式转换时期）。

就教育管理研究而言，研究范式的前范式阶段是“前实证阶段”，旧范式阶段即“实证范式阶段”，新范式阶段即经过范式转换后所形成的、包括多元范式在内的、广义的“后实证范式阶段”（我认为后现代主义等范式都可以划入广义的后实证范式之中）。

尽管现在人们对于实证范式有颇多批评，但教育管理研究从前实证阶段转向实证范式阶段，却是一个巨大的历史进步。在前实证阶段，教育管理知识的主要来源是权威、经验和思辨，与之相应的求知方式是权威法、经验法和思辨法。权威法认为知识是由圣贤、智者、巫师、宗教领袖、政治领袖、管理精英等提供的，经验法依靠人的感官获取知识，而思辨法依靠直觉、洞察和逻辑推理来获取知识（袁方，1997，pp. 8-10）。在前实证阶段，教育管理知识在总体上具有很强的主观性、经验性、思辨性和碎片化特征。但是，在该阶段的后期，或者更准确地说，在下一个阶段即实证范式阶段来临的前夕，实证方法已经被零星地采用到管理和教育管理的研究中来，如管理中的泰勒科学管理、霍桑实验，教育中的“八年研究”（Eight-Year Study）等，但是科学实证的方法还没有成为教育管理研究者的广泛共识和集体行动，实证范式还没有真正形成。

教育管理研究中实证范式的形成标志是20世纪50年代的教育管理理论运动，学者们偏向实证范式，学术共同体形成，源于实务、经验、思辨、权威的教育管理知识被源于科学实证方法的教育管理知识所取代。教育管理学被视为应用科学，力图运用科学方法，发展出具有普遍性的认识，适用于每一所学校，以引导与改进实践。杂乱无章、众说纷纭、学派林立的研究局面被实证范式一扫而光，公认的实证范式的出现提供了更为有效的认识工具，它规定了哪些问题是值得研究的，什么样的答案是可接受的，以及用何种方式去获得这种答案。这样，教育管理的研究内容与对象更加明确，研究方法与方式更加一致，研究结果所产生的知识在范围上更加集中，实证范式成为研究共同体进一步开展研究的基础和前提，成为研究共同体得以形成和存在的整合机制。

实证范式实质上是教育管理研究领域第一个严格意义上的研究范式，教育管理研究在前实证阶段当然也有自身的“研究传统”，但这些传统还达不到范式所要求的标准，故不能称其为范式。实证范式的形成对于教育管理研究而言是一个革命性的进步，它开辟了教育管理新的“研究传统”。这个范式，能更好地描述、解释教育管理现象，能更好地预测未来和干预实务。实证范式之所以能取代此前教育管理的“研究传统”，实则出于其自身的独特优势。

实证范式具有卓越贡献，它建立了严谨的知识生产规则，要求理论建构必须经过概括性类推和假设检验来进行，形成了关于教育管理的一些具有普遍性的认识，构建出一个内容相对丰富的知识体系，这些知识对于计划、决策、政策分析产生了重要影响。实证范式使教育管理学成为一门应用科学。

教育管理研究中的范式转换恰恰是对具有卓越贡献的实证范式的否定。

范式转换之所以会发生，是因为已有的、被广为接受的旧范式出现了问题，不能有效因应认识发展的客观需要。在应用旧范式的过程中，少部分人在广泛接受的旧范式里，会遇到一些旧范式解释不了、解决不了的“例外”（anomaly，也可以翻译为“反常事物”或者“反常现象”），出现了认识危机，这种危机会刺激新的理论出现，人们尝试用竞争性的新理论取而代之，进而排挤掉原有范式并形成新范式。当然，一个新范式的确立并非一蹴而就，而是要赢得相当数量的研究者的支持和拥护。在此，“例外”对于理解理论进步很有帮助，因为它们的存在意味着原有范式的不足，会刺激新理论的产生。对于“例外”，已有范式的概念框架往往是不能预期的，也是难以解释的，“例外”与已有范式之间在逻辑上是不相容的。研究作为一个复杂的过程推动范式转换，旧范式中的“例外”在新范式里就不再是“例外”，就能被容纳和解释。

那么，在教育管理研究中，是什么样的“例外”导致实证范式被批判、被否定，并引致了范式的转换？

教育管理的后实证范式时代，是一个研究范式的“战国”时代，群雄并起，新旧范式之间聚讼不止，各种新范式也未必互相认同，有些新范式相互间也是争鸣不断。但是，这些新范式有一个最大的共同点，就是对实证范式进行批判与讨伐，都认为实证范式不能够有效描述和解释教育管理现象。此处的“例外”就是教育管理作为社会现象所具有的复杂性和价值性，是实证范式难以、不愿、不能解释的。

教育管理现象不同于完全客观的自然界，其中注入了人的主观意志和价值追求，教育管理研究的对象是有意识的个人，而不是客观的、无意识的物体，教育管理行为都饱含道德与价值色彩。教育管理这种社会现象的异质性、偶然性和独特性更大，不确定因素更多，教育管理中的因果关系比较复杂。教育管理的研究结论概括范围更小，适用范围有限，适用时间较短，一般难以像自然科学那样形成放之四海而皆准的普遍法则。这些都充分说明，教育管理研究无法完全效仿自然科学研究。而实证范式过于强调教育管理的客观性，在研究中剔除价值因素，力图产出像自然科学那样具有普遍意义的研究结论。因此，运用实证范式开展研究，不可能完全、真正认识教育管理的本质。

在此背景下，各种新理论先后出炉，对于实证范式口诛笔伐，从不同的角度批评实证范式存在的弊端，并逐渐形成了一些新的研究范式，使得教育管理研究领域出现了范式转换。不过这种转换不是一个旧范式转换为一个新范式，而是转换成多个新范式，教育管理研究的多元范式时代到来了。研究范式的持续发展与不断丰富，为教育管理研究开辟了广阔的前景，预示着人们可以运用这些范式，从不同角度和侧面，更加全面、深入地分析教育管理现象，把握教育管理的本质。此种情形，体现了费耶阿本德（Paul Feyerabend）的增生原则（principle of proliferation）：当某一理论与事实或者现象不符时，不应该死守旧理论，而是应该发展出更多新理论来寻求答案，这才是较佳的理论进步的模式。

教育管理的研究范式，从无到有，从一元到多元，是两次重要的革命性变迁。范式的形成和转换，意味着研究教育管理现象有了新的视角和方法，意味着对教育管理认识的深化和丰富，意味着教育管理知识基础的扩大和扩容，意味着教育管理研究的质变。

范式形成与转换的意义自不待言。关于范式转换，还有一个问题需要追问：教育管理研究中的范式转换是内生的还是外铄的？新范式是基于教育管理研究自身内在需求自然生成的，还是从别的研究领域移植嫁接过来的？

对于内生还是外铄、自然生成还是移植嫁接，人们很难简单地回答是与否。但是，教育管理研究的实证范式移植于自然科学，后实证的多元范式移植于其他社会科学领域，“拿来主义”的色彩相当浓厚。移植而非内生，往往会带来治标不治本、“水土不服”等问题。人们往往把这些先入为主的理论框架套用到对教育管理现象的研究中，而不是从教育管理的实践逻辑和客观要求出发去建构认识范式，使得这些范式未必能很好地接上教育管理的“地气”，未必能抵及教育管理的全部本质。

必须接受的现实是，教育管理研究中已经用了这些范式，尽管每一种范式被使用的程度并不相同，但从使用的效果看，这些范式对于全面深入分析教育管理现象还是有助益的。既然这样，不妨对这些范式持实用主义态度，认可其价值。更为重要的是，如果这些范式在某些方面偏离了教育管理的实践逻辑，将来也终将回归正轨。认识的逻辑最终还是要服从于实践的逻辑。

三、多元范式共存何以必要与可能？

教育管理问题和现象的复杂性，决定着教育管理多元研究范式共存的必要性。“任何范式都不是完美无缺的”（张新平，2001，p. 21），都很难全面把握教育管理现象的复杂性。每种研究范式，往往关注的是教育管理的某一方面或者某些方面的特征，例如，以格林菲德（Thomas Greenfield）为代表的诠释范式（主观主义）强调教育管理现象的主观性与价值依赖性，以贝茨（R. J. Bates）为代表的批判范式强调社会环境与制度因素对教育管理的影响，尤其关注教育管理中的平等与民主问题。即便是饱受批判的旧范式即实证范式，也没有被完全打倒，而是不断改进与完善，依然在发挥其作用，甚至迄今还是教育管理研究的主流范式。

每一种范式都有助于人们深化对于教育管理现象的部分和局部的认识，都具有“片面的深刻性”，其存在都有一定的合理性。当人们综合使用这些共存的不同范式时，有利于增进认识的全面性。这些范式具有互补性而不是互斥性。

难以论证的不是“多元范式共存何以必要”，而是“多元范式共存何以可能”。如果连共存的可能性都没有，那么共存的必要性在逻辑上就不成立。各种范式之间必须具有“可通约性”（commensurability），多元范式才能共存，才能整合，才能综合使用。

与可通约性相对的概念是“不可通约性”（incommensurability，台湾地区译成“不可共量性”）。“不可通约性”作为认识论意义上的概念，源自于库恩。他认为“观察渗透理论”（theory-laden observation），也就是说，任何观察都受到一定理论的影响或支配，相应地，包括观察在内的任何术语的意义都会随着理论的变化而变化。因此，在不同的理论论域，相同的术语也具有不同的意义，这样导致的结果就是理论间的不可通约。库恩提到竞争范式的支持者之间存在不可通约性，理由主要有三点。首先，不同的范式并不具有共同的、客观的方法论标准，会造成方法论和评价标准的不可通约性。其次，在新的范式中所使用的术语、概念的意义都会发生变化，处于不同范式的理论不能用具有共同意义的术语或词汇来表达，这些理论的内涵就不能直接进行比较。因为缺乏共享的、意义中立的词汇，理论之间不具有逻辑联系，所以理论之间的比较是不可能的。这种意义的变化就造成了新旧范式间或竞争范式间语义的不可通约性。最后，世界观的不可通约性。在相互竞争的范式中，研究者由于各自所受到的学术训练不同、先前的研究经历不同，他们所秉持的世界观也是不一样的，他们是在不同的世界中从事自己的研究工作。在库恩的理论中，这三种不可通约性是相互渗透和影响的。由于这些不可通约性的存在，竞争范式的支持者之间就很难有完全的沟通。在其随后的著作和论文中，为了避免使自己成为一个极端的相对主义者，库恩对不可通约性的解释作了多次修改，主要是把完全不可通约的观点弱化为局部不可通约，同时指出"不可通约性"是一种隐喻的用法，"没有共同的量度"并非是指不可比，不可通约的理论并不意味着相互比较是不可能的。

在库恩之后，费耶阿本德、贝瑞尔和摩根等人进一步强调范式间的互斥，排除范式整合的可能性。

在教育管理研究中，不可夸大多种范式间的不可通约性，多种范式并非不共戴天、水火不容。原因在于：第一，各种新范式都是以批判旧范式即实证范式为基点而建立起来的，旧范式是它们得以形成的共同"母体"，批判本身就是"对话"，就意味着语言交流，而不是没有任何共同语言。范式之间所发生的论战就说明了交流共同存在的现实性与可能性，也说明了认识所具有的连续性。第二，各种新范式都把实证范式作为对立面，新范式之间不是库恩所说的竞争关系，而是盟友关系。第三，即便新旧范式间是竞争关系，即便新范式间也存在局部竞争关系，各种范式对于全面认识复杂的教育管理现象也具有互补性。竞争可以意味着互斥，也可以意味着互补。而且不同范式间在某些方面可能是互斥的（不可通约的），而在另外一些方面则可以是互补的。第四，当我们从教育管理现象、问题与实践的角度看这些范式时，范式间的差异就显得不重要了，能有助于认识教育管理现象、解决教育管理问题、推进教育管理实践的范式，都是好的范式。在此，实用原则取代了意气之争，实践逻辑压倒了理论逻辑。教育管理实践的要求与逻辑可以弱化甚至消弭范式理论间的语言之争。

各种范式所面对的是同一个教育管理的现实世界，所使用的概念在数量上、含义上并无多少差异，各种范式存在的目的在于更好地认识教育管理，它们的出发点和归宿点并无不同，所不同的是路径和方式。经由具有差异性和互补性的不同范式之"殊途"，最后"同归"于更好地认识教育管理。

例如，假设两个学者都研究教师职业倦怠现象（问题），都承认和使用“职业倦怠”这个概念，而且研究的目的都在于找到倦怠的原因以及解决倦怠问题的对策。但是，他们使用的研究方法论却不同，一个采用实证范式，一个使用诠释范式（解释学范式），所使用的具体研究方法也不相同，一个主要采用量化方法，一个主要运用质性方法。最后，他们都提出了有价值的解决倦怠问题的对策，而且两人分别提出的这些对策具有高度的交叉性和互补性。这充分说明了多元范式并存并用的可能性。

在研究范式的讨论中，过分强调范式间的个性、差异性、不可通约性，忽视范式间的共性、共通性和可通约性，会导致相对主义和虚无主义，会否定各种范式所具有的建设性，会严重撕裂学术共同体，会使得学术对话成为不可能，会严重伤害研究的开放性和包容性。即便是“破”远多于“立”的后现代主义范式，其批判性本身也具有建设性意义。这种建设性的存在是各种范式间最大的“可通约性”。要充分尊重和深度挖掘每一种研究范式的建设性价值。

在研究中，不是要拒斥和反对方法（against method），而是要运用多元方法深化对于教育管理的学术认知。研究范式的并存、整合与并用的标志性体现是1990年以来“混合方法论”（mixed methodology）的使用。塔沙克里（Abbas Tashakkori）和特德莱（Charles Teddlie）于1998年提出了六种混合设计类型（详见本书第六章）。混合方法论倡导在研究中综合使用基于不同范式的研究方法，对研究进行混合设计，把量化研究和质性研究有机结合起来，发挥二者的各自优势，以更好地把握研究对象的本质。

混合方法论的提出与使用，是多元范式共存之必要性与可能性的明证，也是多种范式间具有可通约性和互补性的明证。

四、各种范式在教育管理研究中的应用程度如何？范式应用的趋向如何？

毫无疑问，各种研究范式对于教育管理的知识生产都产生了实质性的影响，依托这些范式和各种研究方法，人类社会已经为教育管理累积起比较扎实的知识基础，教育管理知识在规模、数量、结构、质量等方面都取得了长足的进步。这些知识对于后续的知识发展，对于管理实践的改进，对于实践者的素质提升，都做出了积极的贡献。

需要注意的是，许多国家的学者对于教育管理的知识现状并不满意，批评的声音不绝于耳。批评无非集中在知识的总量少、质量低、对实践的贡献小、不能满足实践的客观需求等方面。

的确，“改善教育管理的知识状况，提高教育管理的实践水准”应该是未来教育管理研究的核心使命（褚宏启，2003，序言）。结合本书的主题，此处需要思考的问题是：多种研究范式可否为此效力？如何为此效力？

经过教育管理学科的借鉴移植与积极努力，我们可以认为，旧范式即实证范式独霸天下的局面已经被多元范式共存所取代，教育管理范式的转换已经完成。但人们对于范式转换的学术意义，以及实现范式转换后学术界要开展的工作尚缺乏深刻、明确的认识。

范式转换不是频繁的、随意的、无足轻重的，而是极少发生却又极有意义的变化，空洞地套用、肤浅地滥用某种理论，或者随意地提出某种所谓的“新理论”，缺乏严谨的结构界定、没有转换的临界条件分析、没有思维的突破，根本就谈不上是真正的范式转换。范式转换意味着极具洞察力的新思想、新思维的引入，教育管理多元新范式的应用意味着认识的质性飞跃。

某种理论如果有资格被称为“范式”，被作为新范式以取代旧范式，除了自身的思想品质外，还需要形成学术共同体并产生学术影响和社会影响，具体而言，需要符合下述条件：（1）专业学术组织给予该范式以合法地位；（2）富有号召力的学术领袖运用并倡导该范式；（3）学术期刊发表有关该范式的论文，学术期刊及其编辑广为宣传该范式，并给予该范式以合法地位；（4）教师在教学中向学生宣传该范式；（5）学术会议热烈讨论与该范式相关的一些思想观点；（6）媒体报道会涉及该范式；（7）一些社会团体，即便不是由研究该范式的专业人员所构成，也拥护该范式的核心理念（例如，女教师构成的社会团体拥护女性主义范式的一些理念）；（8）关于该范式的进一步研究能获得资助。

本书所述及的诸多范式的确立，包括实证范式的确立以及实证范式之后多元范式的确立，都基本符合上述条件。可见，教育管理中多元研究范式的确立或转换，绝非易事，而且意义重大，多元范式为教育管理研究提供了丰厚的理论资源、多维的研究视角、多元的理论框架，研究范式本身所具有的强大的知识生产能力为未来的教育管理研究开辟了广阔的前景。

遗憾的是，人们往往把这些多元范式等同于一般的理论，甚至作为一种学术上见仁见智、难见伯仲的争论，对这些认识论、方法论层面的研究范式浅尝辄止，对这些范式的珍惜、尊重、研究依然很不够，更谈不上得心应手地熟练运用，这种状况直接制约着教育管理知识的生产。

在各种范式中，实证范式的使用过度与其他范式的使用不足并存，尽管这种格局自20世纪90年代末期以来有所改观，在国际著名教育管理学术期刊上发表的使用非实证研究方法的文章数量有明显增加，但实证范式依然是主流的研究范式。总体而言，对于实证范式以外的其他多种范式运用不够充分，是目前教育管理研究中存在的突出问题。

造成这一状况的原因可能在于，实证范式是比较成熟的研究范式，在教育管理研究领域被使用的时间长、范围广，而且相对于其他多种范式，使用起来更加省力，成果产出也更为快捷，论文发表也更为容易，且实证方法用数字说话、用统计技术作支撑，往往能给人以更具“科学性”的良好印象。而非实证的质性研究耗时长、风险大、产出慢，对研究者的学养要求高。再加上实证研究本身就具备质性研究所不具备的优势（如同本书所言，实证论所偏爱的量化方法擅长总体层面之描述，后实证诸范式所倾向的质性方法则精于个体层面之探讨），所以，多数研究者，尤其是年轻的研究者包括硕士和博士研究生，更多青睐和选择使用实证范式。

教育管理知识发展的当务之急、教育管理研究突破的不二法门是把各种研究范式用足用好，从关注具体的研究方法，走向关注具体方法背后的世界观，走向方法论、认识论、本体论等层面，即走向研究范式的层面，充分释放各种研究范式所蕴藏的巨大的知识生产能力，发挥研究范式所应该发挥的作用。

教育管理研究范式的转换意味着理论革命，一旦完成，研究工作就进入“常态理论”发展阶段，亦即库恩所说的“常态科学”阶段。当前的教育管理研究，其核心任务不是去探索新的范式转换与理论革命，而是踏踏实实做好常态理论阶段该做的事情——“范式应用”，把已经确立的各种范式用足用好，将其潜能充分挖掘出来，在各种研究范式的方法论、认识论、本体论的基本框架下，探索能够落实这些范式的具体研究方法、技术和策略，并运用之去开展教育管理研究，产出相关知识，完成范式转换这一革命性工作之后的扫尾工作，使知识的基本骨架更加血肉丰满，使知识地图变得清晰有序。这一过程是在范式指导下知识发展的精湛化过程，相对于剧烈的、具有革命性的范式转换过程，这一过程是缓慢的、连续的、累积性的、相对稳定的改良性过程。

教育管理学界不应当只是满足于介绍各种范式及其争议，而是要力推范式的应用。“范式应用”没有范式转换那样轰轰烈烈、富有激情，更需要扎实的工作，需要专业组织、教学研究机构、学界领袖身体力行，需要细密的筹划设计，需要良好的执行力。范式应用并不容易，关键措施是找到与研究范式相一致的具体研究方法。否则，范式的应用难以落实到研究的实操层面。在教育管理研究中，多元范式应用这一工作刚刚起步，任重道远，远没有完成，同志仍须努力。

在各种范式中，后现代主义范式被认为批判性有余而建设性不足，笔者则认为，批判性能够成立本身，即说明它具有建设性。当务之急不是否定它，而是从其批判性思维入手，从其方法论、认识论、本体论等范式假设中，探索并充分挖掘其对于深度认知教育管理本质的建设性价值。这项工作并非不可为之，台湾学者黄乃荧著有《后现代教育行政哲学》一书，做了很好的尝试，值得借鉴。

五、多元范式的实践意义与未来走向如何？理论与实践的关系如何？

多元范式既有认识价值亦有实践价值。相对于研究者，实践者离这些范式更远，对于这些范式更是知之甚少。研究者知道了这些范式，可以用于指导具体的研究。而实践者知道了这些范式，能否用于指导具体的实践？他们是否会陷入糊涂之中？学者们的这些“玩意儿”，能否博得实践者的青睐？

期待实践者特别是中小学的管理者阅读、读懂、爱读研究范式的专著，恐怕不太现实。本书显然也不是为实践者写的，其读者对象主要定位于研究者。但是，如果理论的逻辑与实践的逻辑最终是一致的，那么对于研究者有用的东西，对于实践者也应该是有用的。然而，这种有用性应该如何体现？

多元范式对于研究者的价值在于，提供多种视角去认识教育管理的复杂性，以利于更好地把握教育管理的本质。让人感觉惊异的是，多元范式对于实践者的价值同样也是提供多种视角去认识教育管理的复杂性，以利于更好地把握教育管理的本质。实践者从事实务工作，做出各种管理行为，为使管理行为更有成效，他们比研究者更需要知晓教育管理的复杂性及其本质，否则，不可弥补的不良后果将随之而至。实践者远没有研究者超脱。

需要回答一个问题：谁是教育管理现象的研究者？毫无疑问，专业研究者是研究者，因为他们以研究为生，研究成为一种职业。同样毫无疑问，实践者肯定也是研究者，实践者会琢磨思考自己的管理实践，不管这种研究的形态是多么地初始与朴素。这两种研究有什么区别？

专业研究者以研究为谋生手段，其研究是为了知识的生产与创新，讲究严密的研究设计和严谨的研究方法。实践者以实践为谋生手段，其研究不是为了知识的生产与创新，而是为了改进实践，大多属于无严谨套路的、对于实践进行的自我反思，这种反思往往具有朴素性和整体性，小部分研究属于有事先设计的、相对严谨的“行动研究”。实践本身就包含研究，就是研究，而且实践者的朴素研究向来不会走得太偏，它遵循基本的实践逻辑，体现基本的实践智慧。实践者在实践和研究中，不会像实证论者那样完全偏离和抛弃价值，也不会像批判论者那样，开足火力只破不立，更不会像后现代主义那样，走向相对主义和虚无主义，没有选择和决断。任何一个有基本智力的管理者，在管理活动中，都会有价值取向，都会有建设性（积极行动的）主张，都会有鲜明的管理决策。

在此意义上，不论实践的水平如何，实践者总有高于各执一端的研究范式之处。即便是一个糟糕的实践者，在管理实践的形式上，也不会出现某些研究范式的典型弊端，如无价值（实证主义拒斥价值）、只破坏（后现代主义只破不立）、不决断（后现代之相对主义与虚无主义）等。绝大多数实践者肯定是综合的、不走极端的、会做决断的。否则，他们做的就不是管理了。片面的深刻，对于研究可能是福音，意味着认识在某一个方面、某一个环节的突破，但对于实践必定是噩耗甚至灾难，意味着实践剑走偏锋，失去应有的整体性和均衡性。不论理论风云如何变幻，聪明的实践者都不会随波逐流于各执一隅的学派之争。

每一种范式对于教育管理的认识都可能有片面和偏激之处，但是同时也有其深刻之处，当多种范式把各自的“片面的深刻”综合起来之后，就会形成“全面的深刻”。这种全面的深刻，对于研究和实践而言都是绝对需要的。

教育管理实践大多是在一定的、非理论化的世界观指导下开展的，这种世界观是实践者在生活和实践中自发逐渐形成的。教育管理的实践者尽管很少走极端，但是实践往往是朴素的、常识性的、经验性的，甚至可能会流于平庸和保守。范式作为一种理论化了的世界观，作为本体论（有的范式认为没有本体论，实际上这种看法本身也是一种本体论）、认识论、方法论的框架性理论，尤其是范式理论中对于教育管理本质的看法，可以增强实践者的理论自觉性，可以丰富、拓展、深化其世界观，可以使实践者走向更加全面的深刻。范式所要表达的对于管理本质的不同理解，如量化研究获得的统计数据未必能反映管理的真相（实证范式的不足），管理是价值性的道德行为（人文主义），管理中要关注社会体制对于教育的控制、要追求人的平等与解放（批判理论），应该从女性受压迫的视角观察教育管理现象（女性主义），等等，这些对于实践者都是必要的，也是他们能理解的，甚至可能是他们在实践中深有感触的。我们相信，实践者不会拒斥，而是会欢迎这些东西。多元范式正是因为其多样性，能够有助于实践者认识教育管理的复杂性，才具有鲜明的实践意义。多元范式对于实践的意义，是任何单一范式没有办法提供的。“阅读‘理论’，让我们睁开眼睛，看到了其他的可能性”（普林，2008，p. 123）。

尽管实践者对于管理实践及其本质并不乏切身的感受，但他们难以理解学术话语。实践者如何掌握和运用这些范式？需要研究者的帮助。研究者的任务之一，是进行话语转换，把研究范式的学术性话语转化为实践者能够理解的实践性话语，给实践者插上理论思维的翅膀。理论是改造世界的锐利武器。范式作为一种理论，也是改善教育管理实践的锐利武器。

多元范式除了从世界观、认识论等方面，直接影响实践者对于教育管理的“基本看法”外，还会间接影响实践者对于教育管理的“具体看法”。这两种影响的发生机制大相径庭。前者是通过研究者把各种范式理论进行语言转换，直接把各种范式所表达的对于教育管理的哲学思维或者概括性观点，以实践者能够理解的方式传播给实践者，直接影响实践者对于教育管理的看法。后者在过程上要复杂一些，首先通过研究者对于多元范式在方法论意义上的应用，即通过前述的“范式应用”，在范式理论的指导下，生产出和积累起丰富多彩的、操作性更强的知识，这些知识对于教育管理的认识更为细致，其抽象程度相对低于哲学层面上的范式理论，这些知识会对教育管理实践活动产生更为具体的指导和影响。

范式作为理论对于实践的直接影响和间接影响，使实践受益良多。但是，需要特别强调的是，理论范式在应用于实践的过程中，在与实践的对接与对话中，范式本身受益更多，具体表现有三：其一，构成多元范式的单个范式不断完善，实现个体优化；其二，多元范式间不断磨合，从而互相取长补短，促进多元范式的兼容与融合，实现整体优化；其三，为新范式的形成、为范式转换提供实践基础。

各种范式作为理论存在，其存在的合理与否，最后取决于实践的检验。在实践的检验中，各种范式不断完善，当原有范式不能解释实践中的“例外”事实时，实践又催生新范式，为范式转换提供合理性，成为新范式的源头。

各种范式理论的直接价值或者中间价值在于促进研究的开展，终极价值在于为实践服务、指导实践的开展。实践是理论的目的和归宿，是理论发展的动力。同时，实践是各种范式理论的基础、来源和检验标准，人类需要在实践中形成范式理论，在实践中检验和发展范式理论。范式理论不是跨时空的普遍性真理，而是有条件的、具体的、历史的。

要充分肯定实践在人类认识过程中的基础性价值，肯定教育管理实践对于范式理论完善与转换的决定性作用。这样，关于理论、认识的讨论，最后走向了对实践的讨论。教育管理实践成为检验所有范式理论的试金石。

因此，关于研究范式的讨论，由世界观、本体论、认识论、方法论的讨论，最后必然走向对实践论的讨论。而教育管理实践不同于自然现象，不是价值无涉的，而是价值高度介入的实践活动。所以，还需加入对价值论的讨论。

“会当凌绝顶，一览众山小。”当人们从多元认识范式的哲学视角，从世界观、本体论、认识论、方法论、实践论、价值论等方面去观察教育管理现象、思索教育管理本质时，认识的深度和广度就进入到一个新的境界了，教育管理研究与实践的水平也就在此基础上提高了。

而这也正是本书的良苦用心之所在。因此，本书立意高远，用意深远。读者当用心体会。

当我们思考范式理论与实践的关系时，不可回避的现实是：中国的教育管理实践及其价值传统，不同于西方社会，其中存在的人情世故与“潜规则”令西方人迷惑、令圈中人纠结。对于人情与“潜规则”如何制约教育管理、如何掣肘教育改革，秦梦群教授在其《教育领导：理论与应用》一书的序言《人生几度秋凉》中有生动描述（秦梦群，2010，序言）。西方的教育管理认识范式和教育管理理论未必能较好地解释和解决中国的教育管理问题，因此，不可回避的问题是：诸多范式理论皆从西方舶来，中国的教育管理研究是否需要进行具有中国本土特色的范式转换？

答案是肯定的。范式转换的目的在于形成新的认识范式，以更好地解释中国教育管理现象。这种新范式建立在充分吸收西方多元范式的基础上，更建立在吸收中国教育管理历史传统、实践经验和知识积淀的基础上。中国的教育管理研究不应沦为西方理论的殖民地，我们需要吸收借鉴西方的理论成果，我们更需要继承和弘扬传统的管理文化，需要总结和提炼现实的管理经验。

双管齐下的策略很有必要，一方面扎实做好西方多元范式的应用工作，另一方面积极思考中国教育管理研究范式转换的可能路径。

当前，中国教育管理研究尚处于“常态理论”阶段，中国教育管理研究的重点任务是“范式应用”，充分吸收西方文明成果，将多元范式应用于教育管理知识的生产，范式转换的时机还不够成熟。西方多元范式在中国本土的应用过程，也是其接受检验、暴露不足的过程，当这些范式不能解释的具有中国本土特色的“例外”越来越多时，新的范式就呼之欲出了。

范式转换是智者和勇者的游戏，智勇双全方有胜算。期待海峡两岸的教育管理学者共同努力，凝聚足够的学术智慧与学术勇气，在充分运用西方多元范式的基础上，尽早努力完成中国教育管理研究范式转换的历史重任。而所有这一切努力，千百度的探寻，都在于全面、深刻认识“中国式教育管理”的本质。

褚宏启

2014 年 2 月 19 日于北京师范大学

参考文献

Dogan M. 2001. Paradigms in the social sciences [M] // Smelser N J, Baltes P B. International encyclopedia of the social and behavioral sciences, Volume 16. Amsterdam: Elsevier.

Howell K E. 2013. Introduction to the philosophy of methodology [M]. London: Sage Publications.

Laudan L. 1977. Progress and its problems: Towards a theory of scientific growth [M]. Berkeley: University of California Press.

Petrov V. 2011. Chapter VI: Process ontology in the context of applied philosophy [M] // Petrov V. Ontological landscapes: Recent thought on conceptual interfaces between science and philosophy. Frankfurt: Ontos Verlag.

褚宏启. 2003. 中国教育管理评论 [M]. 第 1 卷. 序言. 北京：教育科学出版社.

黄乃荧. 2000. 后现代教育行政哲学 [M]. 台北：师大书苑有限公司.

普林. 2008. 教育研究的哲学 [M]. 李伟，译. 北京：北京师范大学出版社.

秦梦群. 2010. 教育领导：理论与应用 [M]. 台北：五南图书出版有限公司.

秦梦群. 2014. 教育管理研究范式与方法论 [M]. 北京：教育科学出版社.

塔沙克里，特德莱. 2010. 混合方法论：定性方法与定量方法的结合 [M]. 张小劲，唐海华，译. 重庆：重庆大学出版社.

袁方. 1997. 社会研究方法教程 [M]. 北京：北京大学出版社.

张新平. 2001. 教育组织范式论 [M]. 南京：江苏教育出版社.

致 读 者

许久以来，我就想写一本有关教育管理研究方法论的专著。内容不在各种研究方法的描述，焦点乃在分析相关研究范式之变迁与影响。当然，此会牵涉众多哲学派别在知识论上的主张，等于把教育管理研究推至最上层哲学论证。可想而知，分析过程定有相当大的难度。勉力而为，希望能为教育管理研究略尽绵薄之力。

基本上，本书并非教育哲学专著。虽然内文引证各派学说颇多，但写作焦点却置于其在方法论上的主张与影响。自20世纪50年代的教育管理领域理论运动开始，学者希望利用实证研究方法，将教育管理研究形塑成一门科学，并试图发展出放诸四海皆准的规范。其影响至今不坠，却不时受到后实证论与后现代主义的围剿。

因此，自20世纪80年代之后，有关方法论的争辩，在各种教育管理学术会议上不断上演。其中如质性与量化之取舍、证实模式之建立，与诠释数据之观点等。以我为例，当时至美国读书时，授业教授多已近暮年，所授之方法论仍以量化实证为主。他们所代表的理论运动主张，在20世纪80年代晚期已有部分松动。教育管理主要期刊如《教育管理季刊》(*Educational Administration Quarterly*)，在20世纪70年代通篇为统计量化研究，至20世纪90年代已成为文本分析与深度访谈的天下。作为教育管理学者，数十年来上冲下洗，所受之冲击可想而知。

遗憾的是，即使进入21世纪，教育管理研究各范式之间仍未有整合的迹象。虽然如此，作为研究者，仍应对各范式的主张加以了解。如果用量化方法，其背后的支持立论何在？与质性方法又有何范式上的不同坚持？以往教育管理研究的重点偏于实务，如今方法论之争论此起彼落，了解自我支持的范式，实是刻不容缓之事。盼望本书能成为入门的作品。

不可讳言，此书内容相较于一般教育管理著作，明显趋于艰深。但是学术发展至此，又不能忽视方法论与研究范式的议题。限于能力，本书未能涵盖所有相关主题，但却希望有系统性地介绍教育管理领域的发展。本书触及方法论的最根本辩论，这一主题以往较少为华人世界学者所重视。不揣浅陋出版此书，盼能收抛砖引玉之效。

本书自构思至完成，历经十数年时间。其间沧海桑田，人事变幻已是另番风景。写作过程中，即使内容较为抽象，我们仍努力消化，尽量以浅显的文字加以叙述。此外，为避免翻译之歧异，本书所引用之外国人名均以原文呈现。部分翻译名词则沿袭前辈学者的用法，以与其他相关书籍有所联结。书中引述之研究均附有参考文献，以供教育管理研究者参考。当然，囿于各种限制，本书定有许多谬误不足之处，还请专家读者指正，在此先致以深谢。

本书出版，承蒙北京师范大学褚宏启教授撰写序言，深感荣幸与感谢。褚教授学养俱佳，为教育管理领域重量级学者，降尊纡贵为本书作序，充分展现君子之交的气度。学术研究极为寂寞，漫漫长路闻得一声叮咛，总能在岁月的浮光掠影中增添莫名的温暖。

数年前，我回返母校美国威斯康星大学麦迪逊校区做访问教授。故地重游，不见旧题，当年师长多已归道山。“江湖夜雨十年灯”，变迁的不仅是人事，还有心情。新来的秘书笑脸迎人，却总令人觉得缺少什么。坐在空荡荡的办公室中，只见墙上新添了数排照片，20 世纪 30 年代之后的退休教授皆在其上。我痴痴地看着，想起本书不正是他们一生的学术写照吗？每张面孔的背后各有不同的坚持，却因此为教育管理领域，耕耘出繁花似锦的园地。历史已在墙上停格，我们却仍在岁月的洪流中努力前进。谨以此书献给过往曾为教育管理研究打拼的前辈们。

秦梦群

甲午年　春寒　台北

第一章　导　论

教育管理研究者的基本任务乃在带领学校走向期待的未来。
要达此任务，则需要反省式的分析与研究。
——Donald Willower

教育活动包罗万象，大自教育政策之制定，小至个别学生辅导，无所不包。教育活动绝大多数都在特定组织（如学校）中进行，如果缺乏适当理论与方法，将使其运作大打折扣。实务上，教育之作为必须随着社会潮流不断精进，而此种反省与思考之能力，实有赖于相关研究观点与理论的建立。

以教育管理（educational administration）① 研究领域为例，自有教育组织以来，学者莫不殚精竭虑希望透过研究，以建构适当的知识与理论，使教育之实践更符合所需。影响所及，建构教育管理研究范式（paradigm）与方法论（methodology），即成为刻不容缓之事。不同方法论形成对知识诠释与探索本质上的差异，其研究过程及使用方法也大相径庭。对同样的问题却有不同的看法。即以“什么是最佳的校长领导模式”为例，历年来教育管理的相关研究众说纷纭。有的认为“高关怀、高倡导”为最佳模式（行为论），有的主张依情境变量而有不同最佳模式（权变论），或是如后现代主义学者所言，反对传统科学主义对唯一合理性的追求，认为世上绝无“最

① 英文“educational administration”一词，在港台地区，多被翻译为“教育行政”。大陆地区则因特殊考虑，多将之翻译为“教育管理”。本书以下行文则采取后者。然而，如果仅是“administration”一字单独出现，为避免与“management”之混淆，则仍依例翻译为“行政”。读者在阅读时，请了解在本书中两词所指之意义内容实为相同，并请务必以英文原文作为最后判断标准。

佳”的校长领导模式，以往所谓的理论与通则，事实上并不存在。

研究方法论与研究方法（research method）两个名词表面极为近似，在本质上却有极大差异。坊间出版之相关研究方法书籍，多以介绍各种教育研究方法为主（如调查法、访谈法、文本分析法），偏重于实作与技术层面的描述。其目的乃在向学习者阐释明了不同研究方法的程序、步骤、标准与必须遵行的要件。与之相较，方法论则偏重不同研究方法所依凭之研究假定、主张与预设价值，较偏向从哲学知识论（epistemology，或译为认识论）之基本架构与相关议题加以澄清分析。其中如以量化统计分析为主的实验法，即与偏向质性研究之田野调查研究，在进行研究之主张上存有天渊之别。主修教育的学生，多半可对各种研究方法侃侃而谈，但对其背后之方法论脉络，则往往一知半解。

教育研究的目的乃在对各种教育现象进行描述与分析，其背后具有特定知识论之概念。基本上，知识论主要探讨哲学上人类知识的起源、性质、范围与证明方式，其发展可以上溯至古希腊时代之 Plato（柏拉图）。在其著作《泰阿泰德篇》（*Theatetus*）中，Plato 将知识定义为被证实的真实信念或事物，主张单纯的相信应该与知识有所区隔，除非其经过适当证明的过程。因此，知识除了被相信是真的，也必须被证实为真。例如一位学者深信“城市与乡村地区学生之教育机会并不均等”，其必须利用各种方式（主要为特定研究方法）加以证明，否则即不能宣称为真正的知识，此因人们所相信为真与被证实为真之间有极大之区别。教育研究者不能因为坚信某种信念，即主张其为真的知识，因为其信念缺乏证实的过程。

简而言之，知识论之焦点乃在探讨如何证实被相信为真事物的真实性。应用于研究方法论上，即牵涉到证实（justification）模式与研究范式的选择。证实是知识论中极为重要的概念，“justification”一字也常被翻译为证成、证明等。基本上，证实牵涉到事物的性质。在相关研究中，通常需要进行证实的事物包括信念、主张、命题、理论、道德等。当其具有“被证实”（justified）的特性时，研究者即有理由支持或加以接受。

知识需要经过证实的程序。至于应如何加以证实，则牵涉到范式之选择。“paradigm”一字也常被翻译为典范、类型。其最初乃指在知识论中的特定思维方式。其概念后经学者 T. Kuhn（库恩）加以采用，主张范式乃是研究者共同认同的基本观点与研究取向。不同范式在各项议题（如主观/客观、事实/价值、量化/质性）上，均持有一定之主张与思维模式。在以下篇章中，我们将详细加以说明。

第一节　教育管理研究范式之变迁

从历史的观点而言，最早影响教育管理研究方法的范式乃是实证论（positivism，或译为实证主义），时间约在第二次世界大战结束后的20世纪40年代末期。其后，后实证论（postpositivism，或译为后实证主义）与后现代主义（postmodernism）相继从知识论的观点，驳斥逻辑实证论的主张。三者在研究方法论上的主张歧异，在21世纪的教育管理研究领域中依旧方兴未艾。从实证论、后实证论乃至后现代主义，学者莫不激烈辩论其在知识论上的坚持。范式的更迭，形成研究风格与过程的不同。作为一位教育管理学的研究者，若不能了解所支持之研究范式的主张与优缺点，则很容易在学术战场上中箭落马。

基于此，本书以历史的观点，分析近百年以来教育管理研究方法论之范式变迁。本质上，它的焦点乃在各范式之主张与其在实质研究上的影响。有些范式虽然颇有创见，但其在教育管理研究方法上之影响至今仍未显著。此由目前重要之中文与英文的相关研究中即可看出。但作为一位研究者，实应了解各范式的主张，以便在阐释研究结果时可从不同的角度加以观察。

一、逻辑实证论与理论运动

知识的形成牵涉两大部分，一为认知的主体（即人类之思维），二为被知的对象（即世界之现象事物）。两者之间的关系，就本体论（ontology）的角度而言，哲学家有不同主张，可归纳为实在论（realism，或译为现实主义）与观念论（idealism，或译为唯心论、唯心主义、理想主义）两大类。实在论主张世上所存在的现象事物，乃是独立于人类意识而客观存在的。

与之相较，观念论则抱持相反意见，认为实体（substance）① 乃是透过人类天生之心灵思维能力所产生，并成为知识形成的基础。由于主张不同，实在论与观念论在知识之形成与追求方式上，有极大的差异。

直到19世纪结束为止，西方主要关于知识的哲学理论皆奠基于“基础主义”（foundationalism）之上。简言之，其主张知识本身来自一个牢固的基础，而知识乃在其上加以建构。此基础为何，则造成不同说法与流派。依据知识论的角度，西方哲学家将知识分为先验知识与后验知识两种。先验知识为凭借推理而得到先于经验观察的知识，其不受到透过感官对于世界观察之直接或间接经验的影响。与之相较，后验知识乃指借助经验观察与证实之后所得之知识，故也被称为经验性知识。

先验知识是否存在，历来成为各学者之知识论争辩议题。其中如法国学者 R. Descartes（笛卡尔）之理性主义（rationalism），即与英国学者 J. Locke（洛克）之经验主义（empiricism）针对先验知识之存在与后验知识之来源，产生广泛的争议。首先，Descartes 主张“我思故我在”（I think, therefore I am），认为理性之官能可作为验证知识的基础，此即理性主义。其中“我思”与“我在”乃是同时呈现，“我”代表心智，恒久存在于思想中。如果未能有所察觉，则导因于身体之干扰。由此可知，Descartes 的思想明显倾向于二元论，即心智（灵魂）与身体（物质），主张人的整体性乃是心智与身体之相互作用。物质有其专属样式或特性（如长、宽、高），必须靠身体的活动加以探索，并经由心智产生观念与规则。

基本上，理性主义主张世上具有并不来自感官经验的先验知识。心智的运作方式有两种。（1）直观：即由心智可以“不证自明”而直接获得的单纯观念（如无不能生有）。（2）演绎：由单纯观念开始进行推论，以建构、确立各种知识（如形而上学、物理学）。所谓方法，即是正确使用心智运作能力以确立知识的普遍规则，其中数学对抽象与定理之推理即为最佳

① 实体之概念原指法律上的财物所有权，但 Aristotle（亚里士多德）却将之定义为“存在物之所以成为存在物”的哲学概念。一切存在物，可以依其性质、关系为根基。因此，只要了解实体的原理与本质，即可掌握存在世界的律则。Aristotle 之后，各哲学家对于实体之定义与了解（逼近）方式，呈现众声喧哗之歧异态势。

明证。

与理性主义相较，经验主义学者 Locke 则持不同的看法，在其著作《人类悟性论》（*An Essay Concerning Human Understanding*）中写道：

> 如吾等假设心灵乃是空白的纸张而无任何意念，则其后心灵将如何被丰富？人类绘于其上的多样与无边际的想法从何而来？何处是理性与知识的泉源？我的答案只有一个，那就是从经验而来。所有的知识均奠基于此（Locke，1959，p. 26）。

由以上引文可看出 Locke 主张心智生来只是一块“白板”（tabula rasa），并无“天生即具先天观念”的先验知识。此种经验主义认为知识建基于经验，经验乃经由人类的视觉、听觉、触觉与其他感官经验习得。观念来自感官知觉与内在反省，经验是一切观念的来源。此外，另一经验主义之支持者 David Hume（休谟）更主张心智的内容是知觉。人先产生知觉之印象，接着出现知觉之观念，最后产生反省之观念。在此次序中，人不可能不先产生印象而有观念，因此形而上学并无存在之可能性。

简而言之，理性主义认为先验知识存在，因此即要面对先验知识之性质与检证的问题。与之相较，经验主义主张所有知识在一定程度上皆为感官对世界的经验体现，因此不需讨论先验知识之问题。

理性主义与经验主义虽然理念不同，但皆主张知识有其稳固基础，因此同属知识论上的基础主义。基本上，经验主义者不反对理性之功能，认为其可结合与运作各种意念，但认为最基本的知识乃来自于经验。以“红色”为例，经验主义者认为如果没有看过红色，就无法加以理念化。因此，理性虽可进一步联结与比较各种意念，但意念之来源仍是植基于经验。

另一方面，理性主义者也不否认经验在知识建构上之角色，但却坚持其乃受制于理性之下，主张若无理性之力量，则所经验之意念恐怕会落入幻觉之林。此种理性与经验孰为知识基础之争一直延续至 19 世纪末。直到 20 世纪，哲学家才开始主张理性与经验虽对知识之建构极为重要，但皆不是知识之基础，而产生所谓之“反基础主义”。其基本主张将在后实证论与后现代主义部分加以详述。

经验主义之主张深深影响实证论之发展。经验主义认为知识是人类经验的产物，需要在现实中加以论证。其中经验与事实之间的符合度即可作为是否为知识的根据。其看法可摘录为以下两个观点：（1）意念乃源自于经验，任何复杂之意念均可回溯为简单意念，又可回溯为感官经验；（2）意念或知识之成立必须经由经验加以证明，任何未经足够经验证明者只可被视为一种“主张”（claim）而非知识。以上第二点为社会学大师 A. Comte（孔德）所接受，他认为科学之方法乃是集中在现象之观察（observations）与如何利用理性方法自其中加以学习。其作品即成为实证论的起源。

根据经验主义与实证论的看法，许多意念因缺乏发觉之证据而无法验证，例如人类之灵魂、潜意识等。20 世纪 20 至 30 年代以维也纳为中心的一批学者，即主张任何不能为感官经验所验证的主张皆是无意义且非科学的。基于此理念，后人将其统称为“逻辑实证论”（logic positivism）。在其主张下，S. Freud（弗洛伊德）的大部分主张因无法验证而被称为是形而上学（metaphysics）。逻辑实证论者采用最严格的经验主义标准来检验知识。在教育领域中，坚持此原则的首推 B. Skinner（斯金纳）。在其著作中，他认为所谓之内心世界，如果没有经由直接观察之途径加以验证，则在科学之领域中并无立足之地。Skinner 之主张至今仍具有相当影响力，其中对“操作性定义”（operational definition）的要求即为明证。

综而言之，逻辑实证论继承经验主义之精神，要求任何有意义之知识必须源于现实之观察与验证。他们要求绝对的精确，任何叙述必须能通过逻辑式的验证。此种主张后来为研究行政领域的学者所重视，其中又以 H. A. Simon（西蒙）最为著名。在其 1945 年发表的著作《行政行为》（*Administrative Behavior*）中，Simon 认为逻辑实证论乃是研究行政决策行为的最佳方法论途径，也唯有如此，相关研究才具有“科学性”。Simon 的研究领域主要在决策行为，其虽未触及教育管理，但因领域相近，对日后教育管理所提倡之“理论运动”（Theory Movement）有极大之启发。

另外一位影响教育管理研究方法论之学者为 H. Feigl（费格）。其原为维也纳学派（Vienna Circle）之一员，虽对逻辑实证论的理论有所修正，但仍因循其基本原则。他的学说可归纳成三点：（1）理论之形成过程中，发现与价值观必须分开；（2）采用操作性定义以作为诠释发现的机制；（3）将行政理论定为一种借由假设演绎法（hypothetico-deductive method）之建构所形成的定理模式（详见 Feigl，1953，1981）。

以历史角度观之，20 世纪 50 年代为教育管理研究重要的分水岭。在此之前，教育管理往往沦为经验传承的场所，并无严谨的理论产生。一位将退休的校长传授治校秘方给继任者，但往往缺乏理论的基础。20 世纪 50 年代之后，部分学者坚称教育管理若想成为一门成熟的科学，则必须先建立学科的理论，因此开始发动理论运动，其诉求即是希望借由具组织的智性运动，强调教育管理精确的理论创造（rigorous theorizing），以取代过往“素朴的经验主义”（naive empiricism）。发起这场运动的学者包括 A. Halpin（哈尔品）与 D. Griffiths（格里菲斯），他们希望借由建构教育管理的知识层面，促使教育实践的过程更具绩效。

具体而言，理论建立最主要的目的即在追求普遍性解释（general explanation）。科学理论被深思熟虑的学者（如 Newton〔牛顿〕、Einstein〔爱因斯坦〕）创造出来后即成为进一步了解万物运行的道理。然而，没有任何一个理论可被视为最终理论，因为更好的理论在任何时候都可能被创造。科学最基本的力量来自于理论具有自我批判性与修正性。科学的规范是开放的。Einstein 和 Infeld（1938）即指出，“我们用尽全力去探索各种实在（reality），就像一个人想了解手表中复杂的机械原理一样。其虽看到表的表面与表针的转动，甚至听到运转铃声，但却无法打开表壳一探究竟。如果此人深具好奇心，也许会尝试根据所观察的事物绘制相关机械的构造图形，然而即使如此，他却始终无法确定所绘制之机械构造图足以解释所观察到的情形……”（引自 Hoy & Miskel，1996，p. 2）。

在社会科学研究方面，Kerlinger（1986）曾定义理论为“一组互相关联的概念、定义与陈述。其可用来系统地说明变量之间的特定关系，以对现象进行解释”（p. 9）。Willower（1975）更精简地定义理论是“一个互为一致的组体，用来解释现象”（p. 78）。Hoy 和 Miskel（1996）则归纳以上学者之看法，将理论定义为“一组互相关联的概念、假定与普遍化概念，被系统化地用来解释与描述教育组织中行为的规律。……有一些假设将会从理论中被提出来以进一步对概念间的关系进行了解”（p. 2）。关于此定义有三点必须说明：(1) 逻辑上，理论包含概念、假定与普遍原理原则；(2) 理论的最大功能在于描述、解释与预测行为规律；(3) 理论具启发性（heuristic），能引导更深入的知识发展。

环顾历史，教育管理成为一研究学门，与理论运动的出现有极大关系。20 世纪 50 年代学者的研究导向乃是对理论建立的极尽痴狂，此在 Halpin

（1958）的著作中可见端倪：

> 没人能否认我们需要规范式的标准（在法律上），以指导行政者应该如何作为，但是这些处方却不能形成理论。这些标准无法在科学之理论建构过程中被验证。我们使用的模式重在行政者事实上如何作为。简言之……研究的首要目的乃在使我们对事件更具有预测力，而非对人类行为的好恶进行评断（Halpin，1958，pp. 6-7）。

从以上文字可明显看出，推动理论运动的学者倾向于逻辑实证论，将与伦理和价值相关的命题排除于研究之外。其中，Griffiths（1959）的说法更加具体。其认为应以逻辑实证论来研究人类之行为，与研究物理学与生物学的态度一致，坚持将事实（is）与价值（ought）分开。Griffiths 同时主张采用 Feigl 的理念，将自然科学的研究方式移植到教育管理领域。虽然部分学者（如 Evers & Lakomski，1991）认为 Feigl 的理念为当时教育管理学者所采用者，并非真正逻辑实证论的原始主张，但是仍将 20 世纪 50 年代的理论运动，命名为逻辑实证论单一范式的独霸时代。

二、逻辑实证论在方法论上之主张

就知识论的观点而言，逻辑实证论在方法论上的主张具有以下数种主义之色彩。

（1）科学主义（scientism）：主张对于知识观念的探讨，自然科学（如物理学）所采用之方法具有普遍性，可以应用于社会科学之研究。唯有遵守自然科学所采用的科学方法，并以之严格解释发现的结果，方能称为真正的科学。

（2）化约主义（reductionism）：主张将复杂现象化约为简单模式（如数学公式）。此种化繁为简的方式，最为自然科学所青睐，也可应用于社会科学中（如将领导行为简化为少数变量或层面）。

（3）基础主义（foundationalism）：主张知识存在建立于一个永恒不变与超越历史的基础之上，如此产生与证实之知识才是可靠的。人的知识层次必须存在基础，基础是不变的，否则即无所依据。

（4）客观主义（objectivism）：主张实体乃是独立于主观意识而存在，人类借由感觉经验与之联结，并通过归纳与演绎，以获得逻辑与客观的知识。主观的想法未经客观的检验不能成为知识。

（5）决定论（determinism）：主张世界中存在客观规律与因果关系，一切结果乃是导因于先前之特定原因。因此，可以根据前提条件来预测未来的结果。此种“因果关系”之主张，对于启明时代（又称启蒙运动）以降之自然科学发展产生空前影响。其中如牛顿力学，即认为天体运行皆由确定的规律所决定。现在发生的乃是由过去透过因果关系所决定，且对未来具有预见性。

由于受到逻辑实证论的影响，再加上理论运动对实证论主张的全盘接受，教育管理学者因此深信教育管理学是一门科学（educational administration as a science）。于是，采取实证论研究方法来建构理论即成为理所当然之事，知识建构的过程如果不符合实证论所规定的证实模式（model of justification），则被视为对学术毫无建树。当时，学者们以为教育管理的知识建构可以用普遍公认的经验为判断依据，在方法上一旦确立了科学方法论规则，就对任何类别的研究都具有效用，因此，任何一个科学家都应当遵守方法论的规范。具体言之，以逻辑实证论为基础的理论具有以下三大特征。

（1）该理论为层级结构且必须包含一套明确的经验性主张。层级的底层是一些特定的主张，是对事件或现象做特殊观察所得到的结果。层级的上方则为较具普遍性的原则，适用于所有的学校、组织、生活系统，以及其他对象。换言之，理论必须是从特殊推演出普遍逻辑，以得到适用于任何情况的法则（逻辑实证论深受物理学的范例影响，并以此作为所有合法性知识的楷模）。

（2）该理论具重复验证性。本质上，层级结构中的主张（或称假设）是为了追寻源流，这包括了特殊观察描述。因此，这些特殊的观察即为经验性证据的基础，如果这些观察（假设）被确定，则代表假设正确。被确定的次数愈多，则表示被否定的概率愈小。此即为著名的“假设演绎法”。

（3）理论中主要专有名词采用实证性定义。逻辑实证论者强调定义必须源自于观察。研究者或许会发现这个要求有时无法达成，因为所谓的理论性术语常常都是无法依肉眼观察结果来获得，例如物理学中的名词“电子”（electron）或“夸克”（quark）即是不可观察的。然而为了使实证性测量过程易于计算与观察，操作性定义仍然无法避免（Evers & Lakomski，1996b，p. 2）。

在教育管理领域中，逻辑实证论的影响力至今不衰。其自 20 世纪 80 年代开始，虽遭受后实证论与后现代主义的强力围剿，却至今仍在研究方法论上居于举足轻重之地位。实务上，逻辑实证论的主张应用在研究方法上，有以下四点特征：

(1) 采用假设验证的形式进行问题的研究。逻辑实证论主张任何知识必须透过经验之发现加以证实。因此对于上层普遍性的主张必须要先定为假设，然后以经验的证据进行推论。此假设只有经不断之检测而成立，才被视为确立。其形式为如果“所有观察的 X 为 Y”，则“所有 X 为 Y”的命题被否定的概率就愈小。一般而言，假设之叙述形式如同自然科学中的定理，例如“高关怀、高倡导为最佳的领导模式”。此种移植自自然科学的论述形式，为逻辑实证论坚持“知识法则化”的一大特色。在以下的篇章中，我们可以看到此种研究的形式受到后实证论者的激烈攻击。

(2) 操作性定义的采用。为达到精确的目标，逻辑实证论的支持者采用操作性定义来解释教育的概念（如智力、领导能力、组织气候等）。操作性定义首为物理学家 Percy Bridgman（布里奇曼）所倡导，虽未广为应用于物理学界，但在心理学与教育学上却成显学。其主张为，任何概念若不能被测量则为无意义。根据此种说法，任何对知识的探求，应可将之精细地划分为特定的操弄程序。其后所使用的测量工具与结论之产生，均必须植基于事先所设定的操作性定义。此种要求除设定可观察之现象外，也有使结论不至于过度空泛的作用。

(3) 坚持理论中立的原则。逻辑实证论援引经验主义的主张，要求研究过程中的发现与解释，必须基于理论中立（theory neutral）的原则。换言之，研究者不应受其既定理念与价值观的影响，而对现象之解释有所偏颇。理想上，不同的研究者执行同一理论的过程，应导致相同的解释，即如同任何化学家都可用二氢一氧（H_2O）产生水一般。当然，在实务上，这是极为困难的。因此，逻辑实证论者设定了特有之程序，希望能做到理论中立。其中最明显者即为将研究者与被研究者分开的要求，用意即在确定后者并未在过程中受到“污染”。此外，解释所发现之现象时，研究者也被禁止使用具有价值色彩的语言，而仅能就所发现之现象加以陈述。影响所及，教育领域中的伦理与价值命题即被排除其外，因为它们无法被实质验证，也不符理论中立的原则。

（4）偏向统计量化的研究模式。逻辑实证论的基本主张，乃在使用客观的模式，研究可被观察的现象。实务上，逻辑实证论之研究方法并不等于量化研究；事实上，不少反逻辑实证论之学者也采用统计分析。然而，基于精确与可测量之诉求，统计量化模式之研究自然成为逻辑实证论学者的首要选择。20世纪，统计学之进步一日千里，其利用计算机之快速处理，号称可将数值分析推之于极限。此外如样本随机分派之技术，大量调查资料的精确计算，均符合逻辑实证论的口味（如精确性与客观性）。因此，量化研究即成为最普遍的模式，此在欧美地区之相关研究中均得到证实。详细说明请参阅第六章。

兹举一例说明。若一位研究者想要探讨“小班教学是否能增进学校表现绩效”之课题，并采用以逻辑实证论为主的方法论，则首先必须建立基本假设。其内容来源或由以往文献，或由平日之观察得知。假定其认为小班教学能增进学校效能，就必须进一步搜集证据验证之，在此之前其理念不过只是一种“宣称”（claim）而已。为求精确，操作性定义在所难免。研究者首先定义小班教学之学校，将之设定为“每班二十人以下之学校”。学校效能则以学生升学率、教师迁调次数、教师工作满意度与中辍学生比例等指标为标准。以上指标均可由问卷、既有数据与观察中得知。前已说明，逻辑实证论并不等于量化走向，但多半以其为主调。研究者也许将研究期限定为两年，其后分析比较实施小班教学之学校与未实施之学校，最后以统计分析做出最后的结论。由于资源有限，研究者不能以全部母群体（台湾地区之小学）为研究对象，但其相信经由随机抽样之技术，如果所有观察之实施小班教学之样本学校，都有较佳之学校效能，则推论至母群体的正确机会即使不能达到100%，其被否定的概率也必定较小，此即为假设演绎法之应用。此外，研究者所做之结论，必须植基于其所界定的变量上，例如研究对潜在课程（hidden curriculum）并无触及，所谓之学校绩效则仅限于所定义的四个变量。

综而言之，以逻辑实证论为主要研究方法的理论运动对于教育管理理论发展带来以下优点与贡献。

（1）教育管理研究领域借此建立起一个严谨的知识生产规则，来作为专业化的知识基础，而最终能给予学校、官僚体系、教学、领导与组织设计等方面适用的普遍化原则，并使用判断性要求来确定这些真理，这样就能不断地发现更多现象（例如社会系统的行为）的普遍性原则。

（2）研究成果可以立即拿来使用，因为成果往往是经过实验证明是最有效能达成目标的途径。

（3）在决策方面，提供了科学化的决策途径。

（4）在教育规划方面，提供了教育发展的规划模式及量化指标。

（5）在教育政策分析方面，建构了许多种政策评估的模式及理论。

在另一方面，虽然逻辑实证论帮助教育管理学术建构出丰富的知识体系，并使教育管理学成为一门应用科学。然而其后有关方法论的发展及改革动向则显示，实证研究引发的问题与争议已受到相当程度的重视与认知，特别是其所建构的知识运用在教育实践时产生了许多问题，使得教育管理质量下降。部分学者深信这些问题乃源于逻辑实证论，并开始指陈其缺失。

三、后实证论的兴起

有关实证论与反实证论之间的争辩，早在20世纪40年代就在国际方法论舞台上展开。反实证论者将矛头一致指向逻辑实证论，并对其做出严厉的指责与非难，认为逻辑实证论不当的方法论宰制，已导致科学沙文主义，造成学术研究迫害的不幸事件。而且，逻辑实证论过分凭借感官经验，忽视了非感官经验的存在，其方法论在应用上只重视因果关系的预测与评估，却忽略了互为因果、多元关联的存在，实是窄化了实体的图像。此外，教育管理学是否为一门应用科学也是争议所在。科学哲学研究领域中对逻辑实证论提出许多建设性的批判性主张。

首先，在自然科学哲学方面，K. Popper（波普尔）、T. Kuhn 与 P. Feyerabend（费耶阿本德）等学者对实证论的批判，使得实证论不得不退出方法论霸主的宝座。Popper 认为实证论所强调的证实原则根本无法证实一个命题，科学应从“否证论”（falsificatism）来进行实体探究。Kuhn 持相对主义的立场，提出范式之间的“不可共量性”（incommensurability，或译为不可通约性）存在，认为范式之间具相对性与不可比较性。Feyerabend 则持多元主义的立场，主张方法论上的多元证实模式。这些主张使得一个重要的观点加速蔓延：研究者不应再囿于基础主义，把科学归结为齐一的规则和程序，而应把科学的关怀从方法转移至其实践面；而且科学研究深具相对性格，单一范式只会阻碍了实体的逼近。学术界统称此为后实证论观点（views of postpositivism）。

反实证论观点可以后实证论与后现代主义作为代表，他们反对理论之间的革命乃具逐渐累积性的观点。换言之，他们反对逻辑实证论的基础主义，认为知识乃是臆测的（conjectural），而其根据乃在目前我们所得到的最强证据（即使不是无瑕的）。对于基础主义主张知识乃有一稳固的基础，后实证论观点加以驳斥。他们认为在人类历史中，知识往往在解构与重塑的过程中形成。基于目前所能得到的证据，学者推翻以往认为颠扑不破的理论，加以重塑而形成新的知识与理论。例如 19 世纪的天文学家相信只有七个行星绕行太阳，但后来却被数次修正（例如冥王星被排除）。如果用非基础主义的观点来叙述，其所产生的争议应该较少。

简言之，非基础主义认为知识之形成乃是依情境的（circumstantial），而非绝对的。因此，只要现有之证据能支持，在单一时空中，特定知识虽是成立，但非永恒不变。后实证论学者 Phillips 和 Burbules（2000）曾以心理学家 Lawrence Kohlberg（科尔伯格）的道德发展理论为例，说明非基础主义的观点。Kohlberg 仿效 Jean Piaget（皮亚杰），将人类道德理念与思考的过程分为六至七个阶段。其所用的方法包括晤谈、测验等。当时心理学界与教育学界无不受之影响而奉为圣经。但其后之证据，却打击了 Kohlberg 理论的正确性。例如 Carol Gilligan（卡罗尔·吉利根，Kohlberg 的同事）发现当时 Kohlberg 在做实验时，并未加入女性样本，而她的证据却说明了女性的道德发展异于男性。换言之，Kohlberg 的理论可能只适用于男性，而非超越性别。Gilligan 的实验激发了其他对 Kohlberg 理论的挑战。此一实例呼应了 Popper（1968）的说法，研究者所得之资料并非绝对权威。不同的样本、实验、实测程序均可能挑战既有的定理。研究者不应迷恋有恒真的知识存在，只要有新的论证出现，既有知识基础随时有崩塌之危险。

检视后实证论观念兴起的背景，20 世纪所发展出来的相对论（relativism）、量子力学（quantum mechanics）与非线性理论（nonlinear theory）实是重大功臣，这些理论对从 Newton 以来的传统直线物理学观予以抨击，使人类开始反省与觉悟理性主义所构思的理性蓝图是无法实现的。宇宙世界的复杂性与不确定性实远超过人类的想象，宇宙并非牛顿力学理论所想象的那么单纯。尤其近年来所发展出来的非线性理论更说明了世界中充满了偶然性、随机性，以及无限可能性。著名的数学家兼物理学家 Henri Poincare（庞加莱）早在1902年所发表的《科学与假说》（*Science and Hypothesis*）一文中即指出：人类对于宇宙中之奥秘能够了解的实际上相当有限。在讨论概率论与物理学现象时，Poincare更指出现象的不可预测性。他认为任何的预测皆为猜测，若其后的情况符合了预测，则人们会说这些现象是服从定律的。可惜，复杂的现象层出不穷，起始条件的微小差别所能造成的巨大误差，常使预测功败垂成。

从现象学（phenomenology）、批判理论（critical theory）到毁誉交杂的后现代主义（postmodernism），皆强调主体性与主观经验的重要性，反对科学的客观性与超然立场。现象学鼻祖Edmund Husserl（胡塞尔）在其名著《欧洲科学危机和超越现象学》（*The Crisis of European Sciences and Transcendental Philosophy*）中指出，欧洲人文科学长期以来受到错误哲学观念的指导，这些观念即包括了实证论。批判理论学者J. Habermas（哈贝马斯）则指出自19世纪后半叶以来，随着实证论的崛起，哲学家对知识的批判反省能力已变得极端狭隘，因此他提出所谓的认知兴趣（cognitive interest），希望借此发展出广阔的认识论架构以抗衡实证论、科学主义与客观主义（Habermas，1971）。后现代主义者则采取更为极端的方式，坚持相对性法则的意义，反对现代主义（modernism）的经验分析与规则。这些批判的新思潮同时对教育管理研究产生重要的影响，随着自然科学理论与哲学思潮的转向，教育管理研究的单一实证主张逐渐失势，多元范式观点在后实证时期逐渐被研究者所重视。

由于受到社会科学方法论范式转移之影响，教育管理研究领域也出现了数位倡行方法论改革的主要学者，其中包括T. B. Greenfield（格林菲德）、R. Bates（贝茨）与C. Hodgkinson（霍金森）等学者。他们受到后实证论观点的影响，深觉教育管理研究不宜再由单一的实证范式所独占，而应该使用多元的研究取向与范式，以利于教育管理发展的知识基础真正贡献于教育管理与管理实务，从而开启教育管理研究的新格局。

综合相关文献，学者发现依单一范式（即逻辑实证论）为基础的教育管理研究引发以下三项主要问题：

（1）使人们对教育管理研究有误解，甚至误以为实证研究才是科学，非实证之研究受到排斥。

（2）单一证实研究模式由于缺乏多元变异与自由选择的空间，反而对教育管理学术的进步造成阻碍。

(3) 为落实实证过程的客观性要求，分离了价值（value）与事实（fact），反而导致根本而重要的教育价值研究长期受到忽视。

关于教育管理研究之实证论与后实证论之间的争辩，自20世纪70年代开始频频在著名的英文教育管理与方法论学术期刊（例如《教育管理季刊》〔*Educational Administration Quarterly*〕、《教育行政与管理》〔*Educational Administration and Management*〕、《教育管理期刊》〔*Journal of Educational Administration*〕）引发笔战。其对研究方法之影响，深受教育管理领域学者的关注（Evers & Lakomski，1996a；Hoy，1994；Hoy & Miskel，2007；Owens，1982，1987；Owens & Valesky，2010）。

综上所述，20世纪初各学门研究方法论均一面倒向逻辑实证论，一切研究讲求理性的研究公式、可检证性与客观性。然而，社会科学毕竟不同于自然科学，由于其无法全面解决人类复杂的问题，单一范式的科学研究遭受强烈的质疑与杯葛。当时，世界观主义者提出了许多证据来反对实证论。Kuhn将其观点撰写成《科学革命的结构》（*The Structure of Scientific Revolutions*）一书，在其提出“范式”（paradigm）这个概念之后，研究界开始迈入所谓的“后实证科学”（postpositivistic science）。基本上，后实证论者并非完全否定实证论所发展出来的方法与成就，而是提出“多元范式”的观念。他们了解到科学进步的历史性与实证论“认定一切非感官经验为非科学”的谬误想法，因而开创了新的研究取向。以下就后实证论中对教育管理研究者有重大影响之观点加以简述。

（一）主观主义（subjectivism）

主观主义是兴起于20世纪60年代的反实证论思潮，其主张与当时之客观主义背道而驰，强调研究过程中的主观色彩。在教育管理领域，主观主义在20世纪70年代后才崭露头角，主要由Greenfield所领导发起。其攻击“实证科学”的知识基础建构过于窄化，并指陈其排除在外的价值、情感与伦理等层面，都是教育管理研究最为重要的部分。持主观主义思维者偏好使用质性方法来进行研究。

（二）批判理论（critical theory）

批判理论乃是在后实证论理念影响下所产生的重要新兴范式，主要代表人物有 R. Bates、W. Foster（福斯特）、J. Habermas 等人，研究焦点置于教育管理中的权力、控制与操控等层面的议题。教育管理学中的批判理论由于立论基础的不同而可细分为两种不同取向：其一为 Habermas 式的批判理论，其批判的重点在于揭发社会中意识形态与文化再生产（cultural reproduction）的真相，唤醒自由意识，以解放受宰制的个体，并力陈理想沟通情境建立的必要性；其二为 T. W. Adorno（阿多诺）式的批判理论，其倡导行政本身的自觉（self-awareness）与行政事务、环境脉络的关系，并主张教育管理学术中科学概念与人文关怀的整合。

（三）人文主义（humanism）

教育管理研究方法论中的人文主义主要推行者为 C. Hodgkinson。其指出过去之行政活动或理论往往忽略了哲学思维，这是相当不智的，并坚持在行政理论的建立过程中，哲学永远是扮演重要的角色。理论上，人文主义强调教育管理学为一门人文科学，实务上则重视行政行为价值与伦理的重建。

（四）自然论（naturalistic paradigm）

自然论是由 E. G. Guba（古巴）与 Y. S. Lincoln（林肯）两人所共同倡导的，其立论之基础假设与传统之实证范式背道而驰，因此被认为是足与实证论相抗衡的重要研究方法论范式。依 Lincoln 的说法，自然论主要认为研究不应在强调人为设计、实验设计的背景下来进行，而应于自然的环境中进行。自然论假定了实体是多元存在的，因此它反对传统理论中“绝对客观”的主张，摒弃价值中立性的神话，主张研究者无论在选择问题、选择范式中都是深受个人价值所影响（value bound）。在方法上，自然论偏爱“扎根理论”（grounded theory）与个案研究法（case study）。

（五）文化理论（culture theory）

此范式产生于 20 世纪 80 年代，主要代表人物为 T. J. Sergiovanni（萨乔万尼）。其立论基础源于诠释学（hermeneutics）、文化人类学（cultural anthropology）、主观主义（subjectivism）与现象学（phenomenology），主要是为了对过去的教育管理研究实证范式中过于强调客观性的方法论进行批判。在方法论上采取了解（understanding）或理解（verstehen）的方法。他们相信运用此方法有助于测得人类主观想法与意义创造的背后意涵。因此文化理论的重点不在观察表象，而是探究现象产生的背景因素。文化范式主要将焦点置于价值、文化、符号与隐喻（metaphor）等层面。

（六）连贯论（coherentism）

连贯论兴起于20世纪80年代末，由澳大利亚教育管理学者C. W. Evers（艾沃斯）与G. Lakomski（拉科姆斯基）所提倡。由于过去多元范式时期中部分观点（例如主观主义、诠释学）高估了个人主观看法的意义，为避免学术流于非理性的对话，阻碍学术的进步，遂有统合观点（unity thesis）的出现。连贯论即以统合观点作为基础，极力反对学术中的各说各话与意气之争，而是希望发展出证实理论优劣之指标，以作为理论选择的重要参考。其所谓的外于经验的指标包括一致性（consistency）、简易性（simplicity）、包容性（comprehensiveness）、解释统一性（unity of explanation）、可学习性（learnability）、生产力（fecundity）等六项。

（七）女性主义（feminism）

兴起于20世纪70年代的女性主义系受到批判理论的影响而产生。其焦点为探讨女性在工作职位生涯发展上的障碍，以揭发现代社会中两性不平等的事实。女性主义从性别、职业、薪资等层面出发，要求两性在社会上的平等，并积极呼吁摒除一般人对女性所存有的意识形态。

四、后现代主义的崛起

后现代主义是兴起于20世纪70年代末的另一股哲学思潮，以反基础、反方法、反中心等观念为口号，企图摧毁现代化过程所建构的一切理论与方法。代表人物主要为M. Foucault（福柯）、R. Rorty（罗蒂）、J. F. Lyotard（利奥塔）、J. Derrida（德里达）等大师，他们指出理性和经验的局限性已封闭了科学知识的有效性，并质疑理性（实证）主义与科学主义的无上权威。他们认为任何单一的最佳理性途径都是不可能的，因为价值中立只是虚幻。他们呈现了激烈的思想转换，并以“解构”（deconstruction）作为重建的途径。

后现代主义较后实证论更具多元主义的色彩，主张范式之间能并行不悖，反对主流理论的建构。从方法论的观点而言，后现代主义抛弃了对客观的追求。换言之，世间并无绝对不变的“真理”，知识只是建构在不同时空中而已，并各因其对实体观念之不同而有所变异。20 世纪 70 年代所出现的“非线性动态系统理论”（nonlinear dynamic system theory），即对自然科学中的牛顿直线机械观进行挑战，揭示系统中的随机性，绝非如以往认为科学乃线性且完全可预测的。后现代主义所强调之反基础主义、反决定论、反还原论、反权威论，皆与以往传统的研究理念大异其趣，令人目不暇给。

直到 20 世纪 80 年代末期，教育管理领域才逐渐受到后现代主义的影响，但因时间不长，至今仍未有显著之方法论建构。综而言之，后现代主义诱人之处乃在其对传统理念的颠覆，但由于其对知识累积与证实的否认，无异落入 Feyerabend 所谓“怎么都行”（anything goes）的黑洞中，很难如实证论与后实证论一样建立具体的方法论（也许后现代主义根本就不想建立），容易形成学术的无政府主义。不过部分理论（如混沌理论）由于理念较为明确，其主张如重视起始效果、组织为耗散结构等，对教育管理组织之分析有其一定启示与应用。相关派别之主张简述如下。

（1）后结构主义（post-structuralism）：主要以 Foucault、Lyotard 与 Derrida 等人为代表，以解构与反结构为中心思想的一组思潮。具体而言，后结构主义之意旨在瓦解各种规律性之认知模式所隐含的僵化和理性宰制的危机。其对于直线演进的历史观提出驳斥，认为传统研究观点多局限于因果逻辑，而忽略了历史不连续的一面。

（2）新实用主义（neo-pragmatism）：由美国哲学大师 Rorty 提出，基本上认为认识论不应受一个外在的必然性所支配，主张任何认识的起点都是偶然的、历史性的，因而应该从结果方面而不是从原因方面来考察人类的知识。再者，新实用主义否定了客观性基础的存在，而是以实用性与伦理价值作为基础。因此，所谓的真理只是人的一种信念和价值。

（3）激进女性主义（radical feminism）：女性主义到了 20 世纪 90 年代后，由于受到后现代主义（特别是后结构主义）的影响，从早期仅从性别与职位两大面向对两性平权的防御性诉求，转向对男性沙文主义的强烈批判，主张女性的彻底解放，学界统称其为激进女性主义。在研究上，其主张研究者应运用女性样本为主，在方法论上偏爱以受试者为主体的文本研究。

（4）非线性系统理论（nonlinear system theory）：或称混沌理论（chaos theory），强调自然规律背后所隐藏的不确定性（uncertainty）与随机性（randomness）。非线性系统理论指出：初始状态一旦无法掌握好，将引发不可收拾的残局，亦即所谓的“蝴蝶效应”（butterfly effect）。在实务上，其重视回馈机制对组织系统的影响。

第二节 教育管理研究之证实模式

从知识论的观点而言，教育管理各种研究方法论虽各有特定主张，但其差异却多聚焦于证实模式之不同。以下即以历史发展的角度，叙述、分析不同证实模式时期的研究范式与主张，最后简述本书之主要探讨议题，以供读者在阅读时有所了解。

一、三大证实模式之发展

由文献分析发现，20 世纪以降，教育管理的理论发展情形有其一定之脉络，此可以从教育管理研究范式变迁的过程寻得。基本上，教育管理研究领域在 20 世纪分别受逻辑实证论、后实证论与后现代主义之影响，其间各范式主张虽有不同，但大致符合澳大利亚学者 Evers 和 Lakomski（1996a）所主张之教育管理研究范式三阶段论（见图 1-1），兹分述如下。

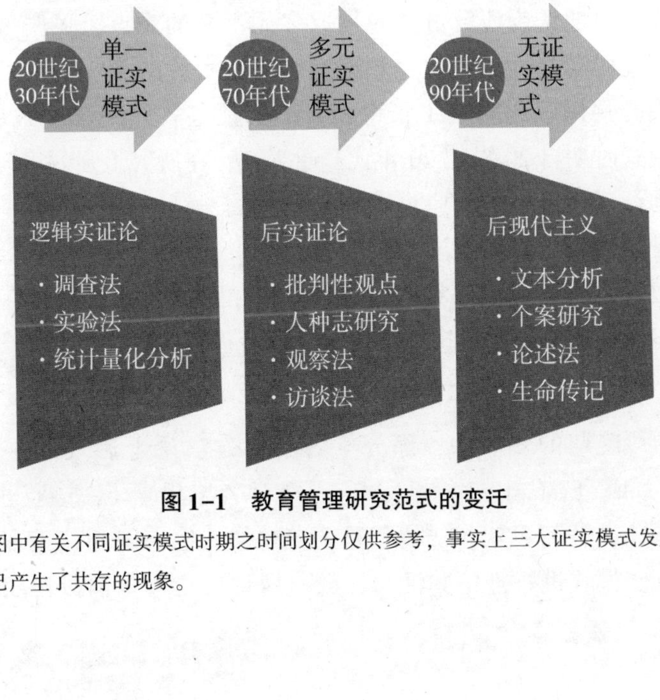

图 1-1 教育管理研究范式的变迁

注：图中有关不同证实模式时期之时间划分仅供参考，事实上三大证实模式发展至今已产生了共存的现象。

（一）单一证实模式时期

单一证实模式虽兴起于20世纪30年代，但教育管理研究却迟至20世纪50年代，方才引进逻辑实证论，而陷入科学化热潮的“理论运动”。科学化的过程即了解我们生活的世界与其运作，并描述感官所看到的现象，简单来说，是将科学的方法用在教育管理研究中。此时期学者普遍视教育管理为一门科学，并采用实证论的认识论立场，认为观察与理论间可以相互独立。学者们在方法论上采取量化研究，并认为知识的证实仅具单一标准，研究的目的在于建立可以被普遍运用的法则与定理。此时期强调客观性，因而排除了一切主观因素（如价值、伦理），至今教育管理研究领域中，单一证实模式仍被普遍使用而深具影响力。

（二）多元证实模式时期

此时期由于Kuhn的“范式学说”、Feyerabend的“多元主义方法论”、批判诠释学的“文化霸权”（cultural hegemony）与“社会再生产”（social reproduction）等观点的提出，深切影响原先以单一证实模式为格局的教育管理研究，学者如Greenfield、Hodgkinson纷纷指出教育管理知识的证实应具有多重标准，因为单一证实模式只会造成观点的独断，阻碍学术的进步。另外，他们也指出观察无法脱离理论，因为任何的观察都深具理论依赖性。多元证实模式时期认为研究方法应采取多元主义的观点，强调量化与质性取向并重。此时期之学者视教育管理为一门艺术，由于实证范式在研究上的诸多缺失与局限，此时期主张将相对于实证范式的质性范式填补进来。多元证实模式时期自20世纪70年代开始兴盛，在研究上强调多元方法与多元实体，强调不同观点之间应进行相互尊重的对话，认为没有一个理论可以被视为世上特定现象的“再现”（representation）。实体之一部分虽由再现本身所构成，但无可否认其具有主观的特质。而且，由于世界存在多元实体，运用不同方法进行实体探究被认为是较为正确的研究态度。

（三）无证实模式时期

第二阶段晚期的发展中，部分学者受到方法论上后现代主义的影响（包括Foucault、Lyotard、Derrida、Rorty等学者思想），主张世上根本“没有真理”可言，任何再现与实体都是不存在的。他们因而认为未来研究极难从任何证实模式进行理论验证与比较。后现代主义从消极角度来看待相对主义，在教育管理研究上主张放弃任何既有的证实模式。然而，后现代主义学者对于基础主义的攻击不但消灭了较佳的证实模式（preferred method of justification）出现的可能性，整体而言也会消灭“证实”这个概念。影响所及，最后将使得“理论是实体再现”（a theory as a representation of something real）的想法被破坏而荡然无存，任何研究都将失去意义与目标，因而引起部分学者之批评。

本书以下即根据逻辑实证论、后实证论与后现代主义三个范式之历史发展阶段来作为分析架构，分析自20世纪以来教育管理研究之范式变迁情形，其中也纳入教育管理学者针对范式变迁过程的独特见解，包括Greenfield的主观主义、Hodgkinson的人文主义、Evers和Lakomski的连贯论，以及Sergiovanni的文化理论。

表1-1　教育管理研究方法论三大范式之主要主张与影响

	逻辑实证论（20世纪30年代以后）	后实证论（20世纪70年代以后）	后现代主义（20世纪90年代以后）
证实模式	单一证实模式	多元证实模式	无证实模式
理论基础与派别	经验主义、理性主义、科学主义	主观主义、人文主义、自然论、连贯论、文化理论、批判理论、女性主义	后结构主义、新实用主义、非线性系统理论、激进女性主义
对客观实体的看法	世界存在唯一、客观的实体，研究的目的即寻得永恒性规律。	世界上存在着多元的实体，不同角度的观察将发现不同的实体。	世界上不存在任何客观实体，即使有也是永不可得的追寻。
基本主张	1. 科学主义 2. 化约主义 3. 基础主义 4. 客观主义 5. 决定论	1. 多元主义 2. 主观主义 3. 反再现主义	1. 反化约主义 2. 反基础主义 3. 反决定论 4. 反还原论 5. 去中心化 6. 反权威论
研究取向	实验法、调查法	批判性观点、人种志研究、观察法、访谈法	文本分析、个案研究、生命传记

续表

	逻辑实证论（20 世纪 30 年代以后）	后实证论（20 世纪 70 年代以后）	后现代主义（20 世纪 90 年代以后）
在方法论上的主张	1. 采用操作性定义。 2. 坚持价值中立，研究者之客观性知识法则化，且可重复验证。 3. 采假设验证模式，以实验法为主要方法。 4. 观察与理论间可以相互独立。	1. 操作性定义的拘泥形式对实体的探寻效果有限，主张采取多元的研究取向，包括自然取向、批判取向、文化取向、连贯取向等来了解现象。 2. 肯定主观性对于研究的影响是不可避免的，应重视实验室以外的社会脉络。 3. 采用弹性的实地观察与访谈，以观察法与访谈法为主要方法。 4. 观察与理论间无法相互独立。	1. 任何的研究模式都可以被接受，主张“怎么都行”。 2. 知识是主观的、变易的，价值中立性根本是谬论。任何的研究都是主观的。 3. 采用激进的解构研究模式，反对客观性的坚持，追求多元诠释的论述与文本分析，重视研究者操弄语言的事实。 4. 研究过程重视个体之主观认知与诠释。
对教育管理研究之影响	1. 研究结果必须能由特殊推演出普遍逻辑，以做最广泛的应用。 2. 教育管理研究为应用科学的研究，排除任何主观因素并企图建立严谨的知识架构。 3. 任何的观察与理论建立都旨在提供普遍性原则。 4. 任何的研究若不具实证性数据，不按照假设演绎的步骤进行，则被强烈指为不具价值。	1. 研究者不再执着于普遍性结果的框架，特殊的个体研究受到重视。 2. 教育管理研究内容复杂，属社会科学，知识需靠多元的方法来共同生产。 3. 观察与理论的建立旨在寻求更好的解释，追求新批判。 4. 除了实证性的研究外，其他类型的研究也具有同等价值。	1. 个体特殊性才是研究的重点，反对大型论述的建构，重视批判与解构。 2. 教育管理研究不需任何的知识生产架构，也无法产生客观的验证指标以判定知识的优劣。 3. 反对理论的建立，任何的研究与观察都旨在对特殊现象进行解释。 4. 任何研究都具有其独特价值。

表 1-1 中所列出三大范式之主要学说，均将在本书中分章节加以介绍。由于并非教育哲学专著，本书对于部分未对教育管理研究方法论造成显著影响的学说仅简述之，而将重点置于三大范式对研究方法论的独特见解。在此要强调的是，实证论近年来虽受到极大批判，但至今仍具有显著影响力，并未失去主流地位。三大范式未来必须要经过沟通与对话，才能发展最适合教育管理研究之方法，三者之关系请参见图 1-2。

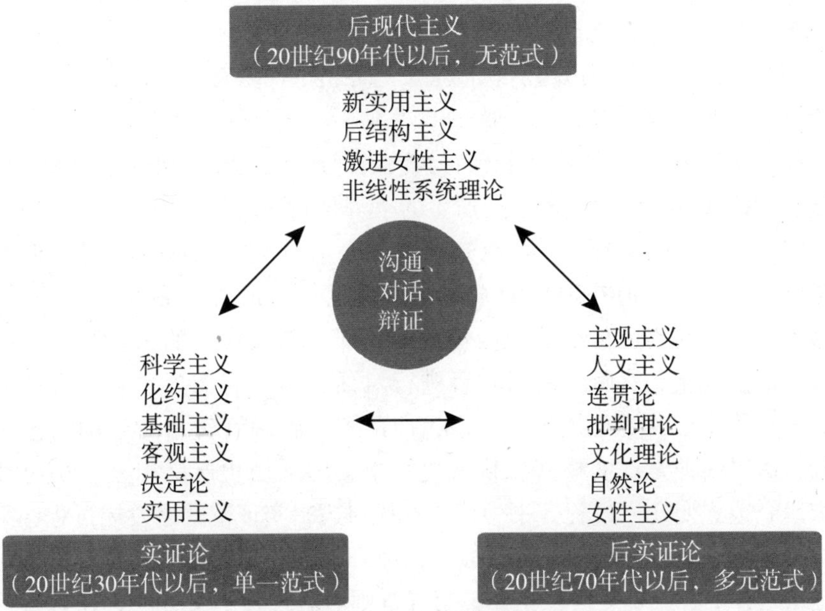

图 1-2　三大研究范式之对话

二、本书主要探讨议题

本书之焦点乃在对教育管理研究领域方法论之探讨，主要透过针对国外著名期刊第一手资料的整理，以了解当前学界在教育管理研究方法论主张上的趋势，并进一步分析当前新兴研究范式之发展情形，冀望对中国教育管理研究领域能达到“他山之石，可以攻错”的目标。本书广泛搜集相关学者对于教育管理理论发展中不同范式的阐述、分析与建设性观点，以了解相关教育管理研究辩证性对话的全貌。其中尤其重视范式与理论之分析，并大量引用相关专著与论文，进一步分析其内容与理论观点，以作为分析之主要依据。本书亦从理论与实务的角度，对各范式与学派辩论进行分析，探讨教育管理研究领域未来发展的趋势。本书以下各章之主要探讨议题如下：

(1) 探讨早期逻辑实证论对教育管理研究方法论的影响，以及教育管理领域之“理论运动”的兴起始末与基本主张。

(2) 探讨后实证论与后现代主义兴起始末及其所持之基本观点。

(3) 了解教育管理研究方法论中后实证论之方法论观点，并分析其所发展之相关研究范式以及对教育管理研究之影响。

(4) 探讨在单一范式时期教育管理研究所产生的问题，以及在多元范式时期各教育管理研究范式之争辩焦点。

(5) 探讨在后实证论与后现代主义的冲击下，教育管理研究方法论未来发展所面临的问题与趋势。

(6) 探讨中国大陆、中国台湾与美国在教育管理相关研究中所主张使用的方法论范式，以及在实务上所产生的争辩与问题。

综上所述，教育管理研究范式演变主要可分成三大时期，各时期的发展虽有先后顺序，但在现今的方法论发展上却形成了三者间争辩的局势。支持单一范式的实证传统势力已经逐渐转弱，取而代之的为主张多元范式的后实证论观点。然而，正当两者进行对话、辩证与沟通之际，隐藏在背后尚未具体成形的后现代主义观点，却试图摧毁两者努力所建构的方法论基础，而以一种无证实模式来取代之。本书即从历史脉络出发，探讨教育管理研究范式变迁之过程。书中第二章探讨逻辑实证范式之发展过程；第三章介绍后实证论兴起的背景与对教育管理研究方法论之影响；第四章针对后实证论之各个研究观点进行论述；第五章则对后现代主义方法论在教育管理研究上之发展加以探讨，由于其论点较具争议性，部分学者甚至认为其在教育管理研究中已有逐渐没落之趋势（Evers & Lakomski，1996b；Willower，1996），故本书仅对其做简要叙述；第六章则叙述当前教育管理研究范式之争辩课题与焦点，经由文献分析的发现，分析中国大陆、中国台湾与美国教育管理研究之发展趋势，并提出建议以作为教育管理未来研究发展之参考。

教育管理研究范式与方法论牵涉甚广，此由本章导读之内容即可看出。读者面对倾巢而出的相关哲学名词，多有避之唯恐不及之感。然而，只要多费一点心思，即可了解不同研究范式之主张与诉求。本章只是概略描述，读者阅读完之后章节内容，再回头检视本章之导读，应能更加了解其中脉络。以下我们将分别叙述各种研究范式与方法论观点，希望能为读者提供当今教育管理研究的清楚图像。

第二章　逻辑实证论与单一研究范式主张

命题是否正确，则必须将其直接与经验（事实）做比较，
或是与具实证性推理的命题进行比较后才能得知。
——H. A. Simon

教育管理领域学者借用逻辑实证论的主张推动理论运动，而使相关研究进入所谓的单一范式时期。其泛指科学家普遍相信世界确实存在客观的单一实体，且以客观与价值中立的态度来进行研究之时期。逻辑实证论在方法上偏好实验法，视研究结果为预测与控制之根据，研究最终目的在于建立普遍法则。其思想源头兴起于自然科学研究之科学主义（scientism）。

理性主义自16世纪开始快速发展，之后由于大型理论（meta-theory）①的建立发展产生巨大影响（如Newton之学说），致使知识论开始形成所谓的科学主义，并在19世纪末之后进一步发展成为倾向实证论的研究范式。在此范式下，研究者普遍认为一切的研究（无论是自然科学、社会科学，甚至是人文科学）都应采用所谓的“科学方法”才能使研究结果令人信服，并利于学科基础的建立。因此，其在方法论上强调假设的验证。

科学主义在20世纪上半叶席卷欧美先进国家，进而成为当时全球学术界的显学。在此潮流下，教育研究自也无法幸免，纷纷陷入实证论的旋涡之中。影响所及，教育管理研究在20世纪50年代开始几乎完全陷入单一范式（逻辑实证论）的研究模式当中，当时教育管理领域所发起的“理论运动”即倡导教育管理研究的科学化。关于理论科学观点在教育管理中之发展请参见表2-1（Culbertson，1988）。

---

① 大型理论即物理学上所指具系统性、一致性，内容相互连贯的理论，例如Copernicus（哥白尼）的太阳中心论、Newton的直线物理学观，以及Einstein的相对论等。

表 2-1 教育管理科学观点的来源与主要学者一览表

年 代	概念之创始人	科学观点	主要学者
1875—1900 年	Plato，Aristotle，Hegel	思辨的	Payne，Harris
1901—1925 年	Comte，Spencer	实证的	Rice
1926—1950 年	Dewey	实用的、实证的	Dewey
1951—1966 年	维也纳学派	逻辑实证的	Halpin，Getzels，Griffiths
1967 年以后	Kuhn，Feyerabend Husserl 法兰克福学派 Gadamer，Taylor Evers & Lakomski	后实证论的 现象学的 批判的 文化的 连贯的	Hodgkinson Greenfield Bates，Foster Sergiovanni Evers & Lakomski

资料来源：修改自 Culbertson J A. 1988. A century's quest for a knowledge base ［M］ // Boyan N J. Handbook of research on educational administration. New York：Longman：21.

本章目的在回顾教育管理研究方法论早期的历史发展，以了解其如何受到实证论与逻辑实证论的影响。本章共分五节。第一节针对实证论的历史演进与其意涵进行论述，包括对 A. Comte、J. Mill（密尔）、H. Spencer（斯宾塞）等学者相关逻辑实证论之思想发展进行探讨；第二节则着重分析逻辑实证论对教育管理理论发展之影响情形；第三节对教育管理研究实证范式方法论进行论述，包括对 H. Feigl、D. Griffiths、H. Simon 的教育管理研究方法观点进行介绍；第四节则针对教育管理科学化的特征与理论建立过程进行论述；第五节为本章小结，为对前四节的综合分析。

第一节 逻辑实证论的历史发展

一、社会科学的实证论源头

实证论之源头为科学主义，科学主义强调自然科学是唯一具真理价值的知识，且认为自然科学是解决人世间所有问题的钥匙，此思想即为实证论之基本信念。实证论的早期发展主要基于 Comte、Mill 与 Spencer 等学者的大力研究，以下简述之。

（一）August Comte

在社会科学方面，实证观点首先在法国社会学之父 Comte 于 1853 年所发表的《实证哲学》（*The Positivist Philosophy*）一文中被提到。Comte 的思想主要受到当时法国乌托邦主义者 Saint Simon（圣西门）[①] 的影响。其认为社会的现象与物理的现象相似，可把它们搜集、归纳成为各种法则或一种科学，其在《实证哲学的陈述》（*The Course in Positivist Philosophy*）一书中提及"……这个方法，确确实实是科学的方法；由于这个属于普遍观念之存在的使用，科学得以具有确定与实证的特征……"，"实证"一词乃首见于此。后来 Comte 进一步指出所谓"实证"之意义，具有真实的（real）、有用的（useful）、确定的（certain）、精确的（precise）、有机的（organic）、相对的（relative）等六种意涵。然而 Comte 并未对于各名词做更仔细与深入的内涵分析（孙中兴，1993，p. 206）。

在社会学研究方面，Comte 指出社会问题应遵照科学的指示，透过可观察的数据进行验证，并寻求建立现象之间关系的定律或法则。在他的实证论研究的要点中，主张两个现象之间的关系是允许加以解释及预测的（樊秀惠，1998）。W. Durant（杜兰）对 Comte 的实证思想有相当详细的论述：

> Comte 将各种科学，依据材料的简单性与概括性递减的原则，排成下列次序：首为数学，它的内容最为简单，性质又最为概括，次为天文学、物理学、化学、生物学与社会学。社会学居各种科学的最高点，其他学科所以有价值，就是因为它们能够辅助社会科学。而各种科学发展的程序，也都依照这种等级向前推进。复杂的社会现象，经过长时期的彷徨后，也必须听从科学的命令，并沿用科学的方法。历史学家观察思想发展的程序，离不开三大过程的法则：第一期为神学的过程，凡是遇到新奇的问题，都用神来解释了事，所以他们把众星看为诸神，或诸神的交通工具；到了第二期乃用形（而）上学来解释同一对象，这叫作形（而）上学的过程，例如他们解释众星循环的事实，就说圆形是最完全的图形；经过形（而）上学的过程，就进入实证时

① Saint Simon 为乌托邦主义者。在思想上将物理现象与社会现象视为相似物，认为社会现象也可以以科学方法搜集、归纳成各种法则。此种思想深深地影响了 Comte。

期，这时对事物的解释，都以科学为依归，特别注重正确的观察、合理的假设与适当的实验。……人类在形（而）上学期间进步非常迟缓，如今时机一到，必定要把一切玄学的败类赶出门外，让它们在门外呼喊。哲学应该与科学没有什么不同，它可以调节各种科学，且应以改进人类的生活为重要目标……（杜兰，1980，p. 340）。

由以上的叙述可以发现，Comte 已建立了具体的实证论中心思想，强调任何有意义的命题（或是定义）皆可以被证实或推翻。

（二）John Stuart Mill

Comte 的思想随后流传到英国，深深影响 Mill。Mill 继承了 Comte 的思想，反对形而上学，强调经验事实。其哲学思想另一方面也承袭了经验主义的传统，强调以心理学与逻辑学作为理论基础。从心理学而言，由于人类的经验联想，对于自然现象前后出现的齐一性，形成一种永恒存在的因果关系，所以他主张这种齐一性或规律性是存在于人类的经验当中。基于这种经验的累积，所观察到的因果关系乃是与归纳逻辑（inductive logic）密不可分，Mill 特别重视归纳逻辑，反对演绎逻辑（deductive logic）（吴琼恩，1995）。

综而言之，Mill 指出一切的推理和证明抑或是真理的发现，都是由归纳法和归纳法的解释所构成，人们一切非直观的知识都起源于归纳。因为归纳的方法可以让人们从已知推演未知、从经验推论实体，进而了解宇宙的真相，促进科学的进步。Mill 对其所谓的"归纳法"有相当具体的叙述：

归纳法是属于心智的一种活动，借助这种活动，我们由知道在某种或某些特殊情况下为真的东西，推断出与前者在某些指定的方面相类似的一切情况下也为真。而为了能从某一类事物中的某个或某些事物属性推论出该类其余事物具有相同的属性，就必须首先假定自然界的各类事物均有齐一性，也就是同一类事物和现象有共同的、一般的规律。没有这点作为前提，就无法进行归纳推理。其次，推理的目标也在于发现这种齐一性。正是因为发现这种齐一性，我们才能知道同类事物具有相同的属性。因此，假定和发现的齐一性就成了归纳推理的基本原则……（引自樊秀惠，1998，pp. 13-14）。

Mill 的实证思想很明显是希望将社会科学和自然科学之研究方法论进行统一，强调科学哲学研究之重点在于发现通则，以作为解释和预测之用。Mill 承认社会科学比自然科学更为复杂，但基于归纳法则的影响，将特殊个例推论为普遍事实却也是当时被学者普遍认同的态度。

Mill 虽然阐明了自然界的定律可由数据归纳推论而得，但并未述及理论。这是由于他视理论与“经验一致性”（empirical uniformities）是同一事物。毕竟在他的观点中，概念可经由直接指涉具体事物的经验类别来界定。

基于当时的物理学成就，Mill 曾指出自然现象在时空条件下有其一致性的规律，此一假定本身即是由归纳而来，并赋予归纳法如同演绎逻辑一样具有推论程序的必要性，只是这样的论点在新近物理学研究中被发现并不完全正确。

（三）Herbert Spencer

Spencer 是英国实证主义最重要的代表人物，其所完成的十大卷《实证哲学大全》（*System of Synthetic Philosophy*），奠定了其在英国学术界的重要地位。Spencer 把宇宙分为可知界与不可知界，前者是指可用文字来描述的现象世界；后者则是指现象背后的实在界，是不可知的宇宙之谜。因此他自称其理论是不可知论的实在论，亦即“实在”是超出人类认识的范围，人类所能拥有的仅是代表实在的符号而已。综而言之，Spencer 迷信科学万能，主张任何行事皆应以科学的方法与知识为基础。

二、逻辑实证论的历史发展

在科学界的空前成就与实证论者的大力鼓吹之下，在 20 世纪的前半叶，所有的方法论几乎都笼罩在实证范式之下。当时，实证论者与讲究逻辑的学者们纷纷主张将“逻辑”放入方法论中，研究目的应该以外在世界中可观察的“事实”为主。如今，逻辑主义（logicism）与经验主义（empiricism）已被认为不是那么具有可行性，但在当时却被视为科学研究的必要基础。论及逻辑实证论的传统，则必须进一步了解 Ernst Mach（马赫）（1838—1916）、Gottlob Frege（弗雷格）（1848—1925）、Bertrand Russell（罗素）（1872—1970）、Ludwig Wittgenstein（维特根斯坦）（1889—1951）、Rudolf Carnap（卡尔纳普）（1891—1970）与 Hans Reichenbach（赖欣巴哈）（1891—1953）等人的思想，因为他们早期的贡献，才使逻辑实证论得以顺利建立。

这其中尤以 Carnap 的思想最为重要，主要由于其成立了曾风靡学术界的“维也纳学派”（Vienna Circle）之故。

由于纳入逻辑向度，实证论转为逻辑实证论，主张知识可以经一套客观的标准来辨别真伪，而客观实体的追求必须排除历史与社会因素的干扰，因为这些因素存在着主观价值，会破坏研究过程的中立性，所以价值中立性成为逻辑实证论的基本前提之一。起初，逻辑实证学派成立的真正目的并非对方法论进行宰制，而是要彻底打垮形而上学的主张。逻辑实证论者重视理论（或命题）的可验证性（verifiability），由于形而上学并没有办法满足这项原则，因此他们批评形而上学的讨论皆为无意义。以下仅就几位逻辑实证论先驱之主张进行简要介绍。

（一）Mach 的现象论思想

Mach 乃是物理学界举足轻重的科学家，其对相对论的提出也有部分贡献。在方法论上，其不仅强调科学方法，主张将形而上学完全排拒在哲学之外，也打算将科学（尤其是物理学）之形而上学基础完全排除。Mach 的思想可以分三大方面来说明（詹志禹、吴璧纯，1992）：

（1）感觉一元论。Mach 继承实证论的观点，主张科学知识的认识要从经验出发，把世界视为感觉要素彼此间相互作用所形成的复合体，通则与科学的法则只是对感觉印象之规律或其出现的序列加以描述。超越此一描述，欲对一个客观存在的世界加以解释，便涉及形而上学的引用，但客观实在是不存在的，因为依感官的判定而言，实体根本无法被察觉。哲学的讨论充其量只是科学的认识论的其中一部分而已。

（2）思想经济的原则。Mach 认为“科学的目的是运用思维中对事实的描写和预测来替代经验，或节省经验”。其用意在于透过科学的研究，归纳结果，使得人与人之间的经验可以相互享有，避免独自累积经验的麻烦。由此可见，Mach 希望科学能以最精简的语言来对事实做最佳的叙述，这点反映了化约主义（reductionism）① 的思想。

① 化约主义是实证论的分支之一。其基本主张即认为世界所有的复杂现象皆可化简为简单的律则与数学模式。基本上，化约论者多认为世界上的事物皆可简化成最简单的形式存在。

（3）现象论。Mach 还提出所谓的“现象论”（phenomenalism）。认为科学应植基于感官经验上，所谓现象背后的“实体”并不存在。现象是唯一的真实，所谓现象背后的真相是人类想象出来的，是形而上学的东西，应排除于科学之外。Mach 认为自然界就是这样存在着，既无原因也无结果，因果关系为心理活动的产物，人们如果想追问其间的因果，便容易引发世界或自然的本质性问题，此一形而上学问题的探究不仅浪费时间，也违背了思想经济原则。是以其主张以函数关系来代替因果关系，因为函数比较能精确地表达现象之间的关系。

综而言之，Mach 主张讯息是经由外界事物透过感官铭印在心灵上，感官经验是客观而可信赖的，而科学研究也应只限于感官的经验。这些想法在现今的科学研究中，已受到极大的挑战。因为这些论点高估了人类的感官能力所能做的评断，忽略了人类感官错觉存在的可能性。再者，许多无形的存在如分子、原子、电子已纷纷获得科学实验之证实，科学限于感官经验研究的主张已令人无法苟同。然而，Mach 所强调的感官经验研究与对人类客观性的追求，为后来的逻辑实证论的建构奠定了基础。

（二）逻辑实证论的早期：逻辑原子论与检证原则

由 Russell 所提出的逻辑原子论（logic atomism）对于逻辑实证论的影响，在于提供了逻辑分析与经验论的成分，其主要针对科学知识的命题进行原子主义的逻辑分析，而 Wittgenstein 所提出的检证原则（verification principle）则建立了逻辑实证论的方法论基础。以下分述之。

1. Russell 的逻辑原子论

Russell 为 20 世纪英国大哲学家、数学家兼数理逻辑家，其与 Alfred Whitehead（怀特海）① 所合著的《数学原理》（*Principia Mathematica*）一书，成为逻辑分析之重要基础。此书中将数学化约为反映“套套逻辑”

① Whitehead 是 20 世纪最重要的哲学家之一。早期致力于数学逻辑的研究，晚期转向哲学领域，专门从事理论的形而上学讨论。其反对自然科学将个别存在（个体）视为可隔离的、独立的、个别的客体，而忽略了个体的统一性与整体性。

(tautology)①，后来并成为逻辑实证论之立论基础。罗素的哲学思想主要可归纳为以下四点（吴琼恩，1995）：

（1）认识必须局限于经验的范围，否则就成了独断论、形而上学。

（2）新哲学的任务是进行逻辑分析，即对科学的陈述进行逻辑分析。

（3）逻辑分析不能给人们任何新知识。

（4）新哲学的逻辑分析意义在于使科学陈述逻辑清晰，不致引起思想混乱和理智的迷惑。

以上四点表明 Russell 强调经验认识，反对形而上学的立场。他指出自 Aristotle（亚里士多德）到 Hegel（黑格尔）的哲学都充满了意义暧昧的言语，让人们的思考受到阻碍，因此他主张将哲学科学化。要达到此一目的，则哲学逻辑化在所难免。

逻辑原子论对维也纳学派的发展有很深远的影响，Russell 在 1960 年的一段访问中提到：

> 逻辑原子论认为要了解任何主题的实质途径是分析，对某一事物不断进行分析，直至无可分析为止，所剩下的就是逻辑原子。我把它们称之为逻辑原子，是因为它们并不是微小的物质，而是构成事物的所谓观念（引自吴琼恩，1995，p. 106）。

因此，所谓的逻辑原子，是为一种逻辑命题，它是根据“原子事实”的逻辑所表述的命题，而原子事实即为构成世界的原始材料，也是经验世界的终极单位。物体之间所产生的一个关系即为一个“事实”，许许多多不同的原子事实即构成了经验世界。一个命题若是想表达得清晰而正确的话，就必须“拷贝”（copy）或“录制”（record）这些原子事实及其关系结构；句子的内容必须相对应于事实的组成成分，而其逻辑形式则相对应于原子事实的内在结构；因为日常用语通常是矛盾且模糊不清的，不但深具误导性且无法精确地表达人们的想法。Russell 因而认为：（1）应该创造一种理想的科学语言；（2）哲学“活动”的功能应在于澄清日常用语的混淆以及消除它所引起的误解；（3）哲学不只是在澄清混淆，也应去发现原子事实

① 套套逻辑即指真假决定于符号的定义，定义来自于约定俗成的逻辑知识，也就是只有形式，没有内容，不需要实证的知识。

的真正结构。

逻辑原子论所提出来的观点，尤其是科学语言的创造与事实关系的建立等，即为逻辑实证论所推崇而奉为理论建立的目标。逻辑原子论将所有知识都表征化，并将之化为语言。

2. Wittgenstein 的检证原则

Wittgenstein 是 Russell 的学生兼好友，其名著《逻辑哲学论丛》（*Tractatus Logico-Philosophicus*）一书对逻辑实证论的发展有很大的影响，因为他所提出之检证原则构成了逻辑实证论之理论基础。检证原则涉及了语言哲学，主张以检证某一命题的方法或程序来定义该命题的意义；因此，一个句子如果无法用某种程序检验其为真或假，则被认为无意义。Wittgenstein 的哲学主要任务即在区分有意义和无意义之命题，以建立思维合理的标准。

检证原则的提出对于传统形而上学的伤害可想而知，那些无法验证真伪对错的命题如善恶、价值、上帝等等全部被视为无意义，因为其无法通过严格的检证。检证原则后来成为逻辑实证论的重要基础。

（三）维也纳学派与逻辑实证论之兴衰

逻辑实证论源于维也纳学派。若追溯逻辑实证论的思想渊源，可以发现其深受 Comte、Mach 等人关于经验论和实证论观点之影响，而逻辑原子论时期 Russell 与 Wittgenstein 所留下的理论贡献，直接成为维也纳学派的重要基础。逻辑实证论的发展史大体上经历了三个阶段（张巨青、吴寅华，1994）。

1. 形成时期

在 20 世纪 20 年代初期，逻辑实证论处于形成阶段。1922 年，物理学家兼科学哲学家 M. Schlick（石里克）① 到维也纳大学主持“归纳科学哲学讲座”，在他周围聚集了一群科学家，包括数理逻辑家 K. Godel（哥德尔）、物理学家 P. Frank（弗兰克）等人。他们热衷于探讨诸如“如何加强哲学和科学的协调性”之类的问题。

1926 年，Carnap 到维也纳讲学，随即成为这个学派的思想领袖。1928 年，此学派的成员成立了“马赫学会”（Ernst Mach Society），其宗旨即为

---

① Schlick 为 20 世纪欧洲著名之物理学家兼科学哲学家，为维也纳学派的重要功臣，1936 年遭一名学生暗杀身亡。

“传播并发扬科学的世界观”。1929 年，在 Schlick 领导之下，学派发表了《维也纳学派：科学的世界观》宣言。宣言中强调三大论点：

（1）把形而上学当作无意义的东西并加以排除；

（2）作为基础的或作为普遍科学而与经验科学相并列或凌驾于其上的科学是不存在的；

（3）以逻辑与数字为基础的真命题才能检验真假。

2. **兴盛时期**

20 世纪 30 年代为维也纳学派鼎盛时期。此时该学派开始出版期刊来宣扬理念，其中尤以 Carnap 与 Reichenbach 所主编的《认识》（*Erkenntnis*）杂志最为著名。在 1931 年由 A. E. Blumberg（布鲁姆堡）与 H. Feigl 合写《逻辑实证论：一个欧陆哲学的新运动》（*Logic Positivism：A New Movement in European Philosophy*）一文后，该学派之思想引起空前的热潮。除此之外，德国的柏林小组、波兰的华沙小组都是逻辑实证论之重要传播者。

3. **衰落时期**

1936 年 Schlick 在维也纳大学的阶梯上被一名学生暗杀身亡后，维也纳学派开始迈入衰落期。就外在环境而言，A. Hitler（希特勒）在德国掌权后，维也纳学派的一些成员先后遭到纳粹主义的迫害，使得大部分的成员纷纷逃离欧洲，移居美国，使美国成了逻辑实证论的另一个大本营。然而，在 20 世纪 50 年代因为遭受学界各种批判、冲击，学派逐渐式微。

就其思想本身而言，逻辑实证学派所强调的检证原则也遭遇困难，综合叙述如下：

（1）依逻辑实证论的观念，检证原则本身并不具认知意涵，因为它不能被经验所检证。由此观之，逻辑实证论者似乎不知不觉地从事传统形而上学的理论建构而不自知。

（2）命题必须先有意义，才能知道能不能检证之。意义跟检证程序根本是两回事，因为“有意义”不等于“真”，“无意义”也不等于“假”。当一个人被骗时即表示其接受了有意义却虚假的命题。

（3）检证原则不只是摧毁了形而上学，也似乎摧毁了大部分科学理论。因为科学定律都是以全称命题出现，并不能完全加以检证的；一组有限的经验检证也不能以之确立一个科学定律的真；而且，某些科学理论原本就牵涉不同的领域，所引起的解释与争论有时持续数百年以上。若仅凭借检证原则，这些大型理论的建构恐怕将无法实现。

在科学研究上（尤指物理学），实证论的立场已经站不住脚，使得该理论逐渐没落。1965 年 C. G. Hempel（亨佩尔）① 发表《经验主义的认识意义标准：问题与变化》（*Empiricist Criteria of Cognitive Significance：Problems and Changes*）一文，主张认识意义只能够赋予表述在良好的语言中的整个理论系统，不再相信“分析陈述”与“综合陈述”之间可划定截然分明的界线，承认观察经验和理论构想为不可割裂的整合。该文章被视为逻辑实证论的终结（姚介厚，1996）。

逻辑实证学派的学者们虽然在思想上略有差异，但归纳而言，他们继承了 Wittgenstein、Russell、Mach 等人的思想，坚持：只有可检验真伪的命题才是有意义的，也只有有意义的命题才可以检验其真假；检验真假的标准为客观经验；理论与观察之间是可以完全独立的；科学研究对象是感官经验。

（四）从逻辑实证论到逻辑经验论的转向

经历了兴盛时期后，逻辑实证论遭受非难，于是后期一些学派学者对于理论内部进行了修正。Ayer（1982）指出其在 20 世纪 40 年代即主张以逻辑经验论（logic empiricism）取代原有的逻辑实证论。

自逻辑实证论到逻辑经验论的转向，其动向的目的在于学派本身试着放宽了原来的一些限制，从原本用实证论的观点来限制或规定自己，逐渐放宽到以经验主义这个更大的框架为界限（舒炜光，1994）。逻辑实证论这样的转变也不无道理。维也纳学派的观点进入美国哲学界后，改变了美国哲学的格局，而且与美国本土的实用主义产生了相互排斥又相互渗透的微妙关系。实用主义是一种具有功利性特色的经验论，主张主体客体、心物之间不可分割地处于整体经验之中，观念和命题的意义取决于行动的效果，真理在于实用性，而知识则只是应付环境的工具。这些都与逻辑实证论的经验论不谋而合。实用主义的创始人 C. S. Pierce（皮尔斯）本身是数学家、逻辑学家，其相当注重自然科学哲学之研究，因此实用主义与逻辑实证主义在逻辑与科学哲学取向上一拍即合。

---

① Hempel 为逻辑经验论的末代接班人，其对于逻辑实证论的一些假设进行了修正。

即使如此，逻辑实证论最终仍不免单手难敌双拳，而被其他学派逐渐取代。由于受到 Popper、Kuhn、W. Quine（奎因）等学者的批判，其立论假设受到重大攻击，加上后期并未有优良人才接替该学派思想之传承，使得曾经风行一时的逻辑实证学派走向没落（请参见第三章第一、二节）。

三、逻辑实证论的方法论特征

逻辑实证论风行之时，由其建构的方法论也为当时学术内涵杂乱无章的社会科学所广泛使用，后来由于教育管理学者与社会科学界之学者多有接触，使得该方法论主张也间接为教育管理研究领域所使用。虽然逻辑实证论认为归纳法并非科学发现的方法，而仅是一种证明理论的方法，即透过观察、测量和实验等科学活动得到的具体经验事实，通过归纳的推论，确立一个理论的正确性。然而，其所建构的研究范式却常被用来作为建立理论、支持研究假设的工具，而为了使理论验证的过程完全科学化，故必须排除主观因素。以下引二例说明社会科学领域中理论与观察之间的微妙关系。

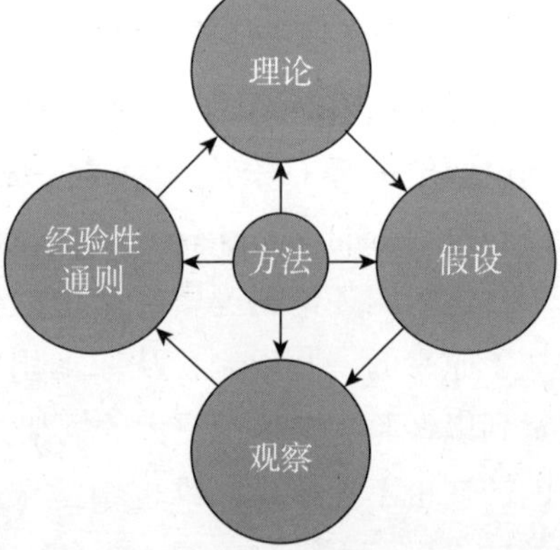

图 2-1　科学方法的要素与研究历程

资料来源：引自 Hollis M. 1994. The philosophy of social science：An introduction [M]. British：Cambridge University Press：60.

图 2-1 为 Wallace（1969）之著作《社会学理论》（*Sociological Theory*）中，叙述实证研究方法论时所绘之图。图中显示科学研究为一个循环不断的过程，从理论出发，以归纳的方法提出假设，再经由操作化与工具之使用进行观察或实验，由测量结果发展实证性通则，再经由逻辑演绎导出理论。整个过程使用归纳逻辑，为事实到理论、特殊事例到普遍通则的过程。

图 2-2 为 R. Lipsey（利普西）在《实证经济学概论》（*Introduction to Positive Economics*）一书中阐述实证科学的精髓时所构思的科学研究历程图，其中的要素不外乎逻辑演绎与实验观察。而研究的目的即在发现理论和验证理论。唯一与以往不同的是：Lipsey 认为最上方块中的“定义”是表示

源自于旧理论的某些想法，而非来自于“最新获得的事实”。言下之意，理论与观察之间并非完全独立，每一个研究的起始多多少少会受到旧有理论的影响。对此，Lipsey 在其书中提出说明：相较于一个成功的归纳通则，“理论”也是“假设”的来源。但基本上，其观点仍停留在理论的验证，研究目的在了解研究结果是否与事实相一致。

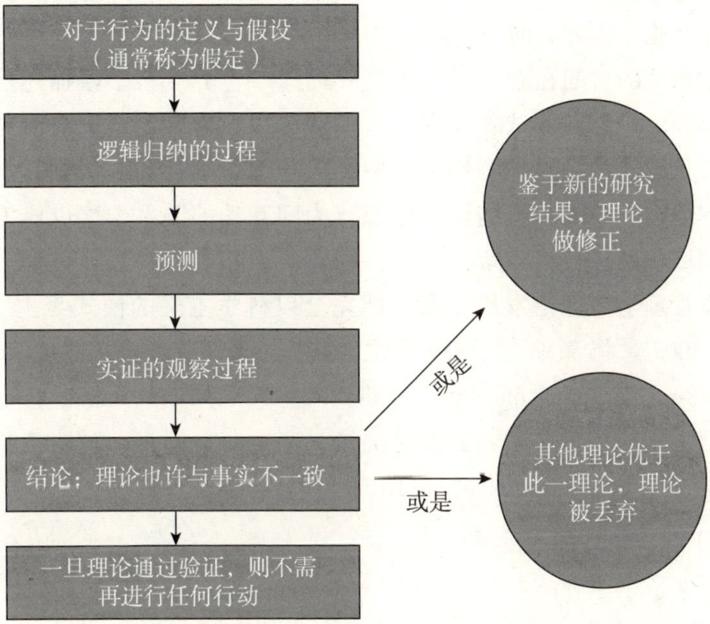

图 2-2 Richard Lipsey 的科学研究历程

资料来源：引自 Hollis M. 1994. The philosophy of social science：An introduction［M］. British：Cambridge University Press：63.

第二节 理论运动与逻辑实证论

一、早期教育管理理论发展之过程

长期以来，教育管理领域中之怀疑论者（skepticism）指出教育管理学根本无法成为一门科学，因为任何一门科学都需要理论作为学门内涵。理论以基本假定为基础。而教育管理本身并没有建立理论的方法，故其无法成为科学。这样的怀疑态度同样使其他社会科学学门感到苦恼。因为自然科学所发展出来的精确叙述，不仅止于理论，更能在实务应用上得到印证。而社会科学理论之建立却无法使得实务之落实产生同等的作用，此即为科学主义者所诟病。事实上，学者们也了解理论建立的重要性，而教育管理研究之角色应与物理学、化学、生物学或心理学一样，即能够发挥提供通则、定律与指导研究方向等功能。

科学研究的目的在于了解人类生存的这个世界。科学家描述他们自感官经验得到的构想，并试着发现宇宙的规律以建立理论。以组织理论科学为例，其目的即在描述与解释组织中个人与团体间行为的规则。学者积极寻找基本原则，提供组织结构与组织行为间互动的关系，这也成为教育管理研究领域积极努力的目标。

教育管理学之理论发展，在早期完全以科学主义的模式为主。Hoy 和 Miskel（2007）将教育管理理论之发展分成四个阶段古典组织理念（classical organizational thought）时期、人际关系导向（human relations approach）时期、社会科学方法论（social science approach）时期与非传统观点（non-traditional perspective）时期四个阶段，以下分述之。

（一）古典组织理念时期

此时期始于 1900 年，即所谓的传统组织理念，包括 F. Taylor（泰勒）的“科学管理理论”、H. Fayol（法约尔）的“法约尔法则”①、M. Weber（韦伯）的“科层结构理论”（hierarchical structure）。之后，L. Gulick（古立克）与 L. Urwick（尤伟克）将“法约尔法则”修改而成“POSDCORB 法则”（即计划、组织、人事、指挥、协调、报告与预算）。Taylor、Fayol 与 Weber 等人建构的理论，即 C. W. Gross（格洛斯）所谓的“效率主义”（gospel of efficiency）下的产物。

（二）人际关系导向时期

此时期系针对于第一阶段所重视之科学管理技术的反动，称为人际关系

---

① 法约尔法则系指计划（to plan）、组织（to organize）、指挥（to command）、协调（to coordinate）、控制（to control）五大步骤，缩写为 POCCC。

导向。这一时期始于 1930 年，或是更早些。首先，M. P. Follett（福列特）以人际整合来研究冲突解决方式，接下来 E. Mayo（梅奥）与 F. Roethlisberger（罗特利斯伯格）联合进行了霍桑实验研究。虽然两者之间的研究结果有所差异，然而这些研究却使得教育管理理论与实务开始关注到人际关系层面。

（三）社会科学方法论时期

此时期简称为社会科学时期，以 C. Barnard（巴纳德）与 H. Simon 为代表人物。由于人际关系导向忽略了古典组织理念时期之社会关系与正式组织结构的存在，社会科学方法论时期即试图整合两大传统观点，并加入心理学、社会学、政治学等领域中所获得的新资源。此时期最重要的事件是所谓的"理论运动"。理论运动的兴起改变了教育管理知识基础原有的格局，也让教育管理学专业知识基础快速地扩充。此时期又称为行为科学（behavioral science approach）时期。

（四）非传统观点时期

此时期内研究者对于先前教育管理传统理论与方法知识之建构开始进行反省。由 Greenfield 所发起的教育管理革命，使得许多非传统观点应运而生。新兴的方法论用不同的批判方法来检视教育管理知识基础。这些新的研究观点包括批判理论、自然论与后现代主义等，它们使研究者必须去正视那些重要但往往被忽略的研究层面。

新兴的非传统观点对于传统的科学方法与假设提出质疑。它们拒绝传统科学范式之下社会科学所强调的客观性、因果关系、合理性、唯物论与宇宙观，并提出以主观性、不确定性、反合理性、个人诠释来取代之，以自我情感的自信来取代不偏不倚的观察。他们摒弃客观性，追求相对主义角度；反对统一与规律性，强调并追求分化。David Clark（克拉克）指出，这个新兴观点深受新马克思主义（neo-Marxism）观点的影响，强调以下四个主张：

（1）在建构世界的过程中，人类是主动的个体。

（2）知识与权力之间的关系是无可避免的。

（3）事实（fact）是无法脱离社会脉络而独存的，所以事实的诠释过程具社会性与理论依赖性（theory-laden）。

（4）社会结构与正式的阶层的背后尚存有许多未被揭露的丑相（引自

Hoy & Miskel，1996，p. 17）。

新的研究观点带动了教育管理研究中新兴研究范式的产生，使教育管理知识建构方法发生了空前的转变。分析以上四大阶段，在第一阶段与第二阶段可称为“规范时期”（the Prescriptive Era，1900—1946），因为所有研究都以经验分享为依归。20世纪初期，教育管理之知识基础从“理念时期”（the Ideology Era，1820—1900）转为“规范时期”，其转变主要在于教育管理人员开始其专业的训练课程与知识建构。基本上，理念时期并无既定的知识基础，而仅是道德的戒律与诉求。教育管理人员的最重要特质乃在公正、进取与服膺道德主流思想。与之相较，规范时期的知识基础主要建构在实务经验的分享与不适任事件的揭发之上。因此，很自然的，教育机构开始趋向组织管理观点，对于社会与文化具支配性影响力的商业高级主管角色，被认为是学校领导者的最佳模范。该时期之教育管理专业知识基础的建构与人员培育的方案，皆多与企业管理息息相关。Taylor、Fayol、Weber等人的思想在当时受到极大的青睐。于是教育管理领域朝向财政、企业管理、物质设备，以及行政、组织、人事管理等领域中寻求技术。当时的研究，超过80%将焦点置于纯粹的经营管理、组织与行政等方面的改进，以冀求得最大效能。当时的教育管理人员培育方案将专业化的定义只限制于技术与事实层面，在行政上则只注重机械式的管理模式。

在20世纪30年代，教育管理的知识扩展渐缓，主要由于科学管理的企业意识形态在大萧条（Great Depression）时期已不再受到重视，于是以社会基础观点出发的领导模式逐渐受到重视。这使得一直以来不被注重的人文层面在研究主体和培育过程中成为众所瞩目的焦点。此时教育管理由工业工程师时期转向人文工程师时期，也即人际关系研究的开端。

虽然加入了人文的观点，但是规范时期所建构的教育管理知识基础尚不算健全。因为理念时期所强调的教育与道德基础大量地丧失，而机械式的、技术与规范的层面却呈独占的局面。严格而论，此时期所存在的知识体系并不具理论与概念上的基础。

接下来的社会科学方法论时期力求打破规范时期的瓶颈，开拓教育管理科学的新视野。第二次世界大战后，许多学者纷纷对教育管理知识基础与教育人员培育方案中的规范性内容提出强烈的批评。他们冀望重新建立教育领导的认知基础，并接纳适于建立知识基础的新观念。这是基于对行政科学的追求。再者，当时的学者发现一个大问题：教育管理学中严重缺乏理论（Halpin，1966，p. 3）。基于以上因素，源于实务经验的规范逐渐被社会科学中理论性、概念性与经验性的资料所取代。对此，Crowson 和 McPherson（1987）做了以下的说明：

> 行为科学革命让行政研究产生了新的看法：一门包含理论与研究的应用科学应与专业实务互相联结，且前者往往决定后者，所以理论知识是位居上层的规定，作为实务的指挥官；社会科学内涵已逐渐被高度接纳并被当成高质量课程的指标；从行为科学中借用与引进其研究技术与工具系属学科间或科际整合的途径（p. 47）。

虽然在追求行政科学化的期间不断出现警讯与遭受攻击，然而到了 20 世纪 80 年代，教育管理的知识体系，无论是培育方案还是科系的分化，都被归类为一门应用科学（applied science）。至于教育管理知识理论基础之所以会在 20 世纪 50 年代开始一致偏向实证范式，究其原因，乃由于理论运动兴起所致。

二、逻辑实证论与理论运动

教育管理研究方法论科学化运动发生在 20 世纪 50 至 60 年代的美国，然后逐渐扩散到其他西方国家。在 1946 至 1950 年间，美国教育管理领域有三个重要的事件发生，直接影响了理论运动的发轫。

其一，1947 年“全国教育管理专家委员会”（National Conference for Professors of Educational Administration，简称 NCPEA）正式成立。这个团体，经由每年举行的研讨会与其他活动，运用学术交流来增进教育管理人员培育与交换教育管理学术发展的意见，使得教育管理学术之质量不断提升。

其二，凯洛格基金会（Kellogg Foundation）所支持的教育管理合作计划（Cooperative Program in Educational Administration，简称 CPEA）的发起。这个计划始于 1950 年并正式成立于 1951 年。它提供给教育管理研究与发展相当庞大的财力资助。透过该项计划，教育管理领域与其他领域搭起了沟通的桥梁，特别是教育管理专家与社会科学学者之间开始了互动与对话。在当时，这是项相当难得的突破，因为两大领域之间的专业术语与取向本有极大的差异，基金会花了不少的功夫来消弭彼此的敌意（Halpin，1966）。

CPEA 由八个区域中心组成，区域中心分别设于俄勒冈大学、斯坦福大学、德克萨斯州立大学、芝加哥大学、俄亥俄州立大学、乔治教师训练学院（George Peabody College for Teachers）、哥伦比亚大学与哈佛大学。建立区域中心的目的在于：

（1）开办优秀且具有潜力的行政人员职前与在职训练课程；

（2）经由科际整合的方式让大学对于重大的社会与教育问题具有更强烈的敏锐度；

（3）将研究发现传递给各个学校单位；

（4）研究与发掘教育与行政的新知识；

（5）发展区域中各个大学、学院、政府机构与组织，以及各教育管理单位之间持续的合作沟通管道（Sergiovanni，Burlingame，Combs & Thurston，1992，p. 85）。

其三，在 1947 年，美国学校行政人员学会（American Association of School Administrators，简称 AASA）成立，这给学校行政之研究带来了另一股朝气，并使其更加专业化与学术化。

以上组织与计划的建立，系对于传统规范时期以经验法则为知识基础的建构模式的反动，并主张教育管理必须像一般的社会科学学科一样，发展出自我的一套理论，这套理论应具有效度与律则性，可适用于任何一个学校组织之中，并可作为研究与实务的引导者。在当时，学者们普遍认同“教育管理学为应用科学”这个想法，因而促使了理论运动的出现。

理论运动是对于教育管理科学化的追求，当时的学者相信：借由深具科学色彩的实证方法，必定能发现适用于各类教育管理组织的通则。再者，科学化实有助于建立像一般社会科学（如经济学）那样的科学知识，此对教育管理理论的发展有莫大的帮助。

于是在 1954 年的全国教育管理专家会议上，学者提出了以下的主张：（1）较佳的教育管理研究是迫切需要的；（2）此种较佳的教育管理研究必须以理论作为基础；（3）社会科学是这些理论的来源；（4）社会科学学者有资格作为引导教育管理专家的学者（Griffiths，1988）。此外，会议中也陈述了理论运动的核心概念：

（1）有关行政人员与组织“应为”的叙述，不能被包含在相关理论研究之中。

（2）科学理论视现象为“它们是什么”，而非“它们应该是什么”。

（3）有效的研究是具理论基础的，并且是由理论所导引的。

（4）假设演绎系统是最佳的方法论范例。

（5）社会科学的应用在理论发展与训练上是必要的。

（6）行政最好应被视为是可以应用到所有类型组织的一般性概念（p. 28）。

其后在 1955 年，J. W. Coladarci（科乐达克）和 A. P. Getzels（哥泽尔）联合出版《教育管理理论应用》（*The Use of Theory in Educational Administration*）。该书作者参与了 1954 年所举行的全国教育管理专家会议，书中指出当时教育管理领域严重缺乏理论，并强调理论与实务之间的整合；书中同时提出新的教育管理理论研究方法——社会科学导向。

1956 年，CPEA 更有项新突破，即创办了教育管理大学学会（University Council for Educational Administration，简称 UCEA）。该学会创办之目的即在增进学校行政人员的职前与在职训练，鼓励与引导教育管理学术研究之进行，借由发展计划鼓励行政变革，提供研究所需要的工具材料给缺乏研究与发展活动之教育单位，等等。

同年，UCEA、教育测验服务中心（Educational Testing Service）与教师学院（Teachers College）联合主持了一个用来发展“学校行政人员行为量表”的研究案。研究案在财政上的资助大部分来自于美国教育当局，少部分依靠捐助之款项，自此正式启动了大型教育管理量化的研究计划。

在 1957 年，H. A. Moore（摩尔）的专著《学校行政研究：CPEA 报告》（*Studies in School Administration：A Report on the CPEA*）出版，指出有关 CPEA 的研究调查中，只有极少数为理论导向。大量的研究依然停留在训诫、执行指南叙述、意见陈列，或是描述性的调查，根本无法做普遍性的推论。另一本由 R. F. Campbell（坎贝尔）与 R. T. Gregg（格雷戈）所合著的《教育之行政行为》（*Administrative Behavior in Education*）在同年出版。该书作者也指出理论导向的研究缺乏，并强调理论运动的重要性。当时大部分的学者相信，唯有逻辑实证论能够让教育管理领域中理论不足的问题获得解决。

第三节 教育管理研究方法论的科学化

除了一些专业团体的努力之外，学者如 Feigl、Griffiths、Halpin 与 Simon 等人对理论运动的推动也有极大之贡献。他们不但强调行政科学化的重要性，也着手努力于理论之建构，并进一步肯定实证研究范式的重要性。他们相信：唯有建立完整的理论，才能使行政实务更具效率。

检视理论运动的发展，可以发现逻辑实证论之主张使教育管理研究获得了空前的扩张。如今其方法论已建立完整的系统化体系，并成为教育管理领域的支配性范式。发展至今，虽然逻辑实证论的主张已被激烈攻击甚而否定，其方法论的影响力也已不再像 20 世纪 50 年代那样声势壮大，然而其对教育管理研究领域所做的贡献却也获得肯定。科学理论对教育管理领域产生如此大的冲击，虽然源于有志一同的理论运动，然而 Feigl、Griffiths、Simon 等学者对于方法论传播所做的努力也是一大主因，兹分述如下。

一、Herbert Feigl 的实证主张与教育管理研究

Feigl 是逻辑实证论之主要代表人物之一，他在 20 世纪 40 至 50 年代所提出的理念对于教育管理研究与发展产生了极大的影响。Hoy 和 Miskel (1996) 指出了其影响力：

> 在早期，教育管理领域大致上同意由 Herbert Feigl 对“理论的定义”是逻辑实证论产生作用的一个适切的起点。Feigl 将理论定义为一套假定 (a set of assumptions)，这些假定是源自逻辑数理过程的经验法则 (p. 2)。

无论从理论的角度或历史的角度检视之，Feigl 都是不折不扣的实证论代表人物。其早期为维也纳学派成员之一，并在 1931 年 5 月与 Blumberg 在《哲学期刊》(*Journal of Philosophy*) 共同发表了《逻辑实证论》(*Logical Positivism*) 一文，被公认为继承该学派的哲学思想，也引发欧陆哲学的新运动。1930 年秋天，他曾到美国演讲，使其思想广泛传播到美洲。

Feigl 认为在对科学知识的探索过程中，必须规定一些确定的标准。这些标准分别为互为主体的可验证性（inter-subjective testability）、信度或是充分的证实程度（reliability，or a sufficient degree of confirmation）、确定性与准确性（definiteness and precision）、一致性与具系统性的结构（coherence and systematic structure）、包容性与知识宽广度（comprehensiveness or scope of knowledge），兹分述如下（Feigl，1953，1981）。

（一）互为主体的可验证性

此即为对于科学所谓的“客观性”（objectivity）的另一种叙述。其中所包含的不止是个人自由或文化偏见或偏好，而是必须彻底地达到一个严格的要求，即任何一位具有适当知识与观察或实验设计技能者，都能在某种程度上检测（证实或推翻）科学的知识命题。互为主体性是强调科学研究本质具社会性，如果任何的事实（truths）只允许具有特权或处在某种地位者才能取得，这种具神秘性或梦想特性的知识命题，并无法由他人独立重复予以检视时，所谓的事实已非科学上所探求的知识类型。由此可见，互为主体性的可验证性，清楚地划分了人类的科学与非科学活动。

（二）信度或是充分的证实程度

这是科学知识的第二项规准，它使我们能够区分什么是所谓的“纯粹意见”（mere opinion）（或更糟的迷信）与知识（明确证实的信念）之间的差异。此规准可以用来辨别科学与非科学知识命题间之差异。过去，科学知识虽面对某种程度上的区分，然而并没有对明确证实信念、理论或科学假设之间的差异进行精准的类化，在此情况下任何一个知识命题都有可能被接受成科学知识或被推翻。普遍来讲，根据草率的推论或薄弱的模拟判断所形成的事实命题，与人类所接受的科学真相（scientific truth）是不同的（这里所谓的科学真相是指原本不为人类所接受、正确概率极低，但最后却受到有利证据支持而形成的知识）。举例言之，占星学或炼金术对人类来说并非全无意义，但是当所有可资利用的证据都压倒性地反对它们时，它们被视为是错误的。因为缺乏证据的支持，这些所谓的占星学与炼金术也就无法在学术殿堂发光。因此，一切的科学必须讲求证据的支持。实验与统计分析的技术就是用来识别概率与法则的最佳工具，也是用来增加知识信度的最佳方法。

（三）确定性与准确性

此为科学方法必须具备的规准，它说明科学知识命题的概念，必须尽量明确地加以厘清。在质性分类科学中，这相当于试图将所有广泛的各领域模糊情形减至最低的程度。在量化科学中，概念的精确性是经由测量技术的运用，来获致较大程度的改进。此种测量的设计通常也提高了客观性的程度。

（四）一致性与具系统性的结构

在科学研究中，人们希望寻找能够严谨结合的事实组群，其彼此之间具有系统的结构。在描述的层级中，常产生分类或分组的系统、图形与统计图表。在解释的层级，整组的法则或理论性假设得到应用，科学的解释则包含于假设演绎过程之中。而法则、理论或是假设构成了推论的前提，使我们能够以符合逻辑或数学逻辑的方式，导出观察过程或是具观察性的事实为何。这个事实通常是不属于原有的领域，因而被渐渐统整于一个统一的结构中。

（五）包容性与知识宽广度

这是 Feigl 提出的最后一项科学规准，它使科学知识与常识性知识有所区别。主张科学不仅经由大胆与概括性的假设，与借由精巧的技术（被验证过的工具）来考验种种假设，更可让人们得以超越感官经验。拥有望远镜、显微镜、光学分光镜、测谎器，以及其他数以万计的科学发明，使我们得以扩大感觉，对远距离中大得离谱、小得异常，或是被隐藏与遮蔽的世界做间接的观察。由知识包容性所产生的科学进步，是令人印象深刻的科学特征。然而，因为所达到的知识范围是经由努力才达成的成果之一，就不能将这种知识与后设理论混为一谈，或借由语意的神奇来描述知识图像。聪明的科学家并没有提出一项终结性的世界解释，他们将统一的假设公开以便修正。一旦新证据显示错误存在时，他们随时准备好修正其解释或是舍弃该解释。此种自我修正成为科学最重要的特征。研究者必须铭记：当科学对于世界的解释达到统一性与完整性时，这并不表示我们已达到了科学的最大成功，而是要了解所有的科学知识都具有被修正的可能。

以上关于 Feigl 逻辑经验论的研究观点，Feigl 坦承并非那么容易达成，但认为值得不断尝试以达到相近的境界。重要的是，他提出了“暂时性答案”（tentative answer）的概念，即所有的科学研究成果都是暂时性地被证明是对的，科学家不应排除该结果被推翻的可能性。Feigl 的思想影响了教育管理领域的部分学者，使得其所提出的实证理念被广泛应用在教育管理研究领域当中。

二、Daniel Griffiths 的实证主张

Griffiths 是美国教育管理界极负盛名的学者，其思想很明显深受 Feigl 与逻辑实证论的影响，这点可由 Griffiths（1959）所提出的主张看出端倪：

> 行政研究如果要更符合科学，其必须采用科学的特点。行政之研究必须遵守以下几个科学特征，即客观性、信度、操作性定义、一致性或系统性结构、包容性。虽然此时行政领域尚未使用这些方法，然而行政内容是可以以科学的方法来操作的（Griffiths，1959，p. 45）。

Griffiths 认为建构行政理论具有许多辅助性的功能，包括了导引行动、解释行政的本质，或是使行政导向于一个新的面向与具系统性的知识。Griffiths 早期的思想，继承了 Feigl 的观点，认为任何的教育管理研究必须具备 Feigl 所提出的五项规准。其对于行政理论的论述也是基于经验性法则的假设。简而言之，Griffiths 早期的观点可以分成以下三点说明（Evers & Lakomski，1991）：

（1）Feigl 的假设演绎架构分成假设与可验证性来叙述，Griffiths 在书中用了很大的篇幅来强调、阐明其理论之核心假定；而这些核心假定可以推论出“一大套的经验性法则”。Griffiths 特地建立了一套可验证性命题，以推论这些经验法则，虽然并未完全实现，但整体观之却可以看出其建构假设演绎架构的企图。事实上，其理论并没有像 Feigl 理论中有那么多的纯数学逻辑推理，但其使用逻辑实证论的知识结构来验证理论的用意却极为明显。Griffiths 认为，行政理论中所出现的设计与证据的价值性，应以其是否具有逻辑实证论的架构与是否符合可验证性的要求来决定。

（2）Griffiths 花了许多时间来建立专业名词的操作性定义。他认为理论建构的最大问题在于操作性概念的发展。关于此点，Simon、Bridgman、Hempel 与 Feigl 等诸位学者也都曾发表过看法。对于逻辑实证论者而言，操

作性定义显得非常重要，因为它能够对理论中的专业名词给予清楚的经验性内涵。然而，Griffiths 在定义专业名词时，却碰到令他头痛的难题——一些名词如决策、组织、权力与权威等，根本无法写成操作性定义。

(3) Griffiths 在行政科学理论的叙述中避开了价值（value）。本质上价值之理性不像事实命题，它们根本无法完全根据经验与客观方法加以验证（verified empirically）。价值并不被纳入理论系统之中，而只被视为变量。因为不同的人都有特定的价值观，并依其价值观来进行价值判断，这都会影响行政实践。所以当时教育管理研究宁可将之视为变量。

三、Herbert A. Simon 的教育管理科学化观点

Simon 行政理论的实证观点，可以从其《行政行为》（*Administrative Behavior*）一书窥探究竟。该书明显地应用了逻辑实证论的论点来建构行政决策理论，而第十五章更以量化方法之数据分析过程为例，说明行政行为应如何使用科学方法来进行理论建构与分析。

Simon 指出科学可分为两种，一为理论科学，另一为实践科学。理论科学只在意“命题是否被验证，及意义的事实层面，不考虑伦理层面”（Simon，1976，p. 249）。根据他的看法，科学家的角色就是检视显而易见的行为或经由观察可做逻辑上推论的事实命题（factual propositions），科学家应该保持客观的态度，在做推理时，也要以事实作为根据。为了避免个人主观因素影响研究结果，Simon 十分强调价值中立的科学研究态度。

在研究上严格区别事实与价值因素，是社会科学实证论传统的基本主张。在行政行为的研究上，Simon 更以二者之间的区别作为其方法论的出发点。而区别此二因素的理论依据即为逻辑实证论的知识基础。

Simon（1976）认为“事实命题”乃是一种对可观察的世界及其运作情形的叙述。原则上，事实命题可以加以验证，以决定它们是真是假，以及它们所说的世界是否会在实际状况中发生或不发生。然而，“行政决定”并不仅是一种“事实的命题”，同时也可以是对事物未来状态的描述，此种描述在严格实证意义上可以为真，亦可以为伪。不过它们常具有命令式的性质，即它们宁可选择一种事物之未来状态，作为指导其行为朝向的可行方案。此种命题具有伦理的特质，称为“价值命题”（value proposition）。此类命题应用类似“应该的”（ought）、“好的”（good）及“偏好的”（preferable）等伦理用语来表达。然而，“行政决定”无法正确地用伦理用语来表达，因为其无法完全化为“事实用语”，故其失去了实证意义，不得不将其排除于研究之外。

Simon（1976）指出，要辨别一种命题是否正确，必须将其直接与经验做比较，亦即与事实进行比较，或是与具实证性推理的命题进行比较。价值命题却无法进行比较的工作，因为价值命题主张的是“应该”（oughts）而不是“事实”（facts），其正确性根本无法借由实证或理性的验证获得。Simon 认为一个句子如果具应该的、偏好的与可欲的性质，就很难进行客观的描述，也不是一般科学所要处理的层面。

具体而言，事实命题乃是对有关可观察的世界及其运作情形的陈述，价值命题是“偏好”的表现，两类命类的区别亦即一般所谓的“描述陈述”（description statements）与“规范性陈述”（normative statements），或“实然问题”（“is”question）与“应然问题”（“ought”question）之区别相同。事实命题可以证明真假，即证明世界上是否实际发生了所陈述的情形。价值命题则宣告某种特定情况的可欲性、偏好与应然为何，由于此种命题无客观之是非，不能以经验或推理证明其正确性。Simon 进一步阐明两种命题的不同，他认为所谓的事实命题可以经由实证的、客观的方式来检测其正确性，而价值命题的正确性只能透过个人的主观专断；事实命题不能引出任何价值命题的推理，价值命题也不能直接采自经验（事实）事件中。科学命题皆为事实命题，科学研究以事实命题为对象，而价值问题则不能以科学的方法来处理（吴清基，1986）。

综而言之，Simon 认为符合逻辑实证论之行政理论必须满足下述三项条件，而这些条件也是行政科学方法论之主要特征：

（1）理论应具可验证性。这表示理论中所隐含的概念，可以借由进一步的观察，来加以证实或推翻。如果是被证实，则表示理论获得证据予以支持；相反，如果是被推翻，则表示理论必须被舍弃或进行某种程度的修正。而一切的程序，是建立在假设演绎逻辑之上。

（2）在教育管理理论的建构过程中，专门术语必须是具操作性定义，以方便观察与测量程序的确认。

（3）教育管理的行为科学理论应排除伦理成分：Simon 的行政理论和 Feigl、Halpin 等人一样，采用了逻辑实证论的研究观点来建构行政理论，为理论运动下的理论革命重要代表。他认为只有坚持客观的社会世界观，才能够进行价值中立的研究，并宣称唯有经此一途径才能拥有能够控制组织、改进组织的知识。

第四节 教育管理科学化的特征与理论建立

一、科学化的研究特征

检视 Halpin、Griffiths、Simon 等学者早期的思想，以及 Hoy 和 Miskel 著作中对社会科学方法论时期的描述，教育管理科学化所主张之方法论具有以下四大特征：

（1）理论之形成来自一个假设演绎逻辑架构，其主体乃在从众多事实的命题中，采用归纳法的形式，最终求出普遍性且可类化结论的过程。坚守实证原则。

（2）理论的证明来自于特定情况下的经验可验证性。如果观察结果符合理论假设，则理论被证实为正确。

（3）所有理论中的专业名词必须具有操作性定义。

（4）将价值与伦理成分排除于教育管理研究之外。

实务上，此时期流行的实证论，也承继部分先前时期（如古典组织理念时期）之主张。管理大师 Taylor 在 1911 年出版的《科学管理的原则》（*The Principles of Scientific Management*）一书，影响所及形成了所谓的“泰勒主义”（Taylorism）①，并带动了后来发生在美国教育领域的“绩效运动”（accountability movement）。其中，科学管理的一些想法被视为实证论教条应用方面的先驱，Taylor 也曾经将科学管理的原则与实证论进行比较，发现科学管理原则在许多层面上与实证论不谋而合，其中道理如表 2-2 所示。

---

① 泰勒主义即指只重视组织效率与生产成果的领导导向。其忽略了对组织中个人层面的关注。

表 2-2 科学管理原则与实证论的关系

实证论的基本假设	科学管理的原则
1. 世界上只有一个实体。	1. 工作应有科学方法，并为每一件工作方法的唯一正确法则。
2. 研究者与被研究者之间必须清楚划分为两个部分。	2. 经营者与工作者之间必须清楚划分，以追求工作上的进步。
3. “事实”即是普遍、不受脉络影响的产物。	3. 科学管理的原则可以普遍地应用在任何的工作环境中。
4. 因果之间可以清楚地分离出来。	4. 工作怠惰的因素可以划分成两大部分来探讨，并可进一步矫正之。
5. 科学方法不受偏见所影响，它是价值中立的。	5. 科学管理原则将传统的偏见一扫而空，并从客观的研究中建立了新的工作规范。

资料来源：修改自 English F W. 1992. Educational administration：The human science ［M］. New York：Harper Collins：37.

在逻辑实证论影响下，教育管理理论发展走向一般社会科学实证传统之路，其研究范式在教育管理研究领域通称为实证范式，在教育研究中多使用量化研究方法。具体而言，在进行以实证论为主的研究前，研究者首先必须先有一个控制良好的实验设计，并符合以下几个条件（秦梦群，2011）：

（1）能够在情境中分割出所感兴趣的变量，对之加以研究，并同时控制其他干扰变量。此项条件可用实验法或统计方法来完成。

（2）受试者与研究者在角色扮演上必须分开，个人不可同时进行两种工作。

（3）为了控制变量与配合实验设计，一般而言量化方法远比非量化方法适用。

（4）假设检验是研究过程中相当重要的部分，也是实证论所重视的假设演绎法则。假设的设定一般是基于对某种理论观点的挑战或验证，因此任何假设皆可能会被支持或拒绝。

（5）研究的结果经由统计分析并将之类化推论到所取样的母群体中。

二、科学化的理论建立过程

Hoy 和 Miskel 曾在 1996 年的著作《教育管理：理论、研究与实务》（*Educational Administration*：*Theory*，*Research*，*and Practice*）中对教育管理科

学化的理论建立过程加以描述（见图2-3）。他们将理论定义为"一套互相关联的概念、假定与原理原则，被系统化地用来解释与描述教育组织中行为的规律。部分假设将会从理论中被提出来以进一步对概念之间的关系进行了解"（p. 2）。此定义有三个重点：（1）逻辑上，理论包含概念、假定与原理原则；（2）理论的最大功能在描述、解释与预测行为规律；（3）理论应具启发性（heuristic），以刺激、引导更进一步的知识发展。

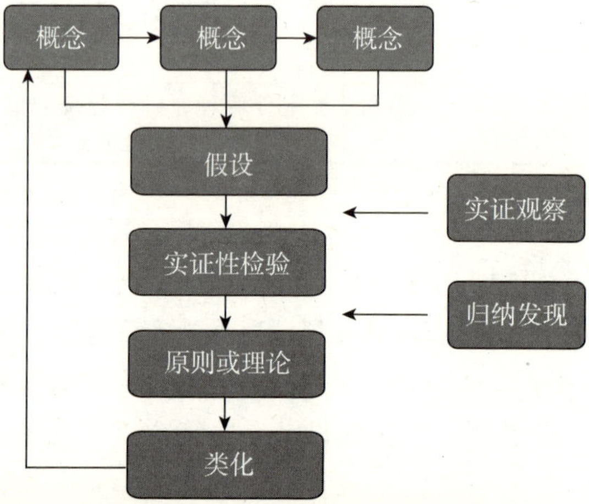

图2-3 实证论导向之研究理论发展系统

从以上的定义中明显可以看出，Hoy 和 Miskel 认为理论的建立必须通过实证方法，其功能在描述与预测。较不同于以往的纯粹实证论，Hoy 和 Miskel 强调了理论启发性的重要性，亦即理论具有引导观察、作为实验的基础之重要功能，倾向于同意"观察具理论依赖性"的看法。因此，他们指出任何的研究假设都为研究者的偏见所左右。

理论系统包含四大要素（component），即概念（concept）、假定（assumption）、类化（generalization）与假设（hypotheses），各元素之间是相互联结且密不可分的。其中，概念是指被赋予具体、普遍化意义的术语，以便于对现象进行系统性测量；假定是被视为真且理所当然的陈述，更确切地说，在没有证据的情况下我们仍然会相信其为真；类化则是表示对共通的两个或两个以上的概念的陈述或命题，因此它牵涉了两个或两个以上概念的特定关系；假设则是对两个或两个以上变量之间关系的预测性陈述。

图2-3中显示任何的概念最后都必须与类化加以联结，以作为对现象（或理论）的解释。而理论必须经由对假设的不断验证才能确认其正确性。在研究的过程中，研究者最初借由有限的实证性证据将假设进行类化。但这些类化后的概念必须再经过长时期实证性证据的累积，才能发展成为解释现象的规律与通则。

Hoy 和 Miskel 对实证范式支持的程度，并不随着后实证论之兴起而降低。然而，逻辑实证论不再独霸，已变成教育管理诸多研究范式中的一种。面对多元范式林立的局面，之后 Hoy 和 Miskel 也对于实证范式提出过修正之建议，但仍深深肯定实证论方法论所建构之可观性。

三、逻辑实证论与理论运动的贡献

自1974年 Greenfield 开始，逻辑实证论的方法论遭到群起而攻之的局面，学者纷纷指出由实证范式所建构的知识基础是有问题的，然而也有不少学者仍肯定其对教育管理理论发展的贡献。Griffiths（1988）指出教育管理知识之所以能够累积庞大的知识基础，仍不得不归功于理论运动。Willower（1988）评估了理论运动的优缺点，也肯定了实证论所做的贡献。Evers 和 Lakomski（1991）也评论：运用自然科学纯客观的方法是否真能了解并解释变化多端的人文或社会现象，实令人怀疑，但客观的理论研究是建立一门现代科学的必备条件，却是毋庸置疑的。Evers 和 Lakomski（1996b）更进一步指出教育管理科学化的两大贡献：其一，借此建立严谨的知识生产规则，以作为专业化的知识基础，而最终能给予学校、官僚体系、教学、领导与组织设计等方面适用的普遍化原则，并使用实证途径来确定这些真理，这样就能不断地发现更多现象（例如社会系统的行为）的普遍性原则；其二，研究成果可以立即拿来使用，因为成果是经过实验证明为能有效达成目标的途径。综而言之，教育管理研究若没有理论运动之发起，则知识体系之建构无法有今天之规模。

第五节　本章小结

逻辑实证论为20世纪对教育管理研究方法论最具影响力的学派。该学派主张者虽然在方法论的看法上略有差异，但整体来看，逻辑实证论继承了 Wittgenstein、Russell、Mach 等人的思想，并坚持以下四大原则：

（1）可检验真伪的命题才是有意义的，有意义的命题才可以检验其真假。

（2）检验真假的标准为客观经验。

（3）理论与观察之间是可以完全独立的。

（4）科学研究对象是感官经验。

逻辑实证论者认为，只有经由以实证、经验为基础的验证过程，才符合科学研究的基本原则。此种单一范式观点深为学者所诟病。在逻辑实证时期，研究者多认为运用实证原则的研究才算是科学，以为只有实证方法能引导真理的出现；以为现象背后的“实体”只有一个；以为由实证方法中证据的累积即可进行实体的再现（representation）。此种理性之梦后来遭到许多批评。

尽管逻辑实证论面临了诸多困难，但是其在自然科学上许多惊人的成就却让“实证论是否应继续存在”这个问题找到了答案。因此 20 世纪 50 年代，科学的方法进驻了教育管理研究领域，并被认为是最佳模式（one best model），大部分行政学者一直乐观地相信教育管理学很快就能成为一门应用科学，而此想法一直维持到 20 世纪 80 年代。兴起于 20 世纪 50 年代的教育管理理论运动，即希望透过科学的方法来建立精确、具通则性质之理论。此种理念很快地从美国本土扩散，逐步影响了加拿大、澳大利亚等其他国家。特别是美国本土学术界所发起的理论运动，主张方法的科学化，使得实证方法成为教育管理研究方法论主流。

从历史的角度观之，教育管理领域的实证范式理念源自于 Feigl、Griffiths、Simon 等人的推介与鼓吹。特别是 Feigl 的主张对于教育管理科学化的影响至少有以下三点：

（1）使教育管理之理论建构开始经由法则类化与假设验证等途径来进行。

（2）使教育管理学术研究开始使用操作性定义。

（3）使教育管理研究中事实与价值两者分离，价值从行政理论中被剔除。

综而言之，教育管理研究的实证范式转向实有助于教育管理学成为一门科学，基于实证范式的导引，教育管理研究领域快速地建构起庞大知识体系，并且脱离一直为人所诟病的“纯粹经验主义”。但是教育管理研究领域最终仍无法幸免于方法论霸权心态的梦魇。有识之士认清了实证论在方法论上的限制及在知识基础上的缺陷，于是开始寻求方法论变革，造成另一场大型范式转移运动在20世纪70年代中期爆发。这场新范式的转换并不止于方法论的取代，而是引进多元范式（multi-paradigmatic）的理念，使得教育管理研究方法论进入后实证论时期。

第三章　后实证论与研究方法论主张

教育管理研究内容过于复杂，
并非同质的与统合的，
因此无法以单一的方法来探讨。
过去的研究者却似乎忽略这一点。
——T. B. Greenfield

本章主要目的在于对教育管理研究方法论之后实证论发展情形进行叙述。第一节探讨社会科学研究中后实证论的发展，分别从 Popper、Kuhn、Feyerabend 等学者之主张，说明社会科学研究的后实证转向。第二节则着重陈述后实证论对于实证主张的反动与批判。第三节论述教育管理研究方法论革命倡导者 Greenfield 之主观主义与主张。第四节阐述 Hodgkinson 的人文主义，及其对行政中价值与伦理层面的看法。第五节则针对本章之重点加以总结。

第一节　社会科学研究的后实证转向

在 20 世纪初声势如日中天的逻辑实证学派，其兴盛时期并不如预期般长久。虽说该学派曾受到当时战乱与纳粹党的政治迫害，然而其本身所设定的种种基本假设后来反而成为学派发展的最大绊脚石。

20 世纪 50 年代，当世界观主义者（globalist）[①] 出现后，逻辑实证研究传统面临了前所未有的挑战。世界观主义学者注意到科学变迁的问题，并强力反对“接受观”（received view）的观点[②]，主张严谨地看待科学变迁与发展过程中历史与时间两大层面。他们鼓吹“新科学哲学”（New Philosophy of Science）[③]，使科学哲学自 20 世纪 60 年代开始即形成另一个新探索观。世界观主义者对接受观（如实证论）的教条与观点，提出以下批判（McGuire，1992，p. 145）：

（1）反对理论语言与观察语言二分的情况。世界观主义者声称没有规则性的标准可以提供理论与观察二元分化的有力证据，因为观察是深受理论影响的。比起观察，他们宁愿给予理论更多的重视。这与实行接受观的科学家刚好相反。实证论者把科学实践与变迁视为实验法与实验技术的态度，被世界观主义学者评为引科学入歧途的做法，两大不同观点也为此引发不休的辩论。

（2）驳斥“理论的变革具逐渐累积性”的观点。世界观主义者认为逻辑与实证内容（即使是早期已被证实的理论）不能完全地被保留下来，因为旧理论有可能被新理论完全取代。这否定了“观察语言与理论变革中具意义不变性”的主张。

（3）否定理论可在特定时间内经由证实的过程进行精确评估。此因不同知识领域与权威并没有一个绝对的原理原则。理论推估是一件复杂的事，在理想化的判断逻辑之外，尚有许多层面牵涉其中；再者，理论变革是历史现象，无论是整个历程或是部分发展都无法脱离社会与历史脉络。

（4）认为实证论者对“发现脉络”与“证实脉络”之间的区分是一项误导行为。因为太专注“证实”这个逻辑议题，反而忽略了科学发展的原动力，也忽略了检视科学发展的不同脉络。世界观主义学者主张的“新科

---

① 这里的世界观主义者是指一批新认识论者，他们以全观的（holistic）的研究态度出发，强调任何科学知识皆具有历史意涵。代表人物为 Thomas Kuhn、Imre Lakatos（拉卡托斯）、Larry Laudan（劳丹）与 Paul Feyerabend。

② 接受观者认为人类是被动的动物，一切的知识与意义都是既存的，因此，他们强调人类是经由外显事物来获取知识。

③ 新科学哲学意指不同于以实证论为立论基础的科学哲学。

学哲学”，即是将焦点转向“科学如何形成”这个问题。

（5）对于基础主义（foundationalism）[①] 投以强烈的怀疑眼光。基础主义认为任何的知识或本体论项目都是可以化约的。“逻辑原子”、“口述命题”、“感官材料”与“增加经验性内涵”等观点都是化约论观点。基础主义走一元论的路线，他们以为只有一个理论可以代表意向独立的世界，关于此点，世界观主义学者深觉不以为然。

（6）反对以完全价值中立的方法生产客观知识的做法，主张如此会过分简化科学的图像。

（7）指出科学理论实践必先于理论建构。

以上七点批判不但挑战了实证传统，也颠覆了实证论的基本假设。实证论之基本假设及研究方法仍存有诸多困难之处，且其对于诸项问题也无法提出适当的解释，使得对实证论的反动愈演愈烈。以下先从实证论到后实证论的发展过程进行论述。

一、Popper 之否证论

在进入后实证论的讨论之前，必须先了解“否证论”（falsificatism）观点，因为它是第一个对实证论造成巨大威胁的立论。否证论的倡导者为 Popper，他早期就读于维也纳大学。在那段日子，Popper 对于有关科学转换的议题很感兴趣。他虽然不曾直接参与过维也纳学派的讨论，却曾数次与该学派成员分享彼此的想法。维也纳学派的成员多属激进的实证论者，因此讨论的范围多集中在寻求一个标准来分辨何者具科学意义与何者不具科学意义。当时的 Popper 也关注类似的问题，不同的是他将重点置于如何建立科学与伪科学之间的分界线。Popper 对于逻辑实证论较具规模的批判始于 1934 年的《科学发现之逻辑》（*Logik der Forschung*）一文。由于该文系刊登于维也纳学派的相关刊物上，其英文译本又晚至 1959 年才问世，以致英语世界中部分人士误会 Popper 是逻辑实证论的拥护者。

---

① 基础主义者的观点是：世界的变化具有固有的一套自然法则，只要掌握了自然法则，人类就可以操控自然界的变化与发展；而且世界和思想都可以还原为最终的成分。通常，基础主义泛指过去风行一时的实证论传统。

（一）否证论的基本主张

1. 反对归纳逻辑，支持演绎逻辑

1923 年，Popper 开始接触美国经验主义者 D. Hume 的作品，深深以为 Hume 对归纳法的反驳已使其可信度大打折扣。Hume 对归纳逻辑最大的质疑是：如果“所有已被发觉的 X 是 Y”，那么可否导致“所有 X 是 Y”的结论？Hume 认为有其困难，因为所有已被发觉者仍是有限的数目，无法做出无限与普遍性的结论。基于此，Popper 发现实证论的最大困难在于“归纳逻辑”，因为“归纳逻辑”根本不能算是逻辑，逻辑实证论已经走向绝路。Popper 举了个有趣的例子，说明归纳逻辑的缺失：当我们打开电灯开关 1000 次，即使每次电灯都亮了，然而我们能根据什么“逻辑”相信第 1001 次也会亮？有限的实例不但不能确立“类化”的原理原则，而且也不能提高其“为真”的概率，因为原理原则所假定的实例数目是无限的、不可估计的，所以概率的分母也是不可估计的。由此可见，运用归纳法实有很大的问题。因此，Popper 反对归纳逻辑，并积极建立假设演绎法。

2. 否证原则

Popper 认为科学不应只是纯粹地进行设定假设、验证或证实假设以获得支持理论的证据的工作，而应把焦点置于“在什么情形下，理论会出现错误”这个问题；因为实例的功能不如反例来得有效用。实证不具逻辑效果，但是否证却具有逻辑效果。科学实验的功能不在于证实一个科学理论，而在于尝试去否证特定科学理论。能通过实验挑战而未被否证的原理、原则，可以被暂时接受，成为“目前为止最合理的原理原则”；无法通过考验者，自然被淘汰。所以，理论、原理、原则在本质上都是一种假设，实验与观察则扮演批判的角色，具有选择与淘汰的功能。

理论上，Popper（1968）一再强调科学应将重点放在“证明为伪”的程序上，其指出：

> 科学并不只是将观察结果做整理，而是一种创造发明：在实验的过程中必须大胆提出多个猜测。一旦其与观察结果抵触则假设自然会减少；观察结果往往一致，然而我们必须了解到应以寻求一个决定性的反例来检验理论（p. 47）。

Popper 认为实验必须以大胆猜测、自由批判的态度来进行，因为任何与理论反向而行的结果都是可能发生的。所谓永存的真理并不存在，任何现存的理论都随时准备再次被验证。这个观点刚好与实证论的主张背道而驰。

3. 理性论与实在论的立场

在知识论上，Popper 远离了经验论。因为他认为感官经验往往不可靠，且会骗人。人难保不会有错觉产生，因此我们应假定表象背后仍有一个未被观察到的实体，以作为验证知识的根据。

在本体论上，Popper 采取了实在论（realism）的立场，理由有三：（1）实在论较符合常识；（2）科学研究大多以实在论为前提；（3）到目前为止，反对实在论的论证都相当薄弱。实在论相信现象背后实体的存在。Popper 认为寻得实体的方法，即是经由大胆假设、自由批判的过程逼近。

（二）否证论与逻辑实证论之争议

实证论与否证论在方法论上与基本假设上存在许多差异，因而引发不少争辩。其中 Popper 与维也纳学派发起人 Carnap 之间的笔战最为明显。其争论可由以下两大层面来讨论（详见海金，1991），以下简述之。

（1）就理论之证明而言，Carnap 主张科学的讨论是有意义的，而形而上学的讨论则是毫无意义；所谓有意义的命题原则上必须是以可验证性为基础，违背此原则的命题将是形而上而且毫无意义。Popper 则否定了可验证性的重要性。他认为可验证性是荒谬的，即使是强而有力的科学理论也永远不能被验证，毕竟科学的范围实在太大了。但是科学理论可以被测试，而且可能被证明是错误的。简言之，Carnap 主张证实原则，Popper 则主张证伪原则。

（2）就研究理性而言，Carnap 支持归纳法。逻辑实证论的基本方法是自 17 世纪以来所常见的"归纳法"。也就是研究者小心地操作实验，并照实记录结果并形成结论，类化后得出假设与理论，不断地发展新概念以使事物合理化、组织化。这是一种由下而上的方法。Carnap 认为观察是任何知识的基础，这使得他终其一生皆致力于归纳逻辑的研究。Popper 则支持演绎法。他赞同 Hume 的看法。早在 1739 年 Hume 就曾指出人类从个别经验所得到的普遍概念顶多只是一种心理倾向（psychological propensity），这种倾向并不能赋予归纳的普遍概念任何支持理由或基础。Popper 引申此看法，认为证据多寡并无法支持一个科学理论。理性的方法则只有猜测与驳斥（conjecture and refutation），先做大胆的猜测，在实验过程中小心查证，因此猜测将永远持续地被修正或取代，以逼近真理。任何一个假定已通过多个实验而受到支持时，我们不能马上下定论说：这个假定可被永久支持。事实上，这个假定将在未来严格测试的波浪中继续受到考验。演绎的哲学讲求由上而下的研究过程，先形成理论的推测，然后导出结果，并测试是否为真。

（三）否证论的启示

Popper 与 Carnap 之间的辩论，间接引起不同阵营学者之论战，最后难以判定胜负。然而在另一方面，Popper 的理论与传统逻辑实证论实有以下几点相似处：

（1）两者都相信一个不受时空所限制、不受科学理论演变所影响的真理是存在的。

（2）两者皆认同自然科学是理性的基础。

（3）两者都认为观察与理论之间应有明确的分别。

（4）两者都认为证实的脉络（context of justification）与发现的脉络（context of discovery）① 之间有根本的不同。只是他们都关注于验证、逻辑、理性、方法论以及理论健全性的问题，关于发现的历史情境，都不是他们关注的焦点。

（5）两者的哲学都没有时间性（timeless）。理论建构与实验过程置外于时间，置外于历史，也置外于脉络。

否证论主张的最大启示，乃在其指出研究者对周遭环境的认识都是一种猜测，只要有更好的论证或经验出现，研究者应随时准备好放弃任何原有假设；所以，身为一个学术研究者应该随时欢迎新批判，时时迎接新观点。毕竟世界上没有一个科学理论可以永不被替代。任何理论都可能随时被取代。但是 Popper 却忽略了科学的历史、社会、脉络，以及研究者主观性的问题，这成为其理论上的重大问题。

---

① 所谓发现的脉络，是指就发现事件而言，历史学家、社会学家多会将重心摆在以下问题：是谁发现的？什么时候被发现？发现的逻辑来自于猜测，或是从对手那边窃取的想法，或是二十年努力不懈的代价？是谁赞助此项研究？等。

二、Kuhn 之历史取向的科学哲学

Popper 对于逻辑实证论的批判，并未对传统科学理性的优越地位造成革命性的颠覆，Popper 本身依旧倾向于抱持科学主义的态度，对于发现的脉络之关心程度，远远不及证实的脉络。然而，就科学活动观之，两大脉络应处于同等地位，因为前者关乎一套假设或理论如何构成，后者则着重于有何理由去支持这套假设或理论，两者应相辅相成。

就科学知识的增长过程来看，传统的实证模式太注重客观规律性的发展应用。就方法论的原则而言，其着重于普遍性原则的应用，殊不知在实际的科学事业活动中，整个科学的发展过程是共同性和特殊性的统一、必然性和偶然性的统一，也是客观规律和主观作用的统一。

从科学哲学发展的历史而言，T. Kuhn 的主张是一个重要的转折点，因为他的思想引导科学哲学界进入另一场哲学思辨。在其他学门方面，科学研究的精神也广受 Kuhn 新科学观与研究观的影响。

Kuhn 早期致力于物理学的研究。在撰写物理学博士论文期间，其研读了科学史，并研究了 Galilei（伽利略）、Newton 与 Aristotle 等人的力学理论，开始对科学的性质、方法和动力有了一些新的想法。后来，他转向科学史的研究，并同时注重科学哲学的研究。Kuhn 虽然一再被尊称为科学史家，然而却以科学哲学方面卓越的表现与成就闻名于世。其以科学史的创造性研究为依据，有力地批驳逻辑实证论的科学观，而代之以一种范式转换的科学观（张巨青、吴寅华，1994）。

历经 15 年的精心研究，Kuhn 于 1962 年完成专著《科学革命的结构》（*The Structure of Scientific Revolutions*）。书中 Kuhn 用精练文字勾勒出一个由历史记载本身所浮现的新科学观，并淡化科学史、科学哲学与社会学之间的鸿沟。其把科学哲学与社会学的概念导入科学史中，使得科学方法论完成了一次“范式转移”①。20 世纪上半叶，科学史的研究有很大的突破，这

① 这里的范式转移是指从基础主义到历史主义的转换。Kuhn 将一直被排除于科学研究之外的历史向度转变成为研究的焦点。这使得理论学家与研究者开始了解到社会脉络与历史对于理论形成具有强大的影响力。

些突破对于 Kuhn 科学哲学观的形成与发展有巨大的影响，兹分述如下。

（1）在形而上学对科学的影响方面，逻辑实证论者把形而上学当作无意义之讨论而加以排除。但科学史研究发现，科学家在进行科学研究之前必须先有假定与预设，而这些假定与预设中就有不少形而上学的因素。再者，有些形而上学思维往往在科学发展中扮演启发的角色，而启发的方向有时决定了一个科学传统的发展命运。

（2）科学史研究发现，历史上并不存在千篇一律的方法论规则。Kuhn 发现，在实际的科学史上，没有一条方法论规则不曾被违背过，不管它看起来多么有道理，也不管它具有多么充分的根据。在科学不断进步的过程中，一些旧有理论自然而然地被淘汰。要发展出更具突破性的科学，就必须跳脱原有方法论的窠臼。从古代原子论（atomism）的出现、哥白尼革命的成功，到量子理论的兴起、光的波动学说之发展，都是置传统束缚于不顾所发展出来的。这些事实皆无情地批判了逻辑实证论的规范与方法论主张。

（3）科学史的发展中有不少涉及革命。以 17 世纪的科学革命为例，这场革命不仅推翻了中世纪的科学权威，而且也推翻了古代世界的科学权威。它不仅使经院哲学黯然失色，也颠覆了 Aristotle 的物理学。它不但改变了物理世界的图像与人类生活的结构，也改变了人们处理日常精神活动的方式。

Kuhn 认为科学史发展中有一个相当有趣的现象，即伟大的科学革命并非源自于“实验”，而是归因于探索者本身脑部所发生的变化。17 世纪的科学革命真正借由“实验方法”（experimental method）的地方并不多，当时的科学家努力从传统观念的资源重新组合并转化出一套新的观念系统。这是一种思路的转换。科学革命的变化多端根本无法用单一标准来说明。

（一）范式

“范式”一词在早期甚少被学界所广泛使用，自 Kuhn 的理论问世后，“范式”才一举成为研究界的新焦点。无可否认，范式已成为现今研究领域的核心概念。“范式”一词的英文“paradigm”源自于希腊文的“paradeigma”，当作动词用，原义是“并排陈列”（exhibiting side by side），在英文中则常解释为“范例”（example），或指文法中的“语尾变化与字形变化表”（Kerlinger，1986）。《韦伯第三版新国际字典》（*Webster's Third New International Dictionary*）中也解释 paradigm 为“类型”（pattern）、“模式”（model）、

“范例”(example)。因此，范式的一般意义是指可被参照学习的模式或范例。

依Kuhn的看法，一门学科在尚未成形之前，往往学派林立，众说纷纭，没有一个研究者共同接受的基本看法。一门学科若永远停留在这个阶段，则没有机会发展为成熟科学（mature science)。有些学科会慢慢脱离此阶段，研究者会逐渐形成一股共识并逐步发展出一套大家认同的观点与方法，这个科学家们所共同接受的基本观点和研究方法，即称为范式。

范式具有两大特征：第一，其具有独特与突破的看法，因此能从科学研究中的敌对学派吸引一批忠心的归附者；第二，其仍留有许多问题让这一群研究者来解决。Kuhn（1970）指出范式对于学术研究的重要性可以由以下叙述得知：

> 一个科学研究传统，不论多么专门，学者加入此一科学社群（scientific community）参与研究，主要都是由研究该科学社群之范式入手。因为他所要加入的社群，其成员都是经由相同的模式习得该门科学的基础，他加入之后的研究活动，很少会引起公开的对于基本前提的异议。研究者以共有的范式为基础，才能信守相同的研究规则及标准。此种信守的态度及因而产生的明显共识，统称常态科学（normal science)，也就是某一特定研究传统发生与延续的先决条件（pp. 10-11)。

由此可知，范式之所以会出现，主要由于其比起与之竞争的理论更能成功地解决问题，而这些问题是研究界公认为最紧要的。具体言之，范式包括了理论、原理、法则、方法、工具，研究者认同之并进而形成共同的价值、信念、规范、语言与目标等，以作为了解及探索科学的基本架构。

“范式”概念提出后，引发了诸多的困难。由于Kuhn当初并未对“范式”一词规定统一的用法，使得后继的研究者深受困扰。Masterman（1970）的分析中即指出，Kuhn本人对“范式”一词最起码以21种不同的意义来使用（引自拉卡托斯，1992)。对此，Kuhn特地重新对“范式”进行了概念上的修正与厘清，并收录于《科学革命的结构》第二版的后记当中。

综而言之，范式有两个重要的意义：（1）其代表某一特定科学社群成员所共享的信仰、价值与技术等所构成的整体。为了避免范式一词被误解，Kuhn后来采用“学科基质”（disciplinary matrix）来指称之。(2）其为科学家在解谜过程中可供参照的模型或范例，是谜题的解答基础，具有示范性的功能与意义。

（二）科学发展模式

传统上关于科学发展的观点是："科学知识是不断增加的，发展是一个直线的知识累积过程。" Popper 虽然提出"否证原则"（principle of falsifiability），但也同时强调科学知识的增长是由于科学理论的替代，即新理论在内容的丰富性及深刻性上超越旧理论，并且取而代之的过程。Kuhn 从科学史的研究出发，指出了这两种看法都不符合科学发展的实际情况，逻辑实证论的归纳观点忽略了科学史中非累积的发展阶段，即科学革命阶段；Popper 的演绎观点则忽略了科学中受传统束缚的常规活动。针对以上缺失，Kuhn 提出了"范式变迁观点"（perspective of paradigm shift）。

Kuhn 希望借由"范式"一词来打破传统认为科学发展就像滚雪球般累积的想法，指出每一次科学理论的革命，都迫使科学界推翻一种盛极一时的科学理论，并无累积的事实，他坚持科学的发展是通过真正的革命而形成的。

Kuhn 的科学发展理论与传统不同，可称作"阶段革命论"。也就是说，科学是从前科学（prescience）阶段，经过意见分歧又达成一致而进入常态科学的历程。常态科学以一定的范式纳入本身专业的基础，经由认同的范式来进行研究、解释问题，并设法使范式臻于完善的境界。然而在过程中，"反常"（anomaly）现象会不断地增多，终于使旧范式穷于应付而陷入危机中，最后导致了科学革命（scientific revolution），在新范式取代或修正了旧范式之后，随之进入新的常态科学时期（金吾伦，1994）。

相较于 Popper 所提出的"科学理论进步在于一系列激烈的质变"的看法，Kuhn 比较强调"科学的发展是通过常态科学时期量的累积而进入科学革命时期之非连续质的跳跃"，其理论模式可参见图 3-1。因此，Kuhn 的理论中有两大变化：其一为常态科学的渐变，其二为科学革命的剧变。以下分析不同时期的特征，以助于了解范式形成的实际过程。

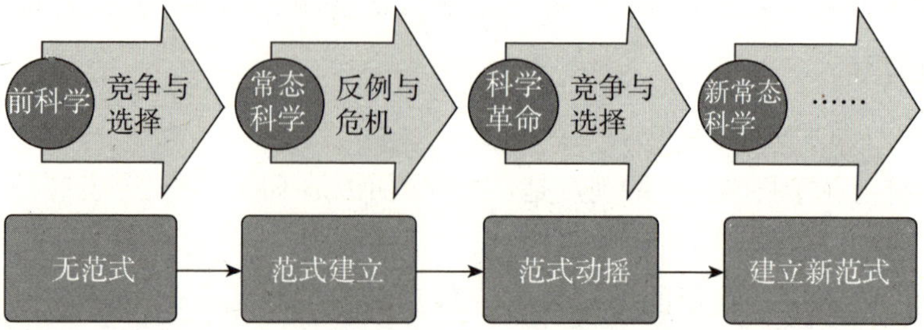

图 3-1 Kuhn 主张之科学理论革命发展模式

1. **前科学时期**

此时期各个研究者都在研究同一事物或现象，尔后由于出发点不同，意见纷纭与冲突的情况将不断发生，而研究结果也杂乱无章，对于了解事实真相并无多大帮助。此时，研究者只能广泛地搜集资料与进行实验，企图早日获得证据，建立理论。学派林立、百家争鸣、彼此竞争、众说纷纭是前科学时期的主要特征。由于缺乏范式的指导，人们根本无从对事实进行选择、评价与批判。相反，几乎每一个人都援引形而上学的信念来为自己的论点做辩护，或用某种形式的哲学观点来加强自己的论证力量。

2. **常态科学时期**

当前科学时期中纷乱学说争论不休之际，将会有一派最权威的学说逐步统一此门学科。此权威学说受大多数科学家的推崇与承认，慢慢地变成了学术界共享的“范式”。当某范式在科学事业中已经隐然掌握霸权之后，便进入常态科学时期。此时期科学家所要做的即是增进事实与范式预测两者间之吻合程度。Kuhn（1970）对此做了以下叙述：

> 只有局内人方能了解在范式确立之后，有多少善后工作需要做，以及从事这些善后工作是种多么令人振奋的经验。大部分科学家在他整个研究生涯中，就是在从事这种善后工作。这些工作就是我所谓的常态科学。不管我们从历史或是从今日的实验室内来仔细查看常态科学的活动，我们都会发现此种活动似乎是强把自然塞入一个已经做好而且没有弹性的盒子内，这盒子是范式所提供的。常态科学时期科学家研究的目标并非去发现新现象，于是，那些未塞入盒子内的自然现象常被忽略。科学家的工作不再是发明新理论，而且他们也无法容忍

别人所提出的新学说。反之，常态科学的研究目的在阐明范式提供的现象与理论（孔恩，2004，p. 68）。

常态科学的主要特质在于科学范式成立后，所有的学术研究都深受此范式影响，研究的内涵只不过是对现有范式的完整化或小幅修正。常态科学是一种解谜的活动（puzzle-solving），当科学社群运用共同认同的信念与范例来进行解谜时，却也容易引发新理论与新方法招致传统范式捍卫者的阻挠而深受打压的情形。Kuhn 指出科学社群对所共同认定的概念和方法论上的“范式”具有相当大的信心，处于此一社群的科学只会依此既有范式来进行专业性的研究。不幸的是，再怎么精心设计的理论，总会有某些地方与事实无法吻合。这些现有范式对之无能为力的事实，即称为反例。科学家会试着去解释反例发生的原因，以维护既有范式的地位与价值，只是愈解释反而愈凸显既有理论的缺陷。

3. 科学革命与范式变迁

一旦反例无法解除，其会慢慢累积而数量增加。当科学家忙于修补理论破洞的同时，另一个新破洞却逐渐扩大。而且在修正的过程中，有洞见的科学家会意识到既有的范式是有问题的。慢慢地，旧范式就陷入危机中。

科学革命并不会发生在旦夕之间，范式变迁为一个逐步进行的过程。当愈来愈多研究者运用新范式来解决问题时，旧有的范式将被搁置于一旁。革命过程历经了无数个辩证与对话，是科学家对所支持理论的一场保卫战，也只有在具多元范式特征的大环境中才能避免科学方法霸权的阻碍。

（三）范式之间的不可共量性

科学革命的发生有三个结果：（1）旧范式受到修正；（2）新范式取代旧范式；（3）旧范式维持原貌，新范式被打压。事实上，新范式并不是全新的理论，因为新范式源自于旧范式的某些基础，通常混合着传统范式中的概念与术语，只是在新的范式中这些概念与术语都有了新的意涵。而且新旧范式之间在某些地方并不兼容，也就是存在所谓的“不可共量性”，因为两套理论无法完全以理论中立的语言（theory-neutral language）来表达或加以比较。Kuhn 举例说明一般认为可以用 Einstein 的相对论来解释牛顿力学，但事实上这已不再是 Newton 的力学，而是 Einstein 的力学。

不可共量性的概念很容易让人联想到相对主义，既然范式之间具不可共量性，那么两者之间的沟通、对话与比较不就太过多余？而辩证不也成了各说各话的麻烦事？针对于此，Kuhn 进一步指出，理论并非完全不可比较。当理论不止一个时，我们应该了解哪一个与事实吻合程度较高，理论的优劣即显而易见。

（四）Kuhn 理论的启示

综上所述，Kuhn 所提出的“范式”与“不可共量性”两个重要概念，同时被不同研究领域所借用，影响程度可见一斑。其理论观点可以整理成以下四点：

（1）观察语言与理论语言之间没有清楚之划分。

（2）科学不是累积的，而是经由革命完成。

（3）活的科学不需要严谨的演绎结构。

（4）理论（范式）之间虽具有不可共量性，但并非完全不可比较。

此处姑且不论 Kuhn 的思想所受到的质疑与批判，其思想对于学术界的影响的确相当深远，其对于科学与研究所赋予的新见解，开启了科学界反理性的态度。他的思想对于 Griffiths、Greenfield、Evers、Lakomski 等教育管理先驱在思想上的发展有相当深远的影响，后面章节将对此进行详细论述。

三、Feyerabend 的“怎么都行”主张

Kuhn 对于理性采取了保留的态度，认为科学的目的并不是逼近真理，范式的交替也不代表离实体愈来愈近了。范式与理论不可能达到对自然界一个完全、客观与真实的描述。在他的理论中，真理是个多余的概念。科学顽童 Feyerabend 将 Kuhn 的思想与自己的思想结合，尤其在理性问题的处理方面显现了极大的变革野心，进而提出“怎么都行”（anything goes）的主张。

Feyerabend 早期受教于 Wittgenstein，后来转投 Popper 门下。由于受到 Popper 的理论与思想之影响，他开始对逻辑实证论提出质疑与挑战。20 世纪 50 年代末，他更将矛头指向 Popper，批判其追求单一普遍性方法论的主张。他提出多元主义的科学观，反对重建科学理性主义的规范，并且猛烈抨击科学沙文主义。他认为过去的改革者在革命的过程中，往往避开科学不谈，而其主张即要针对“科学”这个概念提出批判（Feyerabend，1978）。

Feyerabend 指出自启蒙运动以来，“科学理性”就呈现高高在上的架势，

成为人们追求的目标。到了近代欧洲，学者将科学理性视为一股自由化的力量，然而一旦某一理论击垮敌人之后，其就开始自甘堕落，陷入独断与权威的态度以维护自身地位。由此观之，理性发展使得科学以某一特定角度来了解世界的机会大为增加，但却同时迫使以其他角度体验世界的观点逐渐消失。基于此，Feyerabend 提出“韧性原理”（principle of tenacity）与“增生原则”（principle of proliferation）加以说明其论点。

（一）韧性原理与增生原则

在 20 世纪 70 年代中期，Feyerabend 于其著作《反对方法》（*Against Method*）中说明对科学发展的重要看法。他认为科学研究的问题在于科学理性常以权威霸主之态势，迫使其他观点消失。因此，Feyerabend 反对否证论中反例的影响力主张，认为一个大型理论并不会因为一个“特例”而宣告瓦解，科学史上也未曾发生如此案例。他认为即使反例出现，科学家仍会不顾一切坚持旧理论的正确性。此即韧性原理，与 Kuhn 所说的常态科学时期情况相当类似。即使旧有理论遭遇更多质疑，或是反例愈来愈多，科学家仍会坚持旧有范式的正确性，此也是常态科学所面临的问题所在。因为这时范式霸权与独裁的情况很容易就会发生，新理论竞争者很容易被冠上“迷信”、“邪说”、“秘教”、“不科学”、“非理性”等标签而被拒于科学殿堂之外。Feyerabend 认为在常态科学时期科学不会进步，因为这时理论只具有韧性而缺乏增生（proliferation）特性。

基于此，Feyerabend 认为较佳的科学进步模式，乃是当某一事实或现象与理论不符时，应该发展更多理论来寻求答案，而非死守旧理论。主张在采纳韧性原理后，研究者无须因为反例的出现而急于推翻现有理论 T，而是同时使用其他理论如 T′、T″、T‴等去凸显理论 T 所存在的困难，并同时提出解决问题的方法。

简而言之，Feyerabend 希望告诉研究者：与其坚持旧有范式，直到极度憎恶受挫得不得不放弃它，不如另辟蹊径而接受增生原则。

（二）多元主义方法论

“后库恩”（post Kuhnian）时代的来临主要源自于 Kuhn，具有相对主义的浓厚色彩（因此被部分学者归类为科学无政府主义者）。Kuhn 并未对理论多元化进一步厘清说明，Feyerabend 则致力于补充这个部分。Feyerabend

指出，理论发展在任何时期都应该是多元的。因为只有理论多元化，才符合科学发展的实际需求。他指出以往的科学方法论，无论是逻辑实证论、否证论或是范式转移观点，其共同毛病就是强调一致性，强调一元方法论（Kuhn 强调的常态科学时期被 Feyerabend 当成是另一种一元方法论的展现），强调任何一个新理论必须接纳旧理论的假设与内涵。Feyerabend 对此加以批判，他指出，“要求新学说与既有范式相一致是不合理的，因为它保留的是旧有理论，而不是较好的理论。充分确证的理论相矛盾的假说提供给我们的证据，是用任何其他方法都得不到的。理论的增生是对科学有益的，而齐一性则损害科学批判能力”（费耶阿本德，1996，p. 21；Feyerabend，1988，p. 37）。因此，新理论与旧理论之间一旦只存在可推演与意义不变的关系，只会保护与僵化旧理论，谈不上科学的进步与知识的增长。那么，要使科学进步必须如何做呢？Feyerabend 做了以下的说明：

> 显然的，关于一种固定方法或者一种固定合理性的想法，是建基于一种非常朴素的人与社会环境上。有些人注视历史提供的丰富材料，不想为了满足低级本能，为了追求表现清晰性、精确性、客观性与真理的理智安全感，而使此材料变得贫乏。这些人将清楚看到，在一切情境与人类发展的一切阶段上，只有一条原则一直都可以加以支持。这个原则就是：怎么都行（费耶阿本德，1996，p. 13）。

（三）对不可共量性的看法

Feyerabend 相当推崇 Kuhn 所强调的“理论不可共量性”观点。由于不同范式中的研究人员不仅有不同的概念，而且对于不同的事物也会产生不同的知觉，再加上从事研究的思想和工具都不相同，这使得范式之间的沟通与对话变得不可能，范式之间的相互比较也无法进行。由于竞争理论之间具有不可共量性，也就不可能有统一的评价标准，理论之间是无法比较的。由此可见，Feyerabend 有关不可共量性的看法比 Kuhn 更为极端，完全否定科学理论之间的可比较性，可以说是后现代主义思潮的先驱。相关之叙述请参见第五章。

（四）思想特色

Feyerabend 是继 Kuhn 后对科学哲学界造成重大影响的人物之一。其思想的重心在于解放科学。他的多元主义方法论更支持了“非科学”存在的必要性，主张传统上对于科学与非科学的区分是一种知识达尔文主义，是对于所谓的“非科学”的一种剥夺。这种二元区分的行为是没有意义的，科学界应该以一种更民主的方式来容忍各种知识（科学的或非科学的）并存。而且科学是源自于非科学，对非科学的压制将会限制科学的发展。他声称先求“科学的解放”后再谈“科学的合理性”这个问题才具有意义。

综而言之，Feyerabend 粉碎了实证论方法上一元论的美梦，支持了 Kuhn 范式不可共量性的观点。只是，Feyerabend 的立场较为偏激。其反对任何以科学发展为由的单一科学方法。主张科学将受益于同一时期的理论并存（即增生原则），即使被质疑为无政府主义也是有其需要的，因为不强加严格的研究规范给科学家，将更具有人道主义的精神。

四、科学实在论的反实证立场

学者 Stockman（1983）指出社会科学中反实证的立场主要来自于三大派别：批判理性主义（critical rationalism，即指 Popper 的思想）、批判理论（critical theory）与科学实在论（scientific realism，于 20 世纪 70 年代兴起）。由于前两者将在其他章节加以叙述，以下即先就科学实在论加以介绍，其在反实证阵营中扮演相当重要的角色。

（一）何谓“科学实在论”

对于科学实在论较具体的介绍出现在科学哲学大师 I. Hacking（哈金）的《再现与介入》（*Representation and Intervening*）一书中。书中指出科学实在论主张“正确的理论所描述的物质、状态和过程确实存在。质子、光子、力场与黑洞的真实性，就像脚趾甲、滑轮机、溪流中的漩涡与火山等一样真实”（引自彭怀恩，1999，p. 80）。

具体而言，科学实在论乃是后库恩时代的产物，Kuhn 所引发的理性危机，使得传统理性受到相当大的质疑，于是在后库恩时代中许多科学家们对于实证论的方法论体系做了更为深入的检讨，并产生许多新的方法论流派，科学实在论即为其中一支。

（二）科学实在论的反实证主张

彭怀恩（1999）指出科学实在论提出了许多相对于逻辑实证论的主张，兹整理如下：

（1）主张非原子论的本体论（non-atomism）。逻辑实证论采用“原子论”的立场，认为任何的科学现象皆可化约成最基本的构成单位。科学实在论者则采取非原子论的立场，因为构成社会现象之基本单元是个人行为，然而个人行为之因果预测与实验并无法让复杂的人类世界化约成简单的原则。因此，科学实在论直斥原子论的错误所在。

（2）主张非经验主义的认识论（non-empiricism）。科学实在论认为科学研究范围应超出感官能力的范围，不应局限于感官能力上。因为人的感官容易犯错，而且先入为主的观念常常破坏了研究思维，就以天体论为例，同样是观察天体的运行，“太阳中心说”与“地球中心说”这两种不同的理解所得到的经验内涵是完全不同的。因此，对于“本质”的研究与观察并不局限于经验或实践的范围。

（3）主张以回溯法（retroaction）取代归纳法。逻辑实证论将相似的现象放在同个范畴中加以讨论，并寻求其间的规律性来做解释现象的根源。科学实在论则主张对于现象的解释必须回到产生机制（源头）去求得理解。

（4）主张科学理论的解释模式应采用结构性解释（structural explanation），而非律则性的解释。逻辑实证论重视变量之间的因果关系与共变关系，进而了解理论对现象的可预测性，研究重点在建立律则，但对于现实社会中之结构性因素却不加理睬，自然无法探得现象之本源。科学实在论则偏向结构性（社会）的解释，而非局限于律则性的探究。

此外，科学实在论对于实证论的非难与批评最主要的有以下两点：

（1）实证论无法处理“理论依赖”的问题。“原子论的本体论”与“逻辑实证论的认识论”认为，观察和理论本身是严格区隔的，即观察本身不具理论依赖性，然而在现实的研究环境中任何的观察都需由理论导引。

（2）实证论者不曾考虑实证论的方法论使用在社会科学时的适切性。毕竟社会科学研究对象是人，而不是物质，人具有思想、行为，复杂程度不是只重视外在现象的实证论所能测量。实证论者将人当成自然物质来研究的态度，一直深为学界所诟病。

科学哲学家对于实证论的挑战与新范式的建构显示了对于科学进步努力的决心。除了以上几位学者之外，尚有多位杰出的学者如 I. Lakatos（拉卡托斯）、L. Laudan（劳丹），他们对于逻辑实证论也做了严厉的批判，并试着将传统实证论与历史主义的观点相互结合，奠定了方法论上质量并重的概念，对于多元范式观点之建立功不可没（详细数据可参考张巨青、吴寅华，1994）。

第二节 对于逻辑实证论的批判与反思

教育管理之实证传统源于社会科学，而社会科学本身的实证传统乃经由 Comte、Durkheim（迪尔凯姆）等大师的推波助澜，才得以建立稳固的基础。Durkheim 主张以实证的方法来分析社会现象，因为科学的研究对象是纯粹的社会事实（social facts），因此社会科学研究必须脱离形而上学的思辨而注重经验性材料研究。Weber 的名著《经济与社会》（*Economics and Society*）中，开宗明义指出社会学是对社会行动进行“理解”（verstehen）①，以及对其发展及后果做因果说明的一种科学。他认为理解基本上包括实践的评估，而因果说明则应该去除价值的判断。Weber 是一位思想相当复杂的思想家，其主张“价值中立”的研究态度，在社会科学领域备受争议；相对地，其思想也深受新康德学派的影响②，更将 W. Dilthey（狄尔泰）③提出的“理解”一词发扬光大，并就行动、价值与因果关系，详论社会科学之独特性。Weber 曾对于其所主张的“因果关系”做出说明。他指出由于人们对于社会生活具有一种特殊的理解，因此社会科学中所谓的因果关系，不等同于自然科学中的因果关系。因为自然科学所追求的是一种定律，而在社会科学的范畴中，因果关系只是一种“适当的可能”（adequate possibility）

① “Verstehen”原为德文，其含义与英文的“understanding”相同，即指研究者融入研究对象的情境当中，以同理内省的方法了解对方。亦有学者将之译为“领悟”。

② 新康德学派是在 19 世纪实证论意识高涨的时代中，德国学术界产生的一种回归 Kant（康德）的运动。新康德学派认为，实证论只是在物质及机械中寻求物理的特性，而忽略了人本身是超越物质的一种存在。在 Kant 的哲学中，价值、意义及道德才是哲学探究的核心。所以，人类的文化与自然世界明显须加以区分，而文化现象也应透过理解的方法才能获得了解。

③ Dilthey 是 19 世纪著名历史哲学家兼社会学家。其对当代解释学的发展产生过相当深远的影响。

的概念。换言之，就社会科学的因果关系而言，因果只是一种可能的陈述，而非一种必然的绝对关系（江明修，1997；Ritzer，1992）。

由于 Weber 对于实证论秉持保留态度，因此其学说并未造成社会科学领域对实证传统的动摇。社会科学领域对实证传统的大反动一直要等到新马克思主义的出现。新马克思主义也常被称为“法兰克福学派”（Frankfurt School），因为 M. Horkheimer（霍克海默）、T. Adorno（阿多诺）与 H. Marcuse（马尔库塞）等人一开始就是以德国法兰克福大学的社会研究所作为创立与发展新马克思主义思想的基地。另外，当代美国哲学家 Quine 对于实证传统的批判也相当受人瞩目。兹分述如下。

一、新马克思主义对实证论的批判

（一）新马克思主义发展背景

进入 20 世纪 60 年代以后，西方各国一再出现严重的经济危机。由于越南战争的爆发使美国社会陷入危机，再加上其他思想上、文化上和道德上的因素，使得西方知识分子中的部分人士，把注意力转向第一次世界大战结束后一直默默发展的新马克思主义，企图从这个新观点中寻求解除社会危机的答案。在当时人们对于社会机构的不信任感逐渐攀高，对于社会环境强烈不满的情形之下，强调统治阶级、劳工阶级与弱势团体权力重新分配与社会变革的新马克思主义因而造成极大的回响。

（二）对实证传统的批判

新马克思主义延续了马克思主义（Marxism）对于历史取向唯物观的坚持。其强调历史哲学是一切理论的基础，因为唯有历史哲学才能真正揭示人类社会的发展过程，阐明人类社会走向正义化所应依据的批判原则与建设原则（高宣扬，1995）。法兰克福学派和逻辑实证论同样反对形而上学的思辨，因为形而上学曾导致思想方法的僵化。不同的是法兰克福学派强调个人的主体性（subjectivity），尊重主观意识与主观意志的作用，并认为科学进步的机制来自于“批判”（criticize）。法兰克福学派运用批判精神统合其理论之发展方向，确定其理论之基本目的，故又称为“批判理论”。

法兰克福学派在某些方面的观点与 Kuhn 不谋而合，对于所谓的“真理”采用历史的观点。该学派明确指出真理是由实践所产生与检验的，真理同时又为实践服务。由于强调真理的历史性，人类的实践也都在具体的历史条件下进行，所以人的实践离不开历史脉络，而真理也必然打上历史的烙印。

法兰克福学派对于传统理论之“实证倾向”做了严厉的批判。Horkheimer 指出在理论上所需要的是进行全面性的批判，而实证论对此无能为力。“实证论不但不对社会进行总批判，而且还把科学与技术绝对化；他们甚至把科学技术的进步看成是一切合理活动的模范，把科学说成为真理的范本。”（高宣扬，1995）法兰克福学派延续了马克思主义的传统，力陈现代自然科学把自己囚禁于科学技术的单向度研究中，对于社会的历史发展过程视而不见的做法是相当大的错误。

新马克思主义发展到 20 世纪 60 年代后，出现了杰出的学派大师 Habermas。Habermas 所建构的理论相当复杂，最为人知的是“沟通行动理论”（Theory of Communicative Action）。在理性与方法论的讨论上，他将重点置于三个层面：工具理性（instrumental reason）、实践或诠释理性（practical or interpretive reason）与批判理性（critical reason）。Habermas 所建构的知识理论具有两大任务：其一是批判从 Comte 以降的实证论；其二是给予社会批判理论一个知识论的基础。前者的工作在于“破”，后者则着重于“立”，两项工作相辅相成（黄瑞琪，1996）。

Habermas 指出自 19 世纪后半叶以来，随着实证论的崛起，哲学家对于知识的反省已经变得极为狭隘。严格意义下的知识论早已经灭亡，取而代之的是科学哲学。而实证论对科学知识的反省也非常肤浅，它忽略了 I. Kant（康德）所重视的主体认识，无视客体的构成，以为科学研究的客体或所谓的“事实”是“自然生成的”（given），忽略了客体中所存在的认识能力与主体性。

由于实证论的兴起，两大弊病接踵而来，其一为科学主义（scientism），另一为客观主义（objectivism）。依 Habermas 的解释，所谓的科学主义即是认为不应将科学视为各种知识中的一种，而是视科学与知识为同等，将科学置于绝对优势的地位。在科学主义的心态下，科学变成了一种最为高级的知识，甚至成为唯一合法的知识。若以科学知识的标准来衡量所有其他知识，则其他种类的知识只好被当成“病人”或“犯人”来看待。在这样的心态下，知识论变成单薄的科学哲学，而科学哲学则转变成为科学方法论，只顾着阐明理论的建构与验证的程序，分析科学的概念、假设、理论、模型、说明、预测等逻辑结构。这种专注于科学研究之过程与结果的逻辑结构，因而忽视认识主体的能力，形成研究界的一大弊病。实证论对于价值中立的膜拜使客观性成为其最重要的利器，结果形成了“客观主义”。客观主义将世界当作一个客观自然生成的结构，包含了事实以及事实与事实之间的规律性关系。科学所追求的即是去了解此事实的结构。因为真理就是命题与事实之间符应，而产生了“真理复印说”（copy theory of truth）。实证论、科学主义与客观主义可说是单一思潮的三种面相，或可譬喻成一种疾病的三种症状。三者各有所指，却又如影随行（黄瑞琪，1996）。

为挽救知识论的瓦解，Habermas 遂发展“认知兴趣”，以人类的社会文化生活为依据，发展出一个广阔的认识论架构以彻底反省知识的问题，并对方法论进行批判与修正。他认为实证论的两个最大缺失在于：（1）科学统一方法论的独断；（2）将事实与价值、理性与决定进行绝对二分。因此改革势必得先由这两大方面着手。

批判理论对传统方法论的批判可说是不遗余力，而这些批判也影响了长久以来借用社会科学方法论的教育管理学，也因此造成后来“批判理论”（critical paradigm）的兴起。关于批判理论对教育管理相关研究之影响，将于第四章第二节中进行深入的探讨。

二、Quine 的反逻辑实证论主张

Quine 在 20 世纪 50 年代开始对逻辑经验论的基本理论与原理原则展开锐利的攻击，他从逻辑分析的角度批判逻辑实证论中的逻辑错误，并吸收实用主义思想，进一步提出了所谓的“逻辑实用主义”（logic pragmatism），以建立新颖的逻辑哲学。

Quine 早年沉醉于研读 Russell 的著作。在 20 世纪 30 年代赴欧洲留学期间参加了维也纳学派的讨论活动，使他得以很早就一窥逻辑实证论的堂奥。在实证论当道的 20 世纪 30 年代，Quine 即写了两篇从本体论角度研究逻辑哲学的论文，反对排斥形而上学。他于 1948 年发表论文《论何物存在》（*On What There Is*），着手建立逻辑分析的本体论，并曾与 Carnap 展开辩论。1951 年他发表了《经验主义的两大信条》（*Two Dogmas of Empiricism*），推翻实证论与经验论的理论支柱，震惊整个哲学界。之后，其连续发表一系

列的论著，表达他的基本哲学观点，并阐明其逻辑实用主义思想。由于 Quine 的思想极为芜杂，本书只将焦点置于其对于实证论范式的批判部分。

Quine 认为自 Hume 以降至逻辑实证论的实证传统，都仰赖两个密切相关的信条作为立论基础：（1）严格区分只以意义为根据、不依赖于经验事实的“分析真理”和以经验事实为根据的“综合真理”①；（2）强调意义证实的还原论。Quine 抨击这两个教条根本就毫无根据，应该予以抛弃，其结果就是转向实用主义，并且否定形而上学与自然科学形同对立的关系（姚介厚，1996）。

对第一个信条的批判中，Quine 集中针对意义理论中的分析性问题，并指出分析问题需要依靠经验观察，逻辑实证论常常大胆地玩起语言游戏，却忽略了真理虽有赖于语言，却也必须依靠语言之外的事实。

对第二个信条批判的焦点为还原论。逻辑实证论运用大量逻辑符号从事世界的逻辑构造，将实体视为可以被肢解的个别陈述。Quine 反对此种还原论的观点，他认为实体是以整体的形式存在的，逻辑实证论过度窄化研究的焦点，以为每个科学命题皆可以孤立地还原为观察经验来加以证实。但外在世界的陈述不是个别地，而是以一个整体的形式来面对感觉经验。科学研究虽然有赖于语言和经验，却无法借由将科学整体分解为个别命题来加以验证。

Quine 认为科学是一具有内在联系功能的动态整体，它在与外部经验接触、冲突时，自身内部有理智选择和调整的自由；逻辑实证论将科学视为静态逻辑框架与零碎经验的结合，将科学肢解成碎片并孤立事实，从而截然划分分析命题和综合命题，这样只会使科学知识研究误入歧途。他进一

① 逻辑实证论将分析命题和综合命题严格区分，因为前者的意义只靠逻辑分析证明，后者的意义要靠经验事实证实。Quine 认为分析陈述有两类：第一类是逻辑上必然真的陈述，如“没有一个未婚的男子是已婚的”，根据“A 不是非 A”的重言式逻辑关系就可以确定它是真的；第二类是更大量常见的主、谓词同义性的分析陈述，如“没有一个单身汉是已婚的”，则通常被认为“未婚男子”与“单身汉”有语言形式的同义性，通过同义词替换，就可使这类分析陈述也具有第一类的逻辑真理。然而，“同义性”的概念模糊，无法完全成为分析性的根据，反而要依靠经验观察，因此分析命题与综合命题无法严格进行区分（详见姚介厚，1996）。

步运用实用主义的观点来阐述以支持其立场。他主张：科学的概念系统是根据过去的经验预测未来经验的工具，人们对于某些概念之命题只是作为处理实体的不明确性所进行的定义，在某种程度上或许比神话来得有效，但却无法反映整体的形式。

综合以上各家之说，第二次世界大战后社会科学界对于逻辑实证论的主要批判焦点置于三个要项：（1）观察无法独立于理论；（2）实体是以整体的形式存在，无法以零碎的经验拼贴获得；（3）客观与主观、事实与价值之间无法进行绝对的二元分化。

第三节 Greenfield 与主观主义

主观主义（subjectivism）与新马克思主义虽然在 20 世纪 60 年代就已颠覆整个欧洲哲学界，然而教育管理领域中对传统逻辑实证论的首次大反动，则要等到 20 世纪 70 年代由加拿大学者 Greenfield 提出具体批判。Greenfield 原为安大略教育研究学院（Ontario Institute for Studies in Education，简称 OISE）教授。在过去的数十年中，由于其在教育管理领域的特殊成就，他成为国际教育管理研究领域中赫赫有名的学者。

在教育管理理论方面，Greenfield 在 1974 年于英国的布里斯托（Bristol）所举行的国际交流研讨会（International Intervisitation Programme）上提出其酝酿已久的观点，对与会学者造成极大的震撼。其以现象学（phenomenology）的观点为基础，对当时的主流范式提出严厉的批判与指责，学界称其为方法论上的革命。Greenfield 所提供给大家的并非答案，在他的作品中，常常引出许多存在已久且发人深省的问题供人反思。他一直执着于研究如何公正、公平、谨慎地运用组织权力。理论上，他反对建立一套标准的规范，而是让人们在自己的研究工作中发现其中的窘境并进而寻求改进之道。

一、Greenfield 的思想发展背景

Greenfield 集中全力反对逻辑实证论在方法论上的以下主张与假设：

（1）理论结构是假设演绎的，也即是从特殊的例证中推论出普遍的原理原则。

(2) 理论所隐含的概念可透过观察获得证实。如果推论的事件与观察结果相符，则表示理论受到证实。反之，则表示理论被拒绝。

(3) 理论中之专业术语必须具操作性定义，一个理论的所有术语在测量程序上必须是能加以明确定义的。

(4) 将本质性的伦理（价值）命题排除于研究范围外。

针对以上主张，Greenfield 开宗明义强烈批判假设演绎法在使用上之限制。其认为观察与理论之间根本无法拆开来谈，因此科学上所谓的“完全的客观性”是有问题的；社会实体是由意义、解释、意向与理解所组成，个人是以不同的方法来进行解释，因此假设演绎法根本行不通。

另外，教育管理学本是一门相当复杂的学科，内容不是同质（homogenous）与统一（monolithic）的，因此无法以单一的方法进行研究，过去的研究似乎完全忽略这一点。Greenfield 深感实证论的束缚会阻碍教育管理研究的进步，于是提出以人文科学的角度重新定位教育管理学术。

Greenfield 的思想深受组织理论发展的影响。当时由于 L. Bertalanffy（贝塔朗菲）所提出的“一般系统理论”（general system theory）对组织理论所造成的震撼，使得组织从封闭系统转为开放系统，相关学者开始了解到外在环境对于组织所可能造成的影响相当深远，于是对回馈系统（feedback system）的研究投入相当大的心力。Greenfield 对于组织研究特别感兴趣，并认为应该使用新的观念来进行组织研究。他根据旧有的组织科学研究发现：学校和其他特定的组织本质上是不同的，学校组织虽具目标与层级结构，然而其运作无法进行线性预测。学校行政人员所面对的虽然是例行性的工作，然而执行过程中却得面对变化多端的因素。研究人员必须提供实务工作进行时所需要且有效的理论知识，才能使组织成员得以顺利完成其任务。

然而，当时教育管理研究已完全陷于实证科学热潮中，并以之作为组织科学研究与了解学校与学校行政人员培育的理论基础。一般组织理论被用来作为了解学校的工具，社会科学则提供了研究工具来确认与解决行政问题。这样一个用科学观所进行的组织研究颇能促进组织的功能与行政实践，在相安无事之下，持续地被运用。

行政科学化的发展始于 20 世纪 50 年代的美国。当时，由于美国理论运动之兴起，学界开始认同教育管理学为一门应用科学。20 世纪 50 年代末，理论运动转移到加拿大，尔后又进一步对澳大利亚与一些欧洲国家之教育管理领域造成影响。理论运动强调教育管理学科为一门专业，并运用实证方法来检视理论与假定的适当性。然而，这样的做法无法真正了解教育管理学术中更为深入的议题，特别是伦理（ethic）与价值（value）这两大层面。因此，一个新兴的观点于焉展开，它不认为教育管理研究之目的是建立基本法则，也不视教育管理组织为符合普遍性法则的结构，而是主张学校组织是一个文化加工厂，包含了各个个体（individual）所拥有的不同意义与意图，每个个体都是一个复杂的元素，对于组织之运作具有举足轻重的影响力。

此种新观点发源于19世纪的德国观念论（idealism），哲学家统称之为现象学（phenomenology）。此方法论强调了解的验证，其观点在学术界并未受重视。但是，这个发源于欧陆哲学与社会科学并传播至英美地区的思潮，已逐渐对于社会学与教育学研究有所影响。研究者应注意到以下两大转变（Greenfield，1993a）：

（1）尽管很早以前现象学传统已经存在于某些社会学思潮中，然而自20世纪70年代以后，其才正式开始影响美国的组织研究。英国学术界有关组织研究的部分也已开始反映现象学的观点。

（2）因为现象学议题涉及“心灵”层面，因而具体化了其基础主张。现象学认为对于社会实体之分析并不具一个固定的形式，比起普遍的想法与价值的展现，研究者更应该关注独特的背景与脉络。“组织”这个概念必须转移焦点至特定时间、地点中个体之观点为何，而不是寻求普遍的规定与教条。因为单一的想法、价值与法则将使变异与差异减少，而把组织运作推向失败之途。

因此，现象学观点否定了组织是属于“单一形式”的传统观点。任何的组织行为都无法由传统科学方法所建立的普遍法则来进行预测。

二、方法论革命的要点

Greenfield（1993a）认为在科学哲学领域中，传统观点与现象学观点对于社会实体（social reality）的解释不同，分别为：（1）传统观点视社会实体为一个自然且具规律性的自然生成实体，允许人类社会的存在，在其中人们可以自由地满足其基本需求；（2）现象学观点视社会实体为人类心灵所创作的形象，不具任何确定的形式，由人类赋予其存在与权威。

在第一个观点中，组织被视为一个自然形成的系统，人类要做的就是去发现这个自然系统运作的规律。第二个观点则视组织为人类创作，其由现象学的角度出发，重视组织中个人对其环境、背景的认知情况，组织是一个复杂的实体，无论是做决策或是任务的执行都是相当繁复的过程。组织并不是具单一形式的自然系统，它包括了个体复杂的行为，个体可以做什么，应该做什么，必须做什么，在大环境中如何与其他人相处等问题。

Greenfield（1993a）以传统系统观作为比较的对象，凸显出现象学与传统观念相异之处。他借由以下几个层面来进行比较（见表3-1）：

表3-1　实在论与主观主义对社会实体诠释之比较

比较的向度	什么是社会实体	
	自然系统	人类创作
哲学的基础	实在论：世界是真实存在的，且其存在是可以被客观认知的。组织是真实存在，具有其自我的生命。	主观主义：世界是存在的，但不同的人会以不同的方式诠释之。组织是人类创造出来的社会实体。
社会科学的角色	去发现社会与人类行为的普遍定理与法则。	去了解不同的个体如何诠释其生活世界。
社会实体的基本单位	集体主义：社会或组织。	个人主义或集体主义皆可：个体可以以单独或集体的形式存在。
了解的方法	确定允许集体性存在的条件与关系。构思这些可能存在的条件与关系为何。	个体对其行动的主观性意义进行诠释。并进一步去发现这些行动的主观性规则为何。
理论	理论是科学家建立理性的组织性法则，用以解释人类行为。	理论是一组个体用来理解其世界与行动的理性。
研究	对理论进行实验性或准实验的验证。	寻求意义之间的关系，并了解其行动的结果。
方法论	实体的抽象化（abstraction），特别是经由数学模式或量化分析来进行研究。	实体的再现（representation），以达到比较的目的。分析语言与意义。

续表

比较的向度	什么是社会实体	
	自然系统	人类创作
社会	具有秩序，被一组一致的价值所统治。任何可能性皆无法超越此套价值。	冲突的。由个体的价值及可用的权力所统治。
组织	具有目标导向，目标独立于个体之外。为社会规律的工具，为社会与个人服务。	受个体与其目标所影响。为权力的工具，一些人利用它来进行宰制，使有利的优势永远稳固，造成社会流动停滞。
组织病理学	组织若无法处于良好状态，问题出在社会价值与个人需求方面。	不同的人以不同的方式进行，人们在追求行动中永远存在着冲突。
治疗组织弊病的处方	改变组织的结构，以迎合社会价值与个人需求。	找出包含于组织行动中的价值为何，有哪几种。如果可以，试着改变个体或群体的价值。

资料来源：Greenfield T B. 1993a. Theory about organization：A new perspective and its implications for schools ［M］// Greenfield T B，Ribbins P. Greenfield on educational administration，London：Routledge：7.

（一）哲学基础方面

传统观点认为世界是可以被客观认知的。科学家普遍上认同宇宙中存在一个终极的实体（ultimate reality），此一实体可以借由科学方法或理性分析形式来发现。在系统理论的研究里，研究者普遍视组织为一有机体（organism）。组织是真实存在的，运用人类所研发的方法可以观察到实体的样貌。组织中任何活动都具有特定目的，其必须与环境相互响应，以适应环境的改变。一旦组织无法适应环境的改变则势必被淘汰。所以组织的命运完全视其环境适应力的强弱而定。依据“达尔文式逻辑”（Darwinian logic）对组织的看法，体积小、机敏性强、民主的组织将取代大型、僵化、庞大笨重的科层化组织。当研究者思考如何让组织适应变化多端的环境的同时，往往忽略了一个问题：理论的角色只是告诉我们“组织是什么”，而没有告诉我们“组织应该是什么”。本体世界与现象世界的差异往往被忽略。

现象学对于组织的陈述与传统系统理论大相径庭。依现象学思想先驱 Kant 的看法，他将世界二分为本体世界（世界原貌）与现象世界（感官世界）。对 Kant 而言，实体的世界是真实存在的，但人类永远也无法透过直接的方法去理解它，因为实体常被不当诠释或曲解。人们一直在学习、诠释与创造其所“看到”的实体。事实上，人并没有建构（make）他们的世界，而是创作（create）了世界。所以，现象学者主张“人常是被未装任何弹药的枪所射杀”。理由很简单，人们操控了诠释，也就操控了真理。依此而论，现象论者相信主观因素对知识发展的影响力，提醒人们现象世界中人类创作是真实存在的，他们希望削弱霸权式的主观理解与不当的意义扭曲，积极寻求社会本质中社会生命的解释。

（二）社会科学的角色

现象学观点之所以重要，在于它提出相对于 Weber、Durkheim 等社会学者的研究观。传统实证观点深信一个终极、可被客观理解的实体是存在的。因此，Durkheim 用尽一生的心力在建立社会学基本形式的概念，以作为社会学的普遍规律。Weber 则发展人人遵守的组织观念、教条，以作为激发员工工作动机、增进组织效能的依据。Durkheim 的组织观点偏向普遍性与抽象化，Weber 则偏向特定化与具体化。

现象学观点则认为，组织是人类创作的社会实体（invented social reality），而人类也具有应付此实体的能力。基本上，这样的观点是直接对 Weber“人文科学”（cultural sciences）中对客观性叙述与要求之质疑。Weber 认为人文科学也能像科学般，建立一个逻辑上相当严格的方法来作为建立特定基本社会事实的工具。事实中却发现，人文科学无法对各实体中人类行动的结构做直接的了解。因此，寻求管理社会实体的最高法则变成了异想天开。而那些由 Weber、Durkheim 所建立的最高法则皆只是赝品，其方法也并不是基于逻辑与公平的旨趣。Weber 曾指出“人文科学无法凭借着对社会认知的洞察获得客观的社会实体”（引自 Greenfield，1993a，p. 9）。然而，这个限制反而成为该门学科独特之处，因为它可以办到自然科学所无法办到的事，即进入实际田野中了解行动者（actors）的观点，以对其行为做深度的诠释。Weber 也曾指出主观诠释的方法论对研究的贡献，他认为“研究者可以完成一些用自然科学法则所无法达成的任务，即对个体之行动做主观理解。……透过科学方法我们根本无法了解行为的基层本质为何，只能观察互相关联的变量关系，并以这样的观察做基础进行类化的推论”（Weber，1947，pp. 103-104）。

人文科学专家也许无法发现最高的普遍法则，然而他们能够依据一个严密且具有逻辑的方法来诠释人们心中社会实体的形貌为何。由此，我们不难了解，自然科学与人文科学之间的学术功能具有区别性，人文科学旨在理解不同个体对社会实体之看法为何，而不在发现宇宙世界中之最高普遍原则。因此，社会科学所要提供的，是对社会形式的解释与澄清，以褪去神学时代的神秘色彩。社会科学让人类得到启蒙，使人类从被压迫中得到解放。依现象学的观点，这些力量都源自于人本身，而不是来自于社会实体中的抽象元素，而实体也无法操纵人类的任何行为。

（三）理论方面

传统观点采取自然系统的观点，假定社会实体具集体性（collectivity），实体是存在于组织与社会之中，并假定最高普遍原则的存在。此时理论研究重点在于说明实体是如何获得一致性的结果、应如何改变以使得整体之效率提升。以自然系统观点出发的功能分析（functional analysis），即视社会实体为一组织，而非只是一个说明（explanation）。由此观之，理论势必比研究更为重要，因为它告诉我们不能单靠感官来作为认识的主要管道，而是要我们去注意在许多事件背后的最高实体为何，因此光凭一些研究不足以进行验证与否证的工作。

现象学的观点重视个体，并寻求任何与之相关的世界诠释。此派理论重视来自于特定组织的数据作为扎根基础。而这些数据都围绕于特定人物和特定目的与意义的解释。所以科学的探究主要目的在于去诠释在不同时间、地点之实体形貌。基于个别信念之不同，每个个体对实体之看法都会有所不同，想法的差异可借由个体间之比较来了解。换句话说，现象学观点将建立组织普遍规律与理论之美梦给粉碎，并告诉世人组织具有多面性与不可预测性。Kuhn（1970）曾指出理论的建立并非纯粹作为实体的可能性解释，也可以作为寻求实体（真相）的指导原则。因此，选择什么样的理论、方法来进行理论建构，其实牵涉了规范与道德的问题。

（四）研究方法论方面

依传统系统理论的观点，研究的进行只是为了证实某个理论。所谓的理论，通常系指由科学家所建立的对现象的普遍性解释。Kuhn（1970）则否定以上的定义，并指出上述所谓的科学理论并不具开放性，充其量只能被当成是“科学家的共识”。现象学者认为：研究、理论与方法论三者之间必须紧密地结合，理论必定产生于研究的过程，并与调查所获得的资料紧密关联。理论的目的在于说明（explanation）与澄清（clarification）。而研究与理论要依靠研究主题与对象才能达成其目的。

实证论者偏好运用实验法来建立变量之间的关系，研究过程中运用大量的数理模型进行显著性检验以推论因果，然而社会科学毕竟与自然科学不同，并不存在着亘古不变的规则与定律。

以现象学为基础的研究放弃了一直以来社会科学所强调的数理模型与利用计算机处理庞大数据的量化过程，着重于特定场所个体经验的处理，所以个案研究、比较法与历史法成为其主要的研究途径。研究的目的在于对组织的深度了解。现象学者认为：再好的数字处理也无法掩饰研究结果的空泛性，如果不及早认清数字游戏的危险性，将使社会科学研究陷入危机当中。

（五）社会与其组织方面

传统的观点认为，社会的问题即是秩序的问题（problem of order），如果没有社会与组织，将造成人类世界陷入无政府状态。而社会秩序被视为一个以普遍价值作为基础的管理系统。

依现象学的观点：组织为一个实体（entity），个体具意义的行动决定了组织目标能否达成。组织本身无法进行思考、行动、设定目标与做决定，这些活动都由个体来进行。然而并不是每个个体都进行着同样的行动与思考。因此，组织是一个人类意识形态的表达场所，而秩序的问题也成为控制的问题（problem of control）。社会的问题不是在于是否应该维持秩序，而是在于由谁来维持、其手段为何，等等。现象学的观点视组织为一个战场，而不是一个维持秩序的工具，所以个体努力运用其对社会实体的诠释来换取更多的组织资源与权力。在这个战场上是运用“语言”来进行攻击与防卫。

（六）组织病理学与治疗处方方面

传统系统理论学家习惯从组织内部寻找病状以治疗之，这些病状源于组织对其环境的适应不良、终极目标的无法达成、组织成员个别需求无法获得满足，等等。对于这些病状的解决之道，传统系统理论着重于改变组织的结构以增进组织对环境的适应力，提高组织绩效。

现象学者则视组织结构为人类信念的体现，因为组织为人类创作的实体。基于此，如果组织有任何的问题产生，则必定源自于组织中个体的冲突信念（conflicting beliefs）。解决的方法则不能只单纯去改变组织结构。因为组织是实在，有其自己的生命，所以必须去注意到构成组织的人类行动。研究者必须把“组织”这个抽象的概念具体化，当研究者实地去审视组织时，才更有可能寻得不同个体意义的表现。谁的意图影响了其他人？如何改变这个意图？这种种的问题才是现象学者深感兴趣的。另外，在改变组织结构时，必须了解有两个因素会影响改革的成功与否：（1）既存的组织中个体对实体解释的多寡；（2）个体对新观念的接受度。

三、Greenfield 思想之评析

Greenfield 的思想重要之处在于其将人类主体性（human subjectivity）的重要性加以凸显。传统行政科学旨在建立普遍原则，一旦原则建立，即意谓研究之路已达终点。而普遍原则的建立只依精确的因果模式与相关的经验事件为基础，再加上适当的推论即可建立，并未对特殊个体的想法进行诠释，实无法对现象做充分的了解。针对于此，Greenfield 即从主观主义出发，认为理论之建立，乃是个体寻求解释世界之各种现象而来。然而，由于不同个体有其不同之“意义建构”方式，世上并无所谓普遍与大型理论之存在。因此，教育研究必须转向注重个人意志与主体性的形塑。

在另一方面，Evers 和 Lakomski（1996a）指出 Greenfield 对于传统观点有两个重要批判：（1）其攻击传统单以对实证性数据进行假设演绎推理就能达到客观性的说法。Greenfield 反对客观性，并将观察与理论之间的分野模糊化，主张任何的观察都牵涉某种程度的诠释。（2）其极力主张社会科学与自然科学之间具有相当大的差异，无法以相同的研究方法来进行理论建构。自然科学追求客观性，社会科学则深具主观色彩，无法以实证性数据进行验证。

在阅读相关著作后，发起理论运动的学者 Griffiths（1995）将 Greenfield 之方法论观点归纳成以下几点：

（1）对逻辑实证论进行持续性批判。

（2）对 20 世纪 50 至 60 年代所进行的理论运动采取严厉否定的态度。

（3）坚信组织并不是真实存在的实体，而只是人类创作的社会实体。

（4）大力主张主观主义，认为要了解这个世界，必须采用此一新观点来检视。

（5）认为过去的教育管理研究成果凋零，主要是由于迷信行政科学化所造成，而逻辑实证论必须负起责任。

（6）对自我与组织之间的整合给予高度的关注。

（7）宣称教育管理为道德学科（moral art）。

（8）重视理论并为行政科学提供新的观点（p. 153）。

以上的论点虽然看似烦琐，实际上前六点可以合而为一。Greenfield 指出，由逻辑实证论所建构的方法论体系是充满缺陷的，过去的教育管理研究成果之所以空泛，都拜实证科学所赐。其认为实证科学走向根本无法求得实体。此外，由于理论运动的兴盛，教育管理研究方法论上的实证主张形成了独大的局面，不使用实证方法之研究结果被耻笑为"不具科学性与学术价值"。对于实证范式所存在的这些问题，Greenfield 认为唯有承认多元实体的存在与使用不同的研究工具进行研究，才能使教育管理研究之危机解除。

针对以上主张，Griffiths（1995）却认为 Greenfield 的看法过于极端，几乎将理论运动的主张完全推翻，却未能提出实质之替代方案。此外，Evers 和 Lakomski（1994）认为 Greenfield 希望将教育管理视为"人文科学"，而与希望教育管理"科学化"之趋势有所抵触，因此遭遇实证研究者极大批评，至今仍方兴未艾。

Greenfield 虽然对实证科学的做法感到厌恶，但他对于批判理论者、解构主义者（the destructors）、后现代主义者（postmodernist）、激进的女性主义者（radical feminist）与 Evers 和 Lakomski 所努力建构的连贯论（coherentism）都做了毫不客气的评论（Greenfield，1993b）。然而，他却对现象学情有独钟，并大力推荐以现象学观点进行教育管理研究。依此论之，Greenfield 虽然支持多元方法之使用，但在某种程度上仍然带有些许独断论的色彩。

四、Greenfield 对教育管理研究的贡献

Greenfield 在教育管理领域活跃数十个年头，并对教育管理研究方法论所存在的问题进行了深入的评论。具体而言，即使其看法曾遭受多方抨击，其对教育管理领域的主要贡献仍有以下四点：

（1）使"多元范式"的研究观点在教育管理领域萌芽。Greenfield 以现象学作为个人立论基础，以主观主义来对客观主义进行严厉的批判。Greenfield 强调实体并非如逻辑实证论所主张的只有一个。世界存在着各式各样

的实体，而且实体即为人类的创作，并非是客观的自然存在。既然人类的主观性常常主导了研究之进行，那么方法论上多元性、差异性的存在本就无可避免。研究者要认清的是：多元主义才是促进学术进步的原动力。

（2）确认教育管理研究的主观性色彩，主张运用现象学的方法来进行研究。自逻辑实证论之基本思想介入教育管理领域之后，教育管理学者在研究上强调实验设计的严谨度，强调混淆变量的排除、抽样的随机性，最重要的是研究过程必须完全符合客观性的要求。这也是为何实证方法一直勤于发掘和控制干扰变量的缘故。Greenfield 却一再确认教育管理研究对象具主观的性格，排斥绝对客观性的规范，反对实验室色彩浓厚的教育管理研究。

（3）将伦理与价值层面重新纳入教育管理研究中。逻辑实证论提出科学价值中立的要求，并将“事实”与“价值”进行二元分化，认为科学是可以且必须不受价值因素的影响。然而许多事实证明，不止是社会科学，即使是讲究价值中立的自然科学也一直都无法避开价值的影响，譬如领域的选择、问题的偏好、理论的比较、假设的形成、测量的形成、测量工具的选择等，处处都受到研究者个人主观偏好与价值观的影响（Lincoln & Guba，1985）。Greenfield 认为教育管理研究永远无法避免价值或价值因素的影响，因为组织是人类创作的实体。

（4）将观察与理论之间的分野剔除。Greenfield 深受 Kuhn 与 Feyerabend 等科学哲学大师的影响，主张观察与理论之间是无法区隔的。任何观察都深具理论依赖性（theory-laden），理论引导所有的观察，没有理论引导的观察显得空泛而不实际，也无法被证实；相对的，任何的理论如果没有观察，都将失去进步的可能性。

第四节 Hodgkinson 与人文主义

除了 Greenfield，另一位加拿大学者 Hodgkinson 的评论也对教育管理研究领域产生了相当显著的影响。他检视教育管理历史发展，从中提出自我的理念，不但挑战逻辑实证论的假定，同时也发展出可应用于行政理论与实践方面的新观点。

首先，他认为在逻辑实证论之笼罩下，教育管理研究已经面临教育行为失去价值意义的问题。其次，他企图发展一套理论来解决教育管理中有关价值与伦理的问题，此是以往逻辑实证论研究者所不愿触碰之课题。以下分别叙述之。

一、教育管理研究的伦理问题

开宗明义，Hodgkinson 首先阐述任何行政活动均非绝对客观，而牵涉到哲学的思维。行政活动就是哲学活动的一种，因为任何的知识都乃源自于哲学。他以领导为例，举出以下四种错误的图像（Hodgkinson，1991，1996）：

（1）哲学家皇帝型。此类型乃衍生自希腊哲学家 Plato 的理论。在其所著之《理想国》（*Republic*）中，Plato 描述了一个分工合作的社会结构，不同阶级需要不同教育，以维持社会的生命力。Plato 主张整个社会只需要一个集智慧与美德于一身的领导者，其行为虽从“善”（good）的观点出发，但却超越在理性与道德之上。

（2）权力主导型。此类型是指以追求绝对权力为唯一目的，并且不择手段达其所愿。其行为明显忽视道德与伦理，可以 N. Machivelli（马基雅维利）著作之《君主论》（*Prince*）为代表，强调即使欺骗狡诈，在权力之获得前提下均可被谅解。

（3）传统领导型。行为不考虑道德因素，而仅以传统或习俗为准，即使与现今社会之思潮已有所扞格。

（4）技术导向型。将道德或价值等哲学思维加以排除，而注重“事实之客观性”，因此沦为技术导向的专家，仅能依照所谓之“标准程序”行事，形成所谓之“管理主义”（managerialism）。

由以上之言论，可以明显看出 Hodgkinson 反对行政行为排除道德与价值之做法。他主张行政作为基本上属于道德活动，任何决策都牵涉主观抉择，其必须由一套完备的知识加以领导。Hodgkinson 将以上看法作为其中心主张。因此，他首先批评逻辑实证论学者（尤其是 Simon）主张行政理论不应存有伦理命题的看法，认为将伦理成分剔除乃是极不恰当的做法。Hodgkinson 对实证论者批判不遗余力，反对逻辑实证论视教育管理为科学，将伦理成分抽离之做法。因为事实上行政无法脱离哲学而独存。因此在本质上，他主张教育管理属于人文科学而非科学（as a humanism not a science）。Hodgkinson 提出两个重要的看法：

（1）哲学是使行政行为导入正确思虑与评价过程中（包括合理性、逻辑与价值）不可缺少的本质。

（2）哲学为行政活动中最基本的元素（引自 Evers & Lakomski，1991）。

Hodgkinson 检视行政学门之知识基础，发现当时的行政学中竟然不存在任何特定的哲学思维。会造成如此局面，其归咎于教育管理与组织乃受到实证范式影响所致，特别是 Simon 对“原型模型”（prototypical exponent）的例示。Simon 认为组织就像是一辆巴士，而行政者即是司机，在如此的安排下，哲学何须存在？再者，Simon 认为行政过程包括选择与执行等，以达成组织的目标，而整个过程在一个“有限理性”（bounded rationality）的状态下完成。因此，哲学的角色很明显地由技术的决策步骤所取代。

Hodgkinson 却坚持认为，行政理论的建立过程中，哲学永远扮演着重要角色。他指出，行政学和管理学之间永远存在着区别性，前者牵涉判断性的观点，而后者只显现了组织的活动。他努力对两者之不同进行辩解，并勇于对教育管理中的一些哲学观念进行澄清。其中，对于逻辑与价值之间的分野，Hodgkinson（1983）做了以下的论述：

> 哲学的认识层面可以分为两大领域：哲学与价值。前者探究事实、结构、一致性、一贯性、因果关系与次序性等问题。后者则经过评价的过程探讨伦理、道德问题，以了解人类意向的复杂性。因此，它的研究对象包含所有人类心中的理性元素。所以必须结合两个领域的知识才能深入了解组织行为（p. 6）。

由此可知，Hodgkinson 极力主张哲学思维包含在任何行政的事务当中。哲学不仅能够提供行政理论的协调性架构，它也对行政实务、决策与行动等方面具有其特殊的意义。

我们可以再由行政与管理之间的分野，了解 Simon 对于政策与行政两者如何进行区分（可参见第二章第三节）。所有 Hodgkinson 所提出来的规范性问题，事实上都存在于 Simon 对于“政策”的观点上。毕竟，伦理的推理与伦理行为，是人类必然存在的现象，即使是 Simon 早期的观点也很自然地包含了哲学观点。

在 Simon 的理论中包含后设伦理（meta-ethic）的看法，即视伦理为知识的合法性基础。哲学也因此失去了对于“应然”之决定能力。可是由于伦理并不是知识，它既无法适当地成为决策理论的一部分，也无法在决定的过程中扮演任何角色。因此，关于“应然”的问题，并不应该包含于政策理论之中。依 Simon 的看法，所有决策的目标都是被实证性的探究所决定。但事实上，行政行为却是由人们的主观的、情感的、非认知性的偏好所决定（Evers & Lakomski，1991，p. 103）。

Hodgkinson 不赞同 Simon 的实证论与其所谓的后设伦理，也否认了适当性集体偏好的可能性。他认为伦理命题可视为知识，且为主观性的知识，因此哲学与行政间本来就是合而为一，在行政问题的解决上，永远少不了哲学讨论。特别是权力（power）的问题方面，因为行政者拥有权力。权力的大小视组织的大小和控制幅度而定，有了权力才能进行裁示以落实行动。权力深深影响他人的生活与整个社会的运作，也成为绝大部分罪恶的根源。为了反抗巨大组织中这些根深蒂固的毛病，哲学成为抗拒的力量，特别是经由技术理性的分析与应用，来解决价值的问题与冲突，遏止罪恶的发生。所以，行政从本质来看属哲学的活动。

二、教育管理研究的价值问题

Hodgkinson 在价值方面的讨论提出了不少新见解。首先，他认为价值命题永远也不能清楚证明何者为是、何者为非，因为价值命题与逻辑命题，或可由实证性数据验证的命题，在性质上完全不同。行政作为将价值抽离事实的原因即在于此。在传统 Weber 科层体制观点下，组织是个分工合作、公私分明的结构，任何行政事务必须要能分清是非、认明步骤，造成价值的成分必然地被排除。

Hodgkinson（1978）指出价值是关系到可欲的（desirable）与激发力量（motivated force）之概念，其偏向浓厚的主观性。关于“价值”一词，他做了以下叙述：

> 价值只能存在于价值拥有者的脑海中，然而其深深影响一个人对特定事件的态度，在工作上或是其他场合应该如何表现。……客观的科学（逻辑）术语将之视为“真”与“假”问题的处理，而主观的观点则视之为“好”与“坏”、“对”与“错”的问题来处理（p. 105）。

针对以上观点，可以先从 Simon 对事实与价值的看法来进行分析。

Simon（1976）认为事实命题与价值命题相较之下，事实命题是较精确的，因为它可以透过验证来确定其是否与事实一致。而价值命题则属于个人的偏好取向，对于客观的科学研究毫无帮助。因此，Simon 只将焦点置于前者。Hodgkinson 并不认为价值陈述无法分出对错。因为研究者在实证观点之下，远离了质性方法的使用，造成了自然主义的谬误，才会误以为价值陈述非科学，事实上由事实与“实然”的数量仍可以证明一个价值命题或“应然”问题。Hodgkinson 这些观点都与 Simon 的看法背道而驰。

Hodgkinson 同意主观性知识的存在价值。真与假的陈述虽为客观的、科学的知识所应用，可是这不表示研究者就可以忽略或否定主观性的存在。撇开价值的考虑，价值与认知的信念在性质上较为相似，或者说它们本来就是一个混合物，价值中本就掺杂某种程度的认知与情感成分。此也是 Hodgkinson 认为价值拥有具体结构的原因。

图 3-2 即为 Hodgkinson 对于价值概念的分析模型。他认定价值可细分成三种类型，而动机基础是个人价值、信念、行动的来源。第三种类型（个人偏好）呈现了“好”这个概念。它们是以个人的情感作为基础，进而构成个人的偏好结构。这个结构是自我判断的、最原始的并且附属于理性之中的。其他的两种类型偏向于价值的哲学层级。Hodgkinson 相信从哲学的思维出发更能精确地对价值进行正确判断，因此由下而上观之，第二类型的价值又可细分为两种类型：类型 a 是基于共识所产生，经由专家意见或是集体中多数而决定；类型 b 则是将焦点置于未来事务状态的可欲性或对于价值判断后伴随而来的结果分析。第二类型之价值可以经由理性而获致，第一类型的价值则是位居所有哲学层级的最高层级，它们是凌驾于理性之上的。Hodgkinson 以“原理原则”（principle）一词来表示第一种价值类型。此类价值是以原理原则、形而上学作为基础，并以伦理符号（ethical codes）、命令（injunctions）或戒律（commandments）的形式存在。它们不能以科学的方法进行验证，也无法经由逻辑辩论进行判断。就成分而言，它们是意志多于理性。根据 Hodgkinson 的说法，第一类型的价值中意味着某种信念、信心与承诺的行动（引自 Begley，1996）。另外，Hodgkinson 有三个主张与其价值模型互相关联：

（1）比起其他两种类型，第一类型价值是至高无上、更为真实且经过良好判断的，或是在哲学上更具辩护能力的。虽然 Hodgkinson 本身也无法回答“第一类型价值或许在某种情况下是由结构完整的第二类型价值演进而来”这个问题。

（2）经过一段时间后，价值常倾向于降低其等级，而丧失了其真实性与道德洞察的能力。

（3）价值冲突，特别是行政中的价值冲突，较偏向于使用低层级的价值观来解决问题（引自 Begley，1996，p. 409）。

以上三点主张中，第二及第三点与 Begley（1988）的研究发现结果类似。从 Hodgkinson 的主张中不难发现，他视逻辑实证论之方法论为较低层次的问题解决途径，强烈批判逻辑实证论对于价值问题的忽略。毕竟一个问题若无法解决时，实也应该想办法寻求答案，而不是将它当成非科学或混淆因素而搁置于一旁。

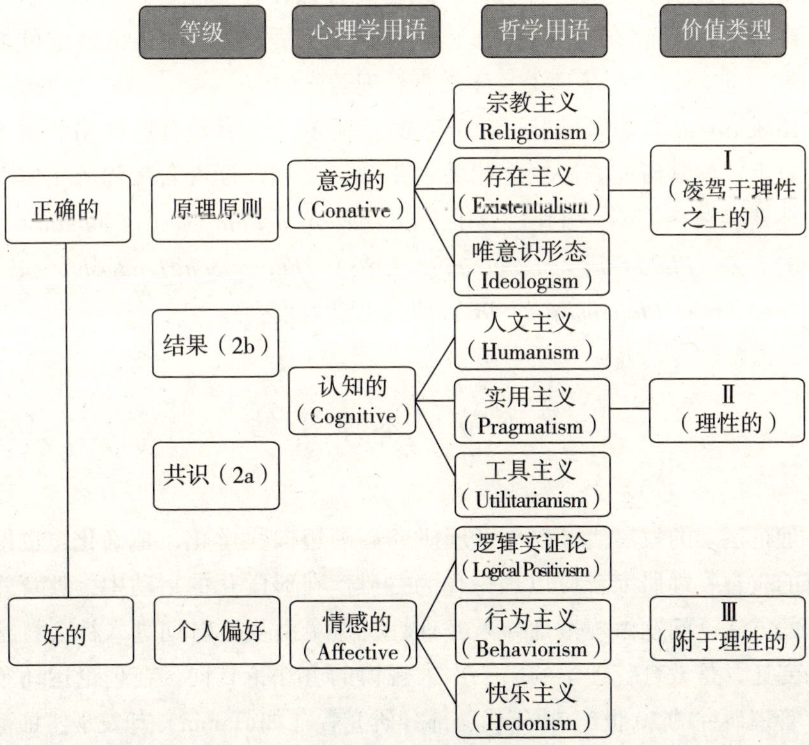

图 3-2　Hodgkinson 的行政价值分类

资料来源：Begley P T. 1996. Cognitive perspectives on values in administration：A quest for coherence and relevance [J]. Educational Administration Quarterly，32（3）：408.

Hodgkinson将教育管理视为一门实践学科。理论之建立必须与行动之践履加以结合。教育管理研究除非包含教育目的、道德、价值、情感之反省，否则即可能失去教育实践的意义性。追求客观的理性，极易落入只重方法而轻价值之问题。(例如学校一味强调量化指标的绩效，进而形成“升学主义”。) Hodgkinson认为如何对行政事实与价值加以统合，乃是组织领导人的首要任务。

Hodgkinson对教育管理理论发展最大的贡献在于其将价值重新嵌入行政理论与实践当中。他说明价值的不可排除性，将教育管理定位为人文科学而非科学。他反对长期以来逻辑实证论之研究传统，并重新评估其理论的适当性，对于教育管理范式转移有着重要的贡献。此外，Hodgkinson由于主张教育管理具有道德特性，因此彰显了教育主体性的思考。教育管理之运作应基于社会成员之基本价值，因此它具有独特性与主体性。基于此，教育管理与一般行政在领导与决策上有所差异，不应过度移植其他领域之“定理”(如经济学市场理论) 于教育管理运作中。

Hodgkinson之著作甚丰，对于道德、领导、决策均有所涉猎。限于篇幅，以上仅就其研究方法论之相关主张加以简述。读者若需深入了解其学说，还请参阅相关英文著作。其中又以*Towards a Philosophy of Administration* (1978)，*The Philosophy of Leadership* (1983)，*Educational Leadership* (1991) 与*Administrative Philosophy* (1996) 四本书最为重要。

第五节　本章小结

理论运动的发展使得教育管理研究逐渐迈向科学化、精确化，也即是所有的教育管理研究皆应以理论作为基础。在科学化的运动中，教育管理研究的方法论问题由规范性导入实证性，这个由规范时期进入社会科学时期的变迁，是教育管理学的第一次大规模的方法论转向。在理论运动独霸教育管理研究的20世纪70年代，部分研究者（如Halpin）却发现实证范式并无法如预期般为教育管理知识带来丰硕的成果。加上自然科学哲学中Kuhn、Feyerabend等大师思想的扩散以及社会科学理论家Adorno、Habermas、Quine、J. M. Bernstein（伯恩斯坦）等人对实证论的质疑所引发的方法论论辩，使得一些有识之士深深了解到教育管理研究方法论必须进行变革，因而出现 Greenfield、Hodgkinson 等具革命态度的学者，这可说是教育管理领域第二次在方法论上的转移①。

Kuhn 认为科学的发展具革命性，而非累积性，当新范式取代旧范式之后，所有旧范式的观念与知识基础将被扬弃，因此科学革命是个永不休止的历程，对于寻求“最后真理”的慕道者而言，这无疑是当头棒喝。知识不断在变动，而范式间将永不休止地进行革命，实证论所努力建构的最终理论在此时显得愚昧万分。接着 Feyerabend 提出多元主义方法论以推动多元实体、多元范式的观念。他勇于向科学权威挑战的态度也启发了 Greenfield，使得教育管理研究方法论革命正式爆发。

Greenfield 被视为引进德国观念主义，使得教育管理领域产生巨大理论分裂，使研究方法走入后实证论时代的先驱。概览其所提出的教育管理研究方法论的革命重点，我们发现其并未因此建立一套完整的理论，大部分的评论家将他二十年来的作品只视为评论（Evers & Lakomski，1991；Griffiths，1995）。Evers 和 Lakomski（1996b）肯定 Greenfield 对于方法论革命所做的贡献，但认为其方法论观点本身实也存在着一些问题，特别是对主观性的过度强调极可能导致学术领域的分裂。他们认为“Greenfield 虽强调个体主观意念主导了个体行动，然而我们如何知道个体内在动机与理性与其行为的关系为何”（p. 136）。我们认为，Greenfield 主张多元范式之建立，强调避免特定方法论霸权的存在；然而其本身却一再提出丢弃实证论的主张，认为实证论所导致的方法论霸权与研究内容之空泛，已危害了整个教育管理领域，事实上并不完全正确。Griffiths（1978）检视美国的情况发现，早期虽然大部分的研究者较偏好使用实证方法来进行研究，但仍有一些研究者采用了其他研究方法来进行研究，只是数量偏少。由此可见，虽然实证范式普遍上较受到学术界的青睐，然而表现为方法论上的霸权仍是人类本身的问题，而非方法论本身的问题。

另外，Greenfield 的理论观点大部分仍停留在叙述层面，除了提出对逻辑实证论的反对意见，实际上对于教育管理研究方法论上应有的实际做法

① 部分教育管理学者也将之称为“新理论运动”（New Theory Movement）。

并未提出具体说明。或许这就是教育管理研究界一直无法全面使用新兴范式（现象学观点）来进行研究的主要原因。

Greenfield 强调主观主义，反对客观科学，并以文化观点作为评论的基础。但是，如果主观主义毫无限制地发展，教育管理研究也将变得霸道武断。Greenfield 之方法论观点难免有缺失，然而其对于教育管理研究的批判观点，是相当重要的，毕竟他勇于对教育管理领域既有范式、方法论以及研究内容进行检视，对理论运动以来研究者所建立的知识基础之适当性进行确认。

Greenfield 晚期虽开始关注伦理面向的探讨，但在其作品中关于此方面的讨论仍相当少，而其针对“价值外于理论”的批判可作为对传统科学的重要评论之一。他本身相当佩服 Hodgkinson 所提出来的一些看法。Hodgkinson 对于教育管理中的价值层面进行了许多深入的探讨，其主要之四本著作，皆强调注重行政学中价值与伦理问题的分析（Hodgkinson，1978，1983，1991，1996）。Hodgkinson（1978）指出过去的学者认为将价值外于理论并不为过，然而单由检视组织中的决策过程来看，其不但无法避开价值的论述，而且更确切地说价值是决策过程的最基本本质。因此，教育管理研究本来就无法避开价值的讨论。Hodgkinson 更进一步提出价值理论，可惜却无法精确地说明“价值层面”究竟为何，也无法提出更为具体的价值分类，这使得价值理论至今仍流于纯粹的理论论述。

综而言之，Kuhn、Greenfield、Hodgkinson 等学者的思想之所以重要，就在于其开创了不同于实证论之方法论观点，使得教育管理研究进入百花齐放的后实证论时期。

第四章　后实证论与多元范式之发展

当逻辑实证论的主张遭受前所未有的困境时，
正确的态度并非因此而逃离客观性与实在论的主张，
而是应该去觉察除了观察与实证性数据的多寡外，
是否还有其他的证据可作为理论建立的基础。
——Colin Evers 和 Gabriele Lakomski

自然科学研究领域中对于实证论的批判深深地影响了社会科学研究方法论的发展。20 世纪 80 年代以后，单一证实模式的方法论历经各个学派之批判与后实证论者之质问而逐渐宣告式微，整个学术界也由实证论转入后实证论走向。有别于传统实证单一证实模式，后实证论强力主张必须针对逻辑实证论之研究方法与工具进行反省。后实证论的发展主要表现在以下几个研究转向（吴琼恩，1995；秦梦群，2011；Lincoln，1985）：

（1）从单纯机械式的世界观到复杂多样的实体观。世界不再是由简单的几个因子所组成，科学研究也不再只是一味地寻找变量之间的因果关系与定理，而是开始关注具有个别性、动态性与特殊属性的实体。

（2）从层级节制的世界观到无层级的世界观。过去强调长幼有序的金字塔式分层，逐步转化为一个不分层级的世界，新秩序的形成是交互影响、互相牵制与同步关注的。

（3）从机械的宇宙观到全像关注的宇宙观。世界不再呆板得像台机器，每件事物相互关联，就像个大网络一样，每一部分都与整体息息相关。

（4）从宇宙有限观转向宇宙无限观。以往的“科学终结观”被完全剔除。宇宙世界中，特别是社会世界，其复杂程度即使靠精密的数学模型也无法预测与控制。未来具高度不确定性，人类对于事物本质的了解还相当有限。

(5) 对于假定的猜测从直接因果到互为因果。过去对因果的预测只重视因果链的建立，而忽略了互为因果的可能性，后实证论学者则极为重视对非线性关系的探讨。

(6) 从纯粹客观性到多元观点透视的方法论转向。实证论力求实现研究与推理过程完全达到价值中立性的理想，后实证论的观点却主张主观性乃是无处不在。然而用主观性来取代客观性并不恰当，因为科学研究不能流于个人主义与相对主义。后实证论观点用“观点透视”（perspective）来表示同一现象的多重观点与多元实体的建构。

以上几个方法论转向是针对实证论所进行的批判与反省。Lincoln 和 Guba（1985）将后实证论者对实证论范式的批判做了以下的归纳：

(1) 实证论导致了人们对科学的误解。实证论无法厘清“发现的脉络”与“证实的脉络”之间有何不同。前者重于处理科学理论之起源与根源问题，后者则是去证实它们。实证论者忽略了前者的存在，只将焦点置于后者。再者实证论过分运用科学来进行预测与控制，因此产生了许多科学上所谓的“实用的指标”（pragmatic criterion），这些指标目的虽在导向成功预测与控制，但却使得其他合法性的观点被迫排除于外。

(2) 实证论无法适当处理理论与事实之间的关系。实证方法依观察来验证假设，以获致正确的结论。过去理论中的未判决状态一直被视为归纳的问题。因为在演绎法中，一旦确认了前提的正当性，则结论必须是真实的，因此理论上结论应该也只有一个。演绎的途径虽然关闭，归纳的大门却仍然开放着。虽然大部分的理论多多少少都能与观察结合，但没有研究者可以保证反例不会出现。由此，我们了解到整合性的最高法则（最终理论）是无法形成的。因此，所有的事实都具理论依赖性，研究者很清楚任何的事实都无法脱离理论的影响，观察语言同时也是理论语言。影响所及，许多的理论仍处于未判决的状态，使得最终理论并不存在。而推理的过程基本上是个循环不断的过程。

(3) 实证论过分依赖操作主义（operationalism），而操作主义又逐渐被认为是不完备的。因为其所依赖的数据绝大部分系以感官（sensation）经验为基础，而鲜少处理感官以外的议题。

(4) 实证论有两个主要主张是矛盾且无根据的。其一为决定论（determinism），因为其与人类对自由的追求刚好背道而驰，而且近年的研究发现

(例如非线性理论或是 W. Heisenberg〔海森堡〕所提出的“测不准原理”)也说明了决定论的错误。其二为化约论（reductionism），认为所有的现象(包括人类行为）皆能化约为终极的法则。近年的数学与物理学相关研究也已指出化约论的谬误。

(5) 实证论忽略了受试者主体性的存在，以为事实不应包含伦理与价值层面。这也是近年教育管理研究深受攻击的一点。自 Simon 以降，支持实证论的学者无不鼓吹价值与事实之间的分离，然而后实证论观点却发现，任何的研究思维皆无法避开哲学的思维。

(6) 面对近年其他领域所浮现的新观点，实证论已经相形见绌。其中包括 K. Godel 的不完备定理（Incompleteness Theorem）①、Heisenberg 的测不准原理②、贝氏定理③与混沌理论等。这几个理论使得实证论的一些基本前提，包括本体论、客观性、因果推测等遭到前所未有的破坏。

(7) 实证论对于其本身设定的前提所遭遇的困难无法提出解释。实证论在本体论上假定了一个单一、可知实体的自然存在；在知识论上假定了观察者与观察间分化的可能性，认为知识可以超越时空与脉络；在研究结果的分析上，假定了直线的因果推理的正确性，认为任何的一个果皆起于某一特定的因；在价值论方面假定了价值的中立性。以上种种假定都已呈现破绽，实证论对于他人的指责也无法提出有力的证据进行辩护。

在科学哲学的思维上，实证论出现以上之问题。实务上，中国台湾地区的教育学者也指出实证方法（主要以实验研究为主）运用在教育研究上的限制（王如哲，1999；林清山，1993；黄政杰，1987)，兹综合如下：

(1) 教育研究的主体过于复杂，无法以单一变量法则来进行研究。

(2) 教育研究常涉及价值判断，实验室的客观观察有其困难。

(3) 社会科学现象常为单一事件，不具可重复实验性。

(4) 教育研究对象是人，实验研究无法排除观察者与被观察者的交互

---

① 所谓的不完备定理即指没有数理的定理系统可以同时给予该系统本身的不完整性与一致性的信息。换句话说，它主张没有一个数学理论能在保有完整性的同时，兼顾内在的一致性。

② 测不准原理主张电子的位置与动力无法同时被决定。

③ 贝氏定理主张没有一个与量子理论兼容的理论可以将事件分化与独立。

影响。

(5) 实验控制的非人性设计使研究结果的类化程度降低。

(6) 量化的测量工具无法精确测得复杂行为，因为外显行为背后的想法很难借由量化步骤加以探讨。

基于以上实证论的方法论缺失和基本假定的谬误，教育管理学者于是在反省及思辨的过程中，开始提出异于传统的研究观点。在后实证论时期，教育管理研究呈现百家争鸣的新风貌。有关理论发展之历史脉络可参见图 4-1。

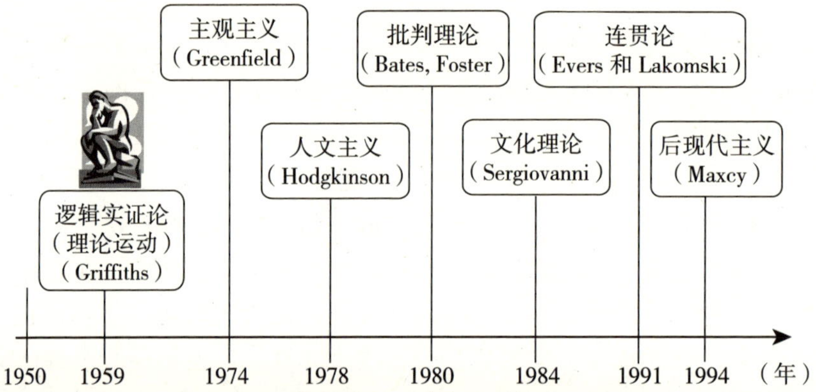

图 4-1 教育管理研究方法论各时期理论发展

注：1. 图中之年代划分以教育管理学者相关代表作之发行年份为主。

2. 图中之年代划分仅供参考，尤其是在后现代主义部分，因为派别繁多，且对教育管理领域之影响并未显著，故先以 Maxcy（麦克西）在教育管理领域之专著划分年代。

从图 4-1 中可以发现，教育管理理论的最大突破来自于 Greenfield 主观主义的批判。在 Kuhn 的多元范式概念提出之前，教育管理研究一直深受实证论所桎梏。实证论所强调的假设演绎逻辑、操作性定义、观察语句与理论语言的分离以及将伦理、价值等主观命题排除于研究之外等主张，化约了教育管理学科丰富的内容与事实。Greenfield 自 1974 年开始对实证论进行严厉的批评。他致力于研读 Kuhn 与 Feyerabend 两位科学哲学大师的作品，发现实证论的验证逻辑与假定存在着相当大的问题。

Greenfield 认为理论与观察之间根本无法一刀切成两半，因此实证科学中一再强调的“客观性”是有问题的。社会实体是由意义、解释、意向与理解所组成，个人以不同的方法来解释，因此假设演绎法也是行不通的。

在多元实体观念的影响下，许多教育管理学者相继提出新的研究范式，认为要促进教育管理学术的进步，必须运用其他新范式。这些新兴范式中，荦荦大者包括：Lincoln 和 Guba 两人所大力提倡的自然论；以新马克思主义为立论基础所发展形成的批判理论；结合现象学、诠释学、人文主义、文化人类学所发展出来的文化理论；Evers 和 Lakomski 所提出的连贯论；以及近年开始受到学术界热烈讨论的后现代主义。本章主要对于几个教育管理研究领域之新研究观点加以叙述，这些新研究观点包括了自然论、批判理论（包括女性主义）、文化理论与连贯论。后现代主义由于其基本假设和观点与后实证论时期之其他方法论有很大的差异，将在下一章中进行论述。

第一节　自然论

后实证论中所强调的多元实体、多元范式等概念，使教育管理研究之多元方法主义能够落实，并造成 20 世纪 70 年代后教育管理研究范式增加的速度加快许多。这里先以备受学术界推崇的两位学者 Lincoln 和 Guba（1985）所提倡的自然论来勾勒后实证论的图像。部分华人教育学者（如欧用生，1989）已有专著对于自然论之研究步骤、数据搜集方法进行讨论。本书限于篇幅，仅就自然论之基本假设、研究特征、适用性与如何增进信度等四个层面来进行叙述。

一、自然论之出现

后实证论时期，深远影响教育管理研究的第一个新研究理论为自然论（秦梦群，2011）。自然论为当今质性研究中发展得最为完整的范式，其拥有异于传统的特定主张。教育学领域自然论之首倡者 Guba（1985）即指出，“自然论一词不应解释为新范式比旧范式更为自然之意。其主要指出研究并非在人为操控的、实证设计下的情境中进行，而是倾向于在自然的环境中进行”（p. 102）。

由此得知，自然论与传统行为科学研究取向之不同，主要在于其离开了实验设计与干扰变量控制的情境，企图在自然、非人为的情境中获得更接近事实的研究结果。人的世界是复杂的，自然论者并不认为透过实验室或固定的研究程序即可全盘掌握社会实体或研究对象之丰富表情与复杂性。在自然的情境下，研究对象虽然充满开放性，然而也使得研究结果较能运用到现实的教育环境中。

影响所及，自然论之研究方法论主张，实质上鼓励教育管理领域之研究开始采取质性研究方法（王如哲，1998；Owens，1982）。它鼓励研究者从新角度去探求更具洞见的答案，以解决行政与组织运作上的难题。

二、自然论的基本主张

自然论的起源可追溯至19世纪末的观念论哲学传统。观念论的知识论应用到研究时，发展出以下四大论点（Levine，1992）：

（1）实体并不是独立于人的理性而存在的客体、事件或事实，而是经由理性的社会交流过程所创造出来。因此依不同的观念而有不同实体存在。观念论者反驳实在论与实证论所建构的知识论及方法论，认为经由直接与默察的论述（tacit discourse）将可使实体现出形貌。

（2）由于实体是集合群体的智能所创造出来的产物（a product of collective cognitions），任何对实体的讨论或科学研究都无法排除价值（value）、信念（beliefs）、先入观念（preconceptions）等因素的影响。传统实证科学所强调的“价值中立”、“客观”的科学形象是不可能存在的。观念论者指出：价值陈述是科学研究过程中不可或缺的一部分。因为研究者是依据其本身所认同的一套道德、价值与信念来进行研究。这些价值观与信念都由社会与历史环境所决定，故所谓“真实”（real）、“合法”（legitimate）的科学活动都会因不同社会、不同时间而有所不同。

（3）依观念论的看法，所谓的事实并没有包含对外在客观事物因果关系的预测性陈述（法则），因为后者（果）是不存在的。事实存在于可靠、条理分明的论述当中，经由不断的辩证过程而形成。知识也是经由诠释、解释的过程而达成。研究者通常将自己定位于体验（experience）与了解（understand）的角度来执行观察，故其研究主题必须植基于研究者与被研究者的行为。对于事实的诠释行动，称为理解①，唯有受过良好训练、有见识的观察者才能担当资料搜集的工作。

(4) 观念论者认为，以数字为基础的关系是模糊不清的。个人行为的重要性与背景，无法以先天观念作为理解的基础。此因人的行为不具固定的特质，随着时间、地点、动机等因素变化，人的行为常常产生非预期的改变。因此，科学研究中假定行为与脉络为稳定不变的特质，是大错特错的做法。借助数字毕竟只能从表面猜测事实，真正的道理尚需借由文字来进行。

参阅相关文献（吴琼恩，1995；欧用生，1989；蔡秀涓，1993；Lincoln & Guba，1985；Evers & Lakomski，1991），可以进一步由五个层面比较分析自然论与实证论（见表 4-1）。以下即分别叙述两者之间的差异。

表 4-1　实证论与自然论基本假定对照

比较层面	实证论	自然论
就实体本质而言	单一的； 既有存在的； 可预测与控制的； 可以分隔的。	多元的； 建构的； 不可预测与控制的； 整体不可分隔的。
就研究者与被研究者的关系而言	研究者与被研究者之间相互独立、互不相干。	研究者与被研究者之间会产生互动，两者间无法做清楚区隔。
就类化的可能性而言	超越时间与脉络的类推是可以达成的。	假设永远无法不受到时间和脉络因素的限制，因此超越时空与脉络的推论是不可能达成的。
就因果关系连接的可能性而言	真正的因是存在的，它们可能暂时优先或同时产生影响力。	所有的实体处于平等的地位，我们无法从影响力中区别因果。
价值在研究中的角色	研究必须完全价值中立。	研究深受价值影响。

资料来源：修改自 Lincoln Y S，Guba E G. 1985. Naturalistic inquiry［M］. Beverly Hills，CA：Sage：37.

① 请参见第三章第 97 页脚注①。

（一）本体论方面：有关“实体本质”的论述

实证论者认为，宇宙中存在着单一、有形的实体，可以将之分隔成许多小部分与历程，每个部分皆可以独立地加以研究。他们对实体的探究采取聚敛性的思维，并坚信实体是可以被预知与控制的。

自然论者认为，宇宙中存在着多重建构的实体，只能以整体性观点来进行研究，而研究结果必然会引起许多冲突性的看法。一旦对多元实体的研究采用扩散式的思维，研究后所引发的问题事实上会比解答还要多。另外，对实体的预测与控制是不可能的，因为人类只能对实体达到某种程度的了解与领悟。

（二）知识论方面：研究者与研究客体之间的关系

实证论者认为，研究者与研究客体是相互独立的，研究者与研究客体间要保持区别性，以避免互相干扰。

自然论者认为，研究者与研究客体之间会产生交互作用并相互影响，两者无法分隔开来，特别是当研究客体为人时。

（三）就类化的可能性而言

实证论者认为，研究的目的在于发展规律性的知识体系，以进一步建立不受时间与脉络所限制的通则与公理。

自然论者认为，研究的目的在于发展个别性的知识体系，以进一步描述个体的详细情况。自然论将重点置于个案分析。

（四）关于因果关系推断的可能性

实证论者认为，每个行动（研究结果）可以透过事件发生的先后关系来进行解释。各个变量之间何者为因、何者为果，皆可由推论获得。

自然论者认为，所有的变量都处于平等的地位，且行动只能就影响行动及行动中各部分之多元互动的因素、事件及过程来解释，而互动本身则模糊化了因果的推演。因此，从效果量大小无法区分出何者为因、何者为果。

（五）价值论方面：研究中价值的角色为何

实证论者认为，研究过程具价值中立性（value free），须以客观的方法论来保证研究的客观性。

自然论者认为，研究过程是无法达到价值中立的，原因至少包含以下五点：

（1）研究方法深受研究个体价值观的影响，特别是问题的选择、问题的评估、政策选择等价值因素都会影响研究工作。

（2）研究方法深受所选择之范式影响，因为范式主张会主导整个研究过程。

（3）研究方法深受基本理论（substantive theory）的影响，研究者会运用其所选用的基本理论来作为资料搜集与分析的导引。

（4）社会脉络中之价值因素也会影响研究之进行。

（5）从以上四点可以发现研究方法是价值共鸣的（value-resonant）。问题选择与评估、政策选择与运用、范式、基本理论与脉络都必须体现一致性，才能确保研究产生有意义的结论。

三、自然论之方法论特征

从以上的叙述中可知，自然论所提出的研究观点与实证论完全不同。自然论主张在无任何实验设计与变量控制的情形（即在自然情境）之下进行个体研究。其所提出的质性方法近年开始成为在教育管理领域备受青睐的研究范式。依以上五点的叙述，Lincoln 和 Guba（1985）描述了 14 个自然论运用在研究上的意涵，其要点胪列如下：

（1）自然情境设计（natural setting）。自然论本体论假定了实体的不可切割性，若远离了脉络与情境，则对实体的研究就无法进行，因此自然论者选择在自然情境、脉络中来进行实验。

（2）使用人性化工具（human instrument）。由于所有的工具都与被研究者直接接触，自然论者相信唯有使用人性化工具才能抓住与评估不同互动间的意义，而最直接的就是用人来作为搜集资料的工具。

（3）隐性知识的运用（utilization of tacit knowledge）。自然论者主张隐性（直觉的、感觉的）知识，包括陈述性知识（指以语言表达的知识），因为多元实体之间的细微差别只能借此察知。此外，研究者与被研究者间多多少少都会产生互动，唯有运用隐性知识才能公正准确地呈现研究者的价值模式。

（4）偏向质性方法。虽然自然论者并不排除使用量化研究法的可能，然而一般他们偏爱使用质性方法来进行研究。质性方法被认为更适合处理多元实体的问题，因为它可以透露研究过程中研究者与被研究者之间的互动关系，使得研究者进行现象描述的态度可以被轻易地察觉。再者，质性方法对研究过程中所发生的相互影响与价值模型更具敏感性，也较能掌握。

(5) 采用立意抽样方式（purposive sampling，或译为目的性抽样）。自然论者不喜欢随机抽样的原因在于它使得一些特殊少数（deviant cases）受到排除与压制，导致多元实体无法体现。

(6) 运用归纳式的资料分析。自然论者偏爱使用归纳的数据分析，因为归纳的过程较易从数据中发现实体，也使研究者与被研究者之间的互动情形易于被了解。

(7) 扎根理论（grounded theory）的运用。自然论者偏爱浮现自数据中的本质性理论，因为先前的理论可能无法包含即将被发现的新知识。自然论者虽然坚持研究过程的价值中立性是不可能达成的，但同时主张研究者应尽量维持中立立场，因为依据先前理论所进行的观察极可能影响新知识的产生。再者，先前理论往往根基于类化，对于特殊性的事物与情境无能为力。特定脉络中所产生的相互影响或许只能依据其特定之脉络元素才能彰显，而扎根理论也较能够对脉络中的价值问题进行响应。

(8) 临时改变研究设计的可能（emergent design）。自然论者在研究设计与执行上采取弹性的态度，他们会因研究的需要而对研究设计进行修正，因为他们坚信先前的架构无法容纳不同多元实体的需求，而不同的价值系统都会牵涉于互动中，进而影响研究结果。因此，研究者与现象间互动之产生是无法预测的，采取弹性的设计将可避开“钻牛角尖”危机的发生。

(9) 商议式的研究结果（negotiated outcomes）。自然论者较偏爱商议式的意义与解释，因为研究的结果有赖于研究者与被研究者之间的关系与互动，并在复杂的环境脉络彼此互动与认知的过程中，经由商议与讨论取得共识。

(10) 个案研究报告的形式（the case study reporting mode）。自然论者较偏爱个案研究报告的形式，更甚于科学或技术报告的形式，因为在任何多元实体所面临的情境中，个案研究较容易对实体开展精密描述（thick description，或译为深描）。此外，经由反思报告的方式，将具体的脉络情境、研究主题加以表达，将更能使得读者产生共鸣，达到研究成果被广泛传播的效果。

（11）重视个别性的陈述（idiographic interpretation）。自然论者倾向于个别性的数据诠释（包括结论之获取），因为不同的诠释对于不同的实体都具有不同的意义，而诠释又牵涉脉络与情境因素（这包含了研究者与被研究者间的交互作用、所牵涉到的情境面向、相互形塑因素与个人价值等），所以自然论者放弃了律则性的数据分析方式。

（12）对研究结果的暂时性运用（tentative application）。自然论者喜欢将研究发现视为暂时性的成果，在应用时必须经深思熟虑，因为实体是以多元的形式存在。由于研究成果是依研究者与被研究者之间的特定互动所获致，因此其结果并不适用于所有的情境。

（13）焦点决定的研究范围设定（focus-determined boundaries）。自然论者根据随时出现的焦点来设定研究范围，唯有如此才可允许不同实体对焦点做不同的界定。因此，自然论者在面对多元多变的实体时，其研究焦点随着研究的进行而产生变化、调整，或是对研究焦点本身进行重新省思，以更密切地掌握实体的形貌。

（14）研究可信赖度具有特定的指标（special criteria for trustworthiness）。自然论者习于去寻找一些与传统不同的信赖指标（包括内在效度、外在效度、信度与客观性等），因为自然论偏爱新的指标与研究操作方法的应用。

以上所陈述的14个特征之间明显具有一致性与相互依赖性，各特征都与后实证论中所发展出来之基本理念相结合，彼此之间相互辉映，影响方法论的走向甚为明显。

综而言之，自然论者必须运用自然设计的方式来进行研究，因为扬弃了先前理论或假设，研究才能撇开偏见，避免“控制”行动的发生。大部分的自然论者无法运用实验研究法，因为他们不晓得应该如何进行，主要由于其拥有与实证论者完全不同的研究思维。例如，在研究分析中，若理论是以材料（data）作为基础，自然论者将以归纳的方式进行整理。自然论者无法确立材料的精确形式，必须以开放式的适应性工具（人类）来进行研究。因为人具有智慧，懂得运用质性方法来扩大其视听，也即运用第六感（直觉）来进行观察、访谈、文件分析等。然而质性研究所获得的资料不具普遍性的推论，也没有因果的陈述，而只进行个别性的诠释，也因此其研究结果虽具脉络性，但由于外部效度（external validity）降低，其应用面向也深具限制性。

四、自然论与实证论在研究方法上之差异

实证论与自然论的基本假定是对立的，那么研究者应当以何种指标来选择研究方法？究竟实证论方法与自然论方法应用在研究上各有何优劣？兹分析如下。

基于实证论的研究，其研究目的不仅止于探索“真实的”世界，而是要获得终极性的原理原则。所以，在评估方案中，判决者通常希望借由随机性的样本来进行普遍性推论，如果研究结果显示了其适当性，那么就能够进一步进行普遍性推论。外部效度愈高，则表示方法的适用性愈高。

为了减少观察者本身的偏见，研究者必须想办法减低主观性以强化客观性。特别是在研究者与被研究者之间保持社会距离，实证论者会以正式的资料搜集工具（例如纸笔问卷）来减少互动所产生的情绪性偏见。

在实证论之下，研究者会尽量想办法控制不知与不可知的事物。例如，随机过程一般是从全部研究母群体中选取样本。此时研究者或许尚不确定样本之间有哪些差异性必须排除，他们只需要运用随机分组的方式就可以预防组间差异的存在。一旦无法从母群中随机选取样本，则研究者会想办法来对未知变量进行控制，一些毫无相关的变量或所谓的混淆变量将被排除在研究之外。

实证论者相当在乎研究结果的可复制性，如果两个相同的实验获得了一致性的结果，则研究者认为整个研究的过程具有信度。信度对于实证研究而言乃是极为重要的。

实证论者会要求一个预定的实验设计。一旦研究的议题、范围确定后，就沿着一个既定方法与步骤进行。每个步骤的执行都是为了检验假设、回答研究问题。研究者对于外部效度、客观性、内部效度与信度等问题相当关注，因为这些指标被视为判定实验成功与否的要素。

自然论对于实体本质的假定与了解方法的建立，放弃了实证传统中强调的客观性、效度与信度，而是强调主观性的运用。信度与效度对自然论而言，意义并不大。为了避免不可靠、偏见或纯意见式数据的产生，自然论选择经由私人的、亲密的了解来建立研究效度，对现象的了解尤其强调运用近距离（close in）观察来搜集事实与可靠的资料。实证论者习惯运用

大量的数据来进行证实，自然论者则从对单一个人或小团体的了解中来证明某个想法。

为了达成类化的目的，实证论研究者备尝艰辛。瞬息万变的世界与变异性的存在已使实证论的法则再也无法让人信服。实证论者希望让社会科学也像自然科学那样借由“硬性数据”（hard data）来建立普遍性律则，却忽略了社会科学与自然科学在本质上并不完全相同。自然论者则偏向于“软性数据”（soft data）的获取，理念较为符合社会科学的要求。再者，自然论注重事实的脉络性，他们坚信任何的观察与研究都无法离开脉络与情境。这成为自然论最重要的特色。

五、自然论增进信度的方式

实证论与自然论的基本假定不同，实证论极为注意研究的客观性，自然论则常被诟病为太过主观、研究结果不具信度与效度。研究者使用自然论时也会面临诸多问题。举例言之，当研究者进入某组织中，面对人与人之间各式各样纠缠与动态的互动模式，必须对如此混乱状况有所了解。同时，研究者必须确认自己对于整个组织的了解行动可以产生可信赖的解释。只是，研究者要如何运用自然论方法来分类复杂的行为模式，以厘清什么是真的发生了？研究者要如何证明其所了解的事件不具偏见或没有被错误讯息所误导？研究者又如何让这些研究发现能够被视为对实体的可信赖诠释？自然论者认为对于实体之建构应以整体性观点加以透视，然而由于因果关系的多元性、事实的多样性，即使相同的情况中也存在着许多的“真实”，所有的“真实”也都离不开其脉络（context-bound），因此所谓的研究结果是很难去分辨对错的，研究者只能运用多种研究技术来增加研究结果的可信度。较为重要的技术有以下六种（Owens，1982）。

（一）延长资料搜集时间

情境涉入时间的长短，会严重影响研究结果。研究开始时，研究者进入田野，开始学习田野中的相关语言，慢慢地被接受与信任。直到最后，没有人把他当成外人看待。时间允许研究者从一般的广泛议题中寻得一些非典型的情境。时间也让研究者加深其对事件的观点透视，并进一步检视其是否戴着“有色眼镜”进行研究。总之，时间在本质上可以让研究者从第一印象进入深层的了解，进而消除先入为主的观念，使其所获得的研究资料深度化。

（二）运用三角测量法（triangulation，或译为三角互证）

三角测量法即指研究者运用大量不同来源的信息与材料，来对同一事物进行分析。议题在访谈、文件或观察中产生，以不同的来源交叉检验议题、信息、不同观点的正确性。所以，研究者应该使用多元数据搜集技术，这包括访谈、文件分析、自我陈述、问卷、观察，等等，因为唯有如此才能获得交叉检验与验证所需的材料。

（三）利用成员检查正确性（member checks）

除了以上的两个方式，研究者必须想办法经由其他相关的渠道来确证其所搜集到的数据与信息。组织中其他成员的参与是相当可行的方式，特别是成员所给予的回馈。

（四）搜集指定的适当材料（collect referential adequacy materials）

研究者应尽可能对研究发现与相关的材料制作一个档案，这可以包括所有相关的文件（如手册、回忆手稿或其他短暂出现的材料）。最好也包括录像带、录音带、照片、短片，等等。这些材料将可帮助研究者保留消逝的记忆。要注意的是，研究者千万别为了搜集这些资料而破坏了脉络的原始性。

（五）开展精密描述（thick description）

在冗长的观察过程中，为了达成精密描述的目的，研究者必须进行严谨的三角测量、成员检验、验证信息与搜集相关适当资料。所谓的精密描述，就是要对所有的观察与信息进行整合。

（六）运用同僚研商（peer consultant）

在观察过程中，研究者可以选择具资格的同侪一起分享工作的过程与经验。若是学院教授则可以找一些对自然论方法或质性方法熟识的同侪教授分享心得；若是研究生，或许可以找论文指导教授或论文委员相互讨论。同侪的研商将可以指出问题的重心，或是研究者所没有注意到的缺失。研究者应把这些讨论记录下来，视为回馈，以作为下一次改进研究的重要参考。

实务上，欧美地区由于有 Lincoln、Guba 等大师的提倡，自然论已俨然成为可与实证论分庭抗礼的重要研究观点。在中国台湾地区，也有不少学术工作者致力于研究自然论，并有一定之成果（胡幼慧，1996；史特劳斯、科彬，1997；高敬文，1996；欧用生，1989）。可惜的是在教育管理领域中，自然论却未兴起风潮，利用质性方法来对学校组织与行政问题进行研究的论文，比例上仍旧较少。教育所牵涉的对象既然是人，那么研究者更需要以最直接的观察来进行研究。透过人与人之间的真实互动，以理解的方式来进行对实体的探测，才能对于探求真理有更大的帮助。

第二节　批判理论

批判理论兴起于20世纪70年代末，并开始对教育管理研究产生影响。批判理论为众多类似理论的组合体，针对传统的科学主义加以批判，强调组织在权力冲突之宰制与再制过程中进行演化运作。

批判理论的崛起对教育管理研究中价值处理的问题带来相当大的冲击，其较具系统的理论基础主要来自于Foster（1986）的作品，之后经澳大利亚学者Bates极力推广，才使得批判理论逐渐受到教育管理领域的重视。批判理论主要源自于社会学理论中之批判理论，虽然批判理论存在着许多不同的观点，然而最重要的思想乃来自于Habermas对于方法论与社会方面的批判。

有关马克思主义的著述经常出现在教育史、教育哲学与教育社会学等学科当中，尤其Bowles（鲍尔斯）和Gintis（金蒂斯）（1976）的著作中广泛引用新马克思主义来对社会问题进行批判。他们指出学校的主要功能已变成提供劳动力，以适应经济结构所要求的阶层分工。不同的工作需要性质不同的劳动力，而从社会、经济的观点来看，教育制度的目的是劳动力分配。因此，他们以流动、选拔、社会分工的再生产等层面作为分析的主题，强调学校不仅接受了既有之阶级、种族、性别、制度，更借由甄选过程，使不同社会经济阶级的儿童具备了市场所要求的特质（欧用生，1989）。批判理论愈来愈受到教育管理学者青睐的原因在于：它放弃了纯粹理论上的质性与量化之争，将焦点转至社会脉络因素对教育影响的层面，例如政府的形成、社会资源分配、领导实践等面向，揭露教育中不平等

(inequality) 与非正义 (injustice) 的问题。批判理论彰显解放性的意图 (emancipatory purpose)，企图改变教育组织与实践，以达成合理性与社会正义 (Robinson, 1994)。简言之，批判理论将教育管理研究一直以来所忽略的道德与伦理问题提出来讨论，以期教育实践皆能符合公平原则。

一、批判理论的出现

批判理论对于教育管理批判的野心相当大，主要显现在对理论适当性的检证，这使得批判观点不但实用，且能打破传统的包袱，积极寻求改进的途径。批判观点的出现使得社会科学研究不再只局限于实证或是诠释的观点。

要对“批判理论”下定义相当困难，因为批判理论或批判研究这个概念源自于社会学，拥有众多的理论与派别。批判理论之兴起系由于人们对于现存社会的“正义”与“平等”议题感到不满，希望从另一个角度寻求解放与突破。批判理论的发展最先表现在学校教育过程、结果与经济因素的关系。其对教育的批判可分为两个时期 (Robinson, 1994)：

第一个时期中，批判理论学者主要视学校教育为社会再生产的过程。学校被视为根据不同的规定，给予来自不同阶层的小孩有差别的教育，以复制社会阶层劳动市场与经济。支持此论点的学者有 P. Bourdieu (布迪厄)、Bowles、Gintis 等学者。

第二个时期中，批判理论学者主要揭发教师与学生已经成为经济体制下的被动牺牲者。他们试图寻求抗拒暴力的方法，并设法让学校人员树立反恶势力的勇气。这使得学校中的批判理论支持者要求将权力下放给学校，提出了学校本位改革 (school-based reform) 口号，其代表人物有 Habermas、Bates。

批判理论应用在研究方法上时，带来了对既有方法论的反省。首先是对既有范式的批判，然后是对学校组织的权力与控制的真相进行剖析，进而产生了所谓的女性主义、学校本位改革等新兴议题。

批判理论学者并非走理想主义或乌托邦主义路线，他们基本上仍留意整个大环境的改变，并认为所有了解与行动皆无法离开脉络。因此，行动、想法、了解过程之间具有相互依赖性。限于篇幅，关于教育管理的批判理论，以下仅对 Habermas、Adorno、Bates 三位主要学者的主张分别加以叙述。

二、Habermas 的社会批判理论与教育管理研究

（一）社会批判理论的基础

自马克思主义发展以来，社会科学即存在着批判性知识之基础性问题。K. H. Marx（马克思）本人以及马克思主义者将“批判”（critique）视为一种严密的科学，有如当时的自然科学。然而与自然科学不同之处，乃在其并不具验证性的准则，而是充满价值判断与道德谴责。

马克思主义最初并不被法兰克福学派所接受，而法兰克福学派代表人物如 Horkheimer、Marcuse 等人也各自对于“批判”提出过个别看法，但他们却被批评忽略了社会批判基础的建构。第二代法兰克福学派灵魂人物 Habermas 则认清了批判基础与标准的建立是无法回避的，因此他接受马克思主义的观点，认为“思想乃是根植于社会生活的物质条件及历史形态，资本主义的社会组织系将社会压迫并加以制度化，因此根植于资本主义社会现实的思想方式是一种意识形态，亦是一种扭曲、错误的意识”（黄瑞琪，1996，pp. 166-167）。这样的指控预设了一种正确、非扭曲意识的存在，以作为批判的基础。另一方面，Habermas 认为应该建立系统性的批判基础，以作为解放宰制的工具。

自 20 世纪 60 年代开始，Habermas 即朝此目标迈进，此时期他主要以知识论作为通路，发展出一个广阔的知识论架构，一方面是为了对实证论进行批判，另一方面则是为了将批判性的知识加以合法化，以作为批判理论的基础。1968 年他所出版的《知识与人类旨趣》（*Knowledge and Human Interest*）一书即为其重要的批判内容。到了 1970 年，Habermas 开始着重沟通理论之发展。这时他将先前的一些想法，包括从知识论方面所建构的批判基础进一步加以拓展，希望从沟通行动的内在结构发展出社会批判理论的基础。他在此方面所做的努力总结于《沟通行动理论》（*Theory of Communicative Action*）一书中。

（二）Habermas 的知识论架构

Habermas 的知识论以“认知兴趣”（cognitive interest）作为关键概念，系指人类引导知识研究的基本生活兴趣。传统将个人之价值、兴趣、情绪、内在动力等视为主观要素，知识若想达到客观性，就必须将这些主观因素

排除。这造成知识与生活旨趣之间的关系被切断，使知识与理论之间形成了鸿沟。

传统的方法论原则之所以不妥当，乃在于其未能掌握一项重要的事实：日常生活中的兴趣，有些是属经验性的、个别的，有些是非常基本的、根植于人类生存的需要的，二者不可混为一谈。前者由于是属经验性的、个别的，因而可能充斥任意与主观，而与知识的客观性互不相容。Habermas 指出，所谓“兴趣”系指人类基本的生活兴趣，其能决定人在世界中的取向（orientation）。这种基本的生活兴趣能决定学术研究的方向，而构成知识的一个先决条件，Habermas 称之为“认知兴趣”（黄瑞琪，1996，p. 168）。由此可知，所谓的认知兴趣即包含了个别性与主观性的元素。

既然生活世界的因素会影响知识的构成，这意味着知识和生活之间的关系是密不可分的。而认知兴趣则成为连接两者的重要环节。认知兴趣一方面来自于人类的生活（尤其是社会文化生活）；另一方面它又决定了学术研究的方向及知识取向。综而言之，认知兴趣去除了社会、知识与理论之间的落差，使得知识落实于人类生活之中。

Habermas 以认知兴趣为知识构成的轴心，从社会生活的三大领域（劳动、语言、权力）中，衍生出三种认知兴趣：技术的兴趣（technical interest）、实践的兴趣（practical interest）与解放的兴趣（emancipatory interest）。兹分述如下。

1. 技术的兴趣

按照 Habermas 的说法，人类的社会文化生活中，无法再化约的基本要素之一为劳动。人类借由劳动来获取资源，以维持人类的生存。在劳动的领域中，人类典型的行动方式为“工具性的行动”（instrumental action）。工具性行动所关注的是对世界进行正确的预测及有效的控制。因此人类对于现象的规律性、一致性具有根深蒂固的兴趣，这就是所谓“技术的兴趣”。

技术兴趣是影响人类生活的重要层面，也因之导引学科之研究取向与知识特质。根植于技术兴趣之学科主要是以“经验—分析学科”为主，包括了大部分的自然科学（以牛顿线性物理学范式下之学科为主），与一些社会科学（包括以实证论为基础的部分学科）。

经验—分析学科之目的在建立具有律则性的知识，其方法论架构即律则性命题的验证，其输出的知识形式则是信息（information），主要包括了经验现象之陈述、解释、一致性的类推与预测控制等。

2. **实践的兴趣**

除了劳动，语言是另一种人类社会文化生活之基本要素，尽管不同区域或不同族群的语言之间有相当大的差异，但人类借由语言来沟通互动之现象却是一致的，因为语言关系到人类社会文化之产生、传承与变迁。

在沟通互动的领域，人类典型的行动方式是“沟通行动”（communicative action）。沟通行动所关注的是对他人之动机、意向的了解，因此人类对于相互了解与沟通所根据的是“互为主体性”（intersubjectivity）态度，也具有根深蒂固的兴趣。

根植于“实践的兴趣”所产生的学科即为“历史—诠释学科”（historical-hermeneutical science），这一类学科主要包括人文学、史学与部分社会学科。而此类学科的主要目的，则在寻求对社会文化现象获得诠释的了解（interpretive understanding）。历史—诠释学科的方法论架构是对特定文本之诠释（the interpretation of text），所指的文本包括历史事件、现象等。此种学科输出的知识形式则是解释，如对传统、文本、行动等之意义的阐明与理解。

3. **解放的兴趣**

除了劳动与语言，Habermas 提出社会文化生活的第三种生活要素：权力与意识形态，也就是所谓的“支配”（domination）。此种生活要素表现在人类的行动上则成为一种“有系统地被扭曲的沟通方式”（systematically distorted communication），乃由于权力与意识形态进入沟通结构所造成。在 Habermas 的架构中，权力并没有劳动和语言那么基本。劳动和语言是构成社会文化生活的两个基本要素，而权力是衍生性的。扭曲的沟通预设了正常、未扭曲的沟通，人类追求自主与负责，是为了“解放的兴趣”。

根植于解放的兴趣的学科类别为批判取向学科（critically oriented science），其目标为反省与批判。这一类学科包括心理分析、社会批判理论，以及具有反省性与批判性的哲学。Habermas 认为解放的兴趣的检证是相当重要的。

批判取向学科的方法论架构是自我反省（self-reflection），其输出的知识形式为对意识形态、权力关系的分析与批判。关于 Habermas 的知识论架构，可参见图 4-2。

知识形式	资讯	解释	批判
方法论架构	律则性假设的检证	作品的解释	自我反省
学科类别	经验性—分析性的学科	历史性—诠释性的学科	批判取向的学科
认知兴趣	技术的兴趣	实践的兴趣	解放的兴趣
取向（关注）	技术性的控制	互为主体的了解	解放、自主、负责
行动类别	工具性的行动	沟通行动	被有系统扭曲的沟通
生活要素	劳动	语言（互动）	权力（支配）

图 4-2　Habermas 之知识论架构

资料来源：黄瑞琪 . 1996. 批判社会学：批判理论与现代社会学［M］. 台北：三民出版公司：171.

（三）Habermas 的沟通理论

Habermas 认为真理乃是经由互为主体的理性讨论所形成之共识，在沟通行动的脉络中，涉及“真理的问题”与“经验的问题”。前者是指无法单纯地靠经验证据来解决的问题，必须借由理性的讨论来达成合理的共识，亦即在没有扭曲的沟通情境下所达成的共识。此真理观虽然批判了实证论的真理对应说，然其本身也遭到一些学者的批评与质疑。批评者认为 Habermas 所提出的“共识”，在特定范式内将会形成一种封闭的意义系统，造成与外在实在世界并无任何对应关系，则知识成立的先验条件将难以形成（吴琼恩，1995）。

Habermas 后来提出“理想沟通情境”来解决“合理性共识”这个问题。他认为在无宰制的沟通情境下才能获致免于宰制的共识，因此对于“沟通行动”进行了深入的探讨。他所提出的沟通行动理论架构可参见图 4-3。

图 4-3 Habermas **沟通行动理论基本架构**

资料来源：Habermas J. 1984. The theory of communicative action volume 1：Reason and the rationalization of society［M］. McCarthy T A，Trans. Boston：Beacon Press：333.

Habermas 认为沟通行动包括达成理解的行动（action oriented to reaching understanding）与共识的行动（consensual action）；在共识的行动中，经由对情境的共同界定来预设一个背景的共识所隐含的有效性声称，此有效性声称可以借由沟通过程来检定其真假。

而策略性行动则包括了隐藏的策略性行动（concealed strategic action）与开放的策略性行动（open strategic action）。前者包含无意识的欺骗与有意识的欺骗两种。无意识的欺骗表示参与沟通者对于共识行动的基础并未完全肯定，而投以敷衍的态度。后者则操纵自己的策略态度，欺骗参与沟通者，使用诡计以达成假共识。Habermas 即希望倡导沟通行动，而批判策略性行动。

沟通理论最主要的目的是对人类沟通能力的重建。欲达成理想沟通情境的目的，则必须先建立人类的沟通能力。沟通能力是在两个或更多的主体之间使用语言以创造共识和彼此同意的各种看法，并借由言辞行动(speech act)① 与言辞行动中预设的有效性声称②来达成。

Habermas 所提出的沟通行动理论相当复杂。此处姑且不论其繁复过程，可以理解的是，Habermas 之所以将一切的沟通都置于理想的言谈情境中，其重点即希冀任何的一种论述（discourse）都可以得到解放。Habermas 进一步指出，在理想沟通情境之社会脉络中，透过批判性的自我将使得解放成为可能，而解放之目的即在使人类自扭曲的沟通情境中恢复其主体性，彰显真理与正义。Habermas 认为解放源于理性对话之达成。理想沟通情境在现实中并不常见，但却是进行“理性讨论”时必要之假定。Habermas 对其所谓的理想沟通情境做了以下说明：

> 理想沟通情境既不是一种经验现象，也不完全是一种观念建构，而是人们参与理性讨论之必要假定。此一假定可能与事实相悖，或与事实相符。然即使与事实相违背，在沟通过程的运作上，仍然是一有效用的幻构（an operatively effective fiction）。因此我认为理想的沟通情境代表一种人类的期望、预示。此预示本身就足以保证我们能够将实际上所达成的共识和合理的共识关联在一起。有时理想沟通情境可以当作任何实际上所达成之共识的一个判准，因而其具双重性质：它既是一种期待，但同时又实际发生作用（引自黄瑞琪，1996，p. 263）。

（四）Habermas 批判理论对教育管理研究的启示

Habermas 有关社会科学研究之问题陈述，促使教育管理之知识基础再度进行了一场反省，教育管理实践过程之合理性与物化问题也重新受到检证。批判观点应用到教育管理学时非常重视对组织中权力与控制之揭露、人类主体性之重建。以下就几个大项说明 Habermas 批判理论对教育管理研

---

① 言辞行动是指将语句应用于特定的沟通情境。Habermas 认为完整的言辞行动包含两大要素：意思要素（illocutionary component）与命题要素（prepositional component）。两个要素都必须建立在互为主体与命题内容的层次上才能成功。

② Habermas 将言辞行动的有效性声称分成四项：可理解声称（comprehensibility claim）、事实声称（truth claim）、正当声称（rightfulness claim）与真诚声称（truthfulness claim）。这四种声称皆为理性的声称，所有的沟通都以此为理性的基础。

究的启示。

1. 对实证论者霸权心态加以斥责

首先，Habermas 揭露了社会科学方法论的单一范式取向的不当。在其知识论的架构中，提出了三种学科类别，表明了知识论上单一形式知识的声称是不符常理的。再者，由经验分析学科所发展的知识，只重视工具理性，会破坏人类多元异质的主体。因为生命充满着不同的可能性与潜能，个体皆具有开发自我的潜能。工具理性将人视为工具，是相当不合理的。此外，当科学主义将科学视为信仰而不再只是所有可能知识中的一种时，方法论的宰制即应运而生。Habermas 主张在方法论上应排除此种霸权心态，才能落实多元范式的构想。

2. 对意识形态加以批判

Habermas 的观点不论及社会主义，而代之以“解放”这个概念，作为获得自由的方式。尤其是科技与行政官僚形态，只有注重无宰制的沟通才能获得“真实”。过去对于文化事业的忽视，尤其是对宰制的文化层面的忽视，造成了人与人之间的疏离。Habermas 提出了“解放兴趣”，旨在凸显人类是自主、负责的主体，他不应受权力所宰制与支配。近年来世界各国相关之教育反省与改革皆受到“解放”概念的冲击，特别是中央与地方权力的重新分配、教育正义之落实与学习权的争取等方面，均反映出 Habermas 批判理论的影响力。

3. 重视主体性解放与不平等的导正

Habermas 对于社会上存在的不平等与控制进行了揭露。他认为组织中物化的问题一直是相当严重的。物化的意义至少有以下两点：（1）人没有主体存在或主体未能掌握的非人世界；（2）人由主体逐步客体化过程中的极致发展（吴琼恩，1995）。在教育管理中的科层体制与封闭系统下的组织理论，都将组织集合体视为物，在管理方面忽略了人类主体性。尤其在沟通上所谓的“上行沟通”、“下行沟通”中所呈现的宰制性共识，皆是后工业社会中的最大败笔。

Habermas 提醒世人，在各种教育情境中，必须站在平等的立场来进行协调与沟通。此因每个人都是一个主体，都有不同的思想与意向，也唯有在无宰制的沟通情境中，主体性才能得以彰显。其看法或许流于理想，然而对于教育管理中人性化关怀的觉醒却是相当重要的。

4. 历史—诠释取向研究途径的开拓

过去教育管理学之研究只重视工具性的行动，对于行动的研究偏向于行为之类化与分析，也就是从部分的分析中搜集整体的形貌。Habermas 则提出了历史—诠释学科的存在。他认为任何的知识都是被扭曲的，而用来宰制人类的是语言。除非透过互为主体性的了解，否则确切的意义将永远无法被发现，真理也将永远隐藏于意识形态之中。

在研究中，研究者应该运用访谈与观察，从实际的沟通与互动中来了解真相。这就是为何批判理论的研究工具是人（human being），而不是纸笔工具。因为唯有透过人与人之间的心灵互动，才能使多元的实体与真相现出形貌。

三、Adorno 的批判理论与教育管理研究

（一）Adorno 的思想基础

Adorno 的批判理论并不牵涉解放与挣脱人类理性发展束缚的概念，而是运用犹太文化中的救世主观念（Messianic idea），特别是以“拯救”（redemption）作为理论基点。这个观念与 19 世纪德国犹太人所主张的社会同化论（assimilationism）① 不同。依救世主的观点，在人类悠久的历史中，拯救的想法时而被寻得，却从未被实践过。在拯救的世界中，人类试图逃离历史的转向，寻找自由的国度。救世主的想法常常让人无法置信，因为它太过于抽象，无法经由一般的理论获得解答。Adorno 的哲学思想即是对救世主观点的阐明，他指出乌托邦虽是个模糊的想象，可是这样的一个想法无论是在过去或未来都会存在。在乌托邦的国度里，所有的事物都能随性自然发展（the way things are），所有压抑性的束缚思想都很自然地被排除于外。然而，在后资本主义的社会中，人类完全受到现有体制的宰制，唯一能做的只是从艺术家的作品中解放自己。

Adorno 的文化批评（cultural criticism）是其批判理论的重点。他首先就科学思维与实证论科学哲学中的“伪明晰性”（false clarity）所造成的“启

---

① 社会同化论者是在 19 世纪至 20 世纪初抗拒启蒙运动与当代合理性权威的一股新势力。

蒙运动的自我毁灭”（self-destruction of the Enlightenment）加以批评。理性的自我破坏使得文化衰颓，其结果使得人性无法进入真正的人文环境，而是进入了一种新式的野蛮状态。Adorno 对实证论（即科学主义）的批判，在后期转为一种对“科学与技术合理性”（scientific and technological rationality）作为新的宰制形式的批判。此种宰制形式乃是 20 世纪资本主义之先进工业社会的特征（巴托莫尔，1991）。由此可知，批判论者基本上相信意识形态是一种维持宰制状态的主要力量，也因此强调对意识形态的批判是解放的主要力量。

（二）Adorno 批判理论对教育管理研究之启示

Adorno 的概念应用在教育管理研究时，主要强调行政者之思维必须是实存的（concrete），也即非科学的（non-scientific）。这并不表示所有的思考都只是主观性的，而是行政者之任何思维都不应受普遍的标准所限制；那是因为行政的活动不比科学的活动，行政者必须了解到这一点。任何的确定性都会低估了脉络的复杂性。

Adorno 认为科学研究与行政之关联性并不大。因为行政与文化之间无法分开，科学的观点运用在行政时很自然地会形成格格不入的局面。例如，科学家习惯以规律性的态度来判决一个安排，而结论却往往与该有的答案不同。因此，在教育层面上，实务的整合有时比技术的问题更为复杂。Scheffler（1985）专攻 Adorno 思想的研究，他把 Adorno 的观点诠释为“教育层面的事务必须对不同观点的语言与步骤具有敏感性，并且懂得如何互相连接……”（p. 100）。由此观之，行政者必须像专家一样去启发批判性的问题，而使制定决策不再停留于技术层面。Hodgkinson（1978，1983）对此也做出响应，他认为教育管理研究必须是奥秘的（esoteric），也就是哲学的。运用特定的规则作为行政概念建构的工具是非常不妥当的。

Scheffler（1985）进一步指出教育管理者应具有自我意识与批判的态度，也就是一种自我的觉醒（self-awareness）。这并不是与生俱来的本能，而是需要去发展。自然觉醒包括四个元素：对个别主体的觉醒（awareness of individual agency）、对文化脉络的觉醒（awareness of culture context）、对习惯的觉醒（awareness of habit）与对当代知识的觉醒（awareness of contemporary knowledge）。犹如人类个体，社会情境同样呈现了无限的可能性，行政者必须懂得抉择：哪个部分必须去实践？哪个部分必须减到最小？哪个部分又必须忽略？这就像去了解文化脉络所设定的行动参数（parameters of action）一样，必须去了解它们潜在的相对判断。行政行为也必须去反省“一个既存的习惯与政策”。除此，行政者必须避免掉入行动是“受限于自然环境，独立于人类知识”这个假定。因为行政者并不是历史过程中的单一组成分子，而是属于此过程中的主体。经由知识，他们必须明白情境是可以改变的。Scheffler 提出其谨慎与卓越的警告，认为行政者应体认潜在评鉴的多样性，应对于制度设定有所觉知，应相信所有的情势都可以经由知识而改变。这些警告说明了没有一个固定的模式可以打造出更好的社会。也因此，行政决定更应该去注意其他层面。除了从事实中获得一个准确的计算结果，我们更应具批判性。这不表示我们常常必须持反对与怀疑的态度，而是在面对或处理问题时，应了解到要依据多种可能的问题解决模式来解决问题，特别是一些受脉络与习惯限制的问题。简言之，具有批判性即是处理复杂辩证问题的具体方式。

此外，Adorno 也相当担心合法性控制的问题，此即行政者与当前社会之间关系的问题。依当前的历史环境，学校教育存在着两大危机：（1）学校教育受到合法性体制之控制，单纯以消费者需求来作为办学依据；（2）学校只教导利益族群所需要的课程。Adorno 曾指出，事实上以上两个危机最高的控制都来自于相同团体，也就是互相勾结的资本家们。在这种情况下，往往会造成行政与文化脱节，致使社会变得冷酷且被操纵着。这样一个“消费者优先”的社会根本就无法清楚地区分什么是教育需求（educational need）、什么是时尚（fad）、什么是流行（fashion）。社会文化直接地附属于市场机制的影响。在此环境下，教育需求皆受到消费者社会所保护，更正确地说是消费者主导了教育的走向。

消费者主义当道的社会是个“生产性的社会”（productive society），因为生产需求控制了消费者的思维。例如社会概念表示社会是由劳工与生产者所组成，学校会想办法做因应，使得整个教育活动俨然成为经济的产物。

学者 Frye（1970）就曾对一个生产性的社会提出了抗拒的理由。他说：

> 当我们（无意识地）接受一个生产的机械观时，我们的社会即陷入了无法抗拒与无法逃避的紧急状态中，文理学科与科学的保卫者将持续地发出惊惶失措的哀号。人文主义不只是有装饰的价值，当整个教育陷入了经济的魔掌时，人文主义就变成了一个转化的角色。当用

人文主义的角度来检视教育时，教育质量一旦下降，则表示教育生病了。挽救方法只能是依靠有识之士来改造文化，毕竟以技术的角度进行科学研究，仅能进行“科技”革命，却无法实现本质改变的功能（引自 Maddock，1993，p. 16）。

生产性的社会并不是个民主的社会，而是个独裁、专治的社会。它加剧了人与人之间的不平等，使得一个民主国家的形成只能流于理想。行政者只会想尽办法建立集中式的领导，以强化操作功效。文化的影响力消失殆尽，渐渐地，在人类社会中，任何革新的想法都缺席。“行政即科学”这个观念所带来的危机至此可见。

所以，身为一个教育管理研究者，应该具有两个智性美德：其一为“超然”（detachment），这是科学的特征；其二为“关怀”（concern），这是文学的基本特征。科学上的行政概念将所有的知识与真理放进一个与之互相适应的结构，使得人们忽略了个人关怀与整体关怀间具有差异性，结果造成了人类生命中梦想、期望、人性价值等本质生活都遭受否决，生命本身也遭受否决。忽略迟早带来斗争，也带来了伤亡惨重的结果。所以“超然”必须与“关怀”结合，以明白不确定性的存在以及与己相异的看法比比皆是。所以，我们不必刻意去要求一致性的规范，而应同时关心文化的保存与育成。没有超然的关怀是空的，没有关怀的超然则深具破坏性。

四、Bates 之批判理论

另一位对教育管理科学中实证观点（包括逻辑实证论与逻辑经验论）做出严厉批判的学者为 Richard Bates。其对于实证论的主张（如价值与事实的分化）也做出过相当有力的批判。Greenfield 对教育管理研究的批判立论基础来自于现象学与 Kuhn、Feyerabend 等科学哲学大师的主张，而 Bates 则是以新马克思主义作为批判基础。20 世纪 80 年代之初，Bates 从批判理论的观点出发，对逻辑实证论追求价值中立的研究态度进行了一连串相当密集的批判。

（一）思想简介

在教育管理领域，Bates 的思想虽不像 Greenfield 那样引人瞩目，然而其所推崇的批判理论方法论却也造成不小的影响，特别是在教育管理与课程两大方面。Bates 深受批判理论的影响，因此，他习惯先从宏观的角度对教育管理研究问题进行批判，再经由微观的角度检视教育管理实务方面的各项难题。Bates 认为，教育管理领域中的实证论传统并没有去正视学校知识传递的问题，对于学校已沦为统治阶级寡占利益与优势的工具，以及统治阶级借由教育来促成社会不平等之事实并未加以陈述与批判。实证论传统只重视运用实证观点来进行普遍法则的建立，却忽略了学校中一些更为迫切需要解决的问题。Bates 坚信教育管理已经沦为控制的技术（a technology of control）。他说：

> 学校中可供使用的知识结构先受到教育系统中的各个分层部门的筛选，然后是教师以其专业的形象散播特定的意识形态……这些结构，使得行政者与教育系统所进行控制的结构力量加大，学生之行为、发表言论时的观点与生命随机性完全遭受控制而不自知。而且，教育管理可以被视为透过知识结构与经验执行控制的过程（引自 Park，1999，p. 369）。

（二）Bates 的三大哈贝马斯式批判

Bates 引用法兰克福学派大师 Habermas 的三个重要观点来支持其论点。首先，Bates 借用了 Habermas 的作品《合法性危机》（*Legitimate Crisis*）中，对于现今资本主义所产生的严重问题进行的批判与分析。依据 Habermas 的观点，现代化国家可区分为三个主要的次系统：经济系统、社会文化系统与政治行政系统，而次系统之间有可能发生四种类型的危机。关于这四种类型的危机，Bates（1985）做了以下说明：

> 系统是以整体的形式存在的，如果其中一个次系统无法良好运作，危机就会产生。因此，如果经济系统无法适当地提供足够的商品与服务，则经济危机就会发生；如果政治系统无法在国家利益与人民权益之间做一个理性平衡的决定，则理性的危机就会产生；如果政治系统无法提供令人满意的社会与福利制度，则合法性的危机就会出现；如果一般人民之间所共同分享的价值、传统思想与期望之间无法维持其分享模式，则动机性的危机就会发生（pp. 26-27）。

基于以上论述，Bates（1985）主张把教育这个次系统纳入成为其中一个主要次系统，认为教育系统是国家维持其发展过程的一个相当重要的工具，并进一步指出教育系统扮演着四个重要的角色：

（1）提供人力培训与生产技术知识之经济系统。

（2）成为最方便的控制机制（mechanisms），经由有计谋的运作与人力市场的训练计划，使得经济层面能受到合理的控制；另外，也可借由语言来对公众进行思想的灌输，而教育就沦为思想灌输的最佳管道。

（3）经由政治与经济的合法性秩序，使教育机构成为重要的社会化机构。

（4）对于年青一代之动机与社会法治观念的发展扮演着关键性的角色。

统治者往往可以借由以上四个层面的控制，来使国家陷入危机而不自知。Bates 批判美国的学校教育已经无法发挥其正当之教育功能，无法成为解救个人与社会的工具。在精英教育制度之下，教育沦为上级阶层维护其地位与财富的工具。Bates 进一步以马克思主义的社会学观点来支持他的论点，认为国家危机的形成是源于教育系统产生了问题。而现代学校系统所存在的问题，他认为有三点：

（1）当教育系统以所谓的“机会公平公正的原则”作为发展方向，教育成果的好坏又完全以此原则作为评价原则时，就会造成财物分配的不公平。

（2）学校无法对社会阶层提供向上流动的同等机会，因为所有的机会大部分都由“劳力市场结构与个人利益”所决定。

（3）当精英教育思想风气过盛时，学校会沉溺于该思想，以为唯有透过精英教育才能创造公平机会，却因而让有利团体继续尝尽甜头，让不利团体在追求成功的过程中跌跌撞撞，体会了生命的无奈。

Bates 由此做出定论，力主学校教育是由社会控制的机制所控制着。为了克服资本主义所带来的弊病，研究者需要一个更适当的研究走向，此走向关心人类的解放与如何建构一个更美好的世界。此新兴研究模式的立论基础来自于现象学与批判理论两大理论传统。

Bates 引用 Habermas 的第二个观点是源自于后者主张的沟通行动理论与理想沟通情境观念之间的连接。Habermas 认为人类是懂得运用语言为工具的动物，也是发明工具的动物，Marx 的思想强调“阶级冲突”，却忽略了

“再生产”问题（例如由于社会经济地位较低，偏远地区学生无法得到平等之教育质量，因而无法翻身而造成阶级再生产）。在马克思历史唯物主义思想中，极少提及社会合理性的建立。Habermas 则对于合理性的讨论相当深入，其对沟通之分析，主要目的在揭发日常语言被系统性曲解的可能性，以促使所有的沟通在无宰制的情境下达成。Bates 运用极大的篇幅来说明如何进行社会组织重建，其目的在提升决策过程中的民主性，并鼓吹人类的解放。他声称在学校中，语言不再只是沟通的工具，它也是控制的机制之一。他坚信学校行政情境中协调的论述（discourse of negotiations）很显然地存在着所谓的特定支配模式。批判的教育管理取向之目的即在于澄清、检视与纠正不当的论述。要达到以上目的，则必须将被曲解的意义（语言）修正过来。

Bates 引用 Habermas 的第三个观念源自于其知识论，即关于知识的本源与科学的本质的讨论。Habermas 视实证论为科学主义的一个例子，因为实证论将合理性的定义窄化，以为只有运用科学程序进行方法论分析者才符合科学理性的要求。Habermas 本身并没有完全否定实证科学观点，他的看法是：实证论只是许多可能的科学知识的其中一个类型。Bates 将这个观点纳入教育管理学的讨论中，他认为自 Weber 到 Simon，教育管理研究的进步取决于运用逻辑实证论、经验主义、功能主义、行为主义科学的观点，或单由数字高低来判断组织效能与效率高低的做法是不妥当的。

Bates 对于教育管理过去的实证传统进行了广泛的批评，也将社会学上的重要理论引进教育管理研究中。其思想对于教育管理领域中批判理论的发展有着举足轻重的影响，值得相关领域之学者加以重视。

五、女性主义

批判理论发展至 20 世纪 80 年代时，将研究焦点转移至行政组织中的性别意识形态批判，其中“女性主义研究”（feminist research）尤其值得关注，而知识论上更已将女性主义纳为重要的研究途径（Longino，1999）。Kenway 和 Modra（1992）认为女性主义之主要诉求在于让人们了解性别是形塑社会现象之重要因素之一。女性主义相信女性在社会构造中被置于不平等的位置，一直以来深受剥削、贬视与压制，相关之教育内容也成为共谋者，女性主义即要终结此种不公平、不平等的社会配置，强调女性的重生。

在教育管理方面，20 世纪 90 年代以来关于女性主义观点的运用呈现蓬勃发展的局面（Bjork，2000；Blackmore，1996；Hill & Ragland，1995）。研究者以女性主义观点检视了教育管理运作，发现整个教育管理界向来为男性所独霸，女性无论职位、声誉、地位都受到挤压而难以进入权力中心。

证据显示，20 世纪 60 至 70 年代，美国女性在管理层级中的名额寥寥。在当时，美国学校行政人员学会有 98.7% 的会员是男性。1975 年美国健康、教育与福利部（U. S. Department of Health，Education and Welfare，简称 DHEW）的统计报告中指出，全国 13037 位长官中，只有 65 位为女性。1988 年美国国家教育资料中心（National Center for Educational Information）所编的报告书中指出，在学校中教学之教师有 65% 是女性，却只有 4% 参与学校行政职务（引自 Sergiovanni et al.，1992）。

传统社会认为女性在能力上较男性差，因此在重要行政职务上聘用男性来担纲较为合理；认为女性在先天本质上本就不适合领导工作。讽刺的是，Meskin（1979）对女性领导者进行的一项研究中，发现女性领导者与男性领导者在效能方面的表现并无明显差异，而且女性更偏向于民主型领导，在行政绩效上，女性也有凌驾男性的趋势。

Shakeshaft（1987）出版的《教育管理中的女性》（*Women in Educational Administration*）中，对 200 篇论文与 600 篇研究报告进行了整理，对于男性与女性风格之差异做了以下的结语：

（1）女性领导者以“与他人的关系”作为行动的中心。

（2）女性领导者将焦点置于教学与学习方面。

（3）女性领导者本质上较注重学校社群的建立（引自 Sergiovanni et al.，1992，pp. 113-114）。

Blackmore（1996）对教育管理领域中之女性主义研究进行的后设分析中，发现女性代表不足（under-representation）一直以来被视为教育管理中的一个难题。近年一些有关女性的研究将性别视为变量来进行分析，并试图将教育管理中女性的声音释放出来。

有关女性主义的关注在于种族、文化、社会正义与实践等层面，在早期其主要目的乃在揭露理论中的“男性至上”取向。近年，女性主义加入了“后结构主义”（post-structuralism）与“反再现主义”（anti-representationism）等观点，试着从社会制度的解构来进行男女权力的重新分配（请参见第五章）。综而言之，女性主义是寻求女性的解放，特别是透过权力、文化、平等、控制、冲突与合理性等议题来进行辩证。关于此方面的研究仍处于辩证与对话中。

值得注意的是，2000 年 2 月发行的《教育管理季刊》即以“教育领导阶层的女性”（Woman in the Superintendency）为主题，进行了一系列教育管理领域中女性主义发展的讨论。研究发现，早期的女性研究旨在了解女性与男性在管理阶层的比例如何，近年则将焦点转向女性所受到的不平等待遇与性别歧视方面的探讨，以及叙述这些女性如何在男性统治的行政环境中力挽狂澜的实际情况（Brunner，2000；Skrla，Reyes & Scheurich，2000）。

Collard 和 Reynolds（2005）集合美国、加拿大、澳大利亚学者之论文出版了《教育之领导、性别与文化探讨：男性及女性观点》（*Leadership，Gender，and Culture in Education*）一书，指出若欲分析与了解女性主义或性别探讨，则必须从其所处的社会、系统与组织来了解，才能一窥堂奥。整体而言，社会对于女性领导者仍具有刻板印象，仍须努力突破。

Oplatka（2006）则检视学校女性领导者在发展中国家之情形，以了解女性领导者职业生涯发展之障碍。该研究检视了 13 篇刊载于教育管理、教育性别研究及比较教育期刊的论文，了解女性职业生涯发展的障碍（包括家庭义务、女性受教育权保障不足、职场男性比例偏高等）。

国外相关问题的研究成果已相当丰硕。而在中国台湾地区，有关女性主义之研究也已受到重视。胡幼慧（1996）从社会学的角度探究台湾地区妇女在职业、婚姻、家庭中的角色，即以批判的角度来进行讨论。王逢振（1995）则从理论推介的角度描述女性主义的发展。蔡美仪（1992）探究台湾地区女性教育主管性别角色、自我概念、社会支持与工作适应之关系，以量化方法进行变量之间的关系检视，并未由批判角度对女性权力地位做检视。黄丽蓉（1995）以“组织中的女性领导”为题，检视了台湾地区女性在组织中的表现，但多停留在描述性层面，只重视杰出女性领导者生涯发展成功的关键性因素以及女性领导的困境。侯怡枫（1997）以“一位国小女性校长领导实际之个案研究”为题，检视国小女性领导者在行政上的特点，但也仅止于对女性领导者之领导方式与特质进行质性探究。锺静宜

(1999) 虽然从女性主义观点检视台湾地区教育、职业地位取得之性别差异与变迁，然而对于过去女性所遭受的抑制与不平等待遇之分析，却只着重对台湾地区社会变迁基本调查资料进行次级分析，对于以女性主义方法论进行批判较无明显之呈现。

之后，潘慧玲（2000）所主编之《教育议题之性别视野》一书为少数针对相关议题之结辑之一，书中对教育管理领导、课程与教学、教师生涯等领域，从女性主义的观点加以论述与分析，值得进一步阅读。简成熙(2005) 指出女性主义知识论强调女性独特的经验对知识产生之效用，可凸显女性对知识生产的优先性，但也可能会助长传统的性别刻板印象。陈素秋（2007）指出随着性别平权运动的发展，台湾在过去几年来透过各项法令政策，成功颠覆了诸多过去不利于女性的公、私划界。洪淑芬（2008）探讨台湾地区国民中学女性校长对父权主义之知觉，以及其在传统父权主义影响下从事学校领导时，所采取之策略，并分析不同背景变量的国民中学女性校长对传统父权的知觉与所采取之领导策略差异。其中发现国民中学女性校长在学校组织领导策略中常采用以身作则、默默领导与女性优势特质的沟通方法。邱钰婷（2008）从后结构女性主义的观点分析了六位国中女校长之问题解决心智运作，指出后结构女性主义的分析观点能解构教育管理领域传统男女校领导研究之论述，且女校长的问题解决心智运作受其主体位置脉络影响而呈现多元的样貌。范炽文（2008）指出女性主义可说是批判理论近年最具成效之理论，虽女性主义的领导观点偏重私领域，强调人际关系、伦理发展及情感交流，但此种概念能突破男性思维，提供教育管理研究新的思考方向，同时协助女性主管突破“玻璃天花板障碍”，让组织领导者能重视多元文化差异，打造公平正义的组织文化。

六、批判理论对教育管理理论发展之影响

批判理论与 Greenfield 的现象学（诠释范式）在某些层面上持相同的看法，两者都重主体性、特殊性，轻客观性、普遍性。批判理论在学术界正方兴未艾，然而从批判的角度来对教育管理问题进行分析的研究，至今在国内仍然不多。综而合之，批判理论对教育管理相关研究的影响如下：

(1) 其为教育管理研究方法论开启了另一个研究方向。社会科学研究不再只有实证与诠释的方法。过去实证论重视价值中立与原理原则的建立，

自然论强调主观性价值对研究过程的影响。批判理论则另辟蹊径，勇于对所谓的“真实”进行批判，特别是针对经由教育管理制度的设计所形成的各种教育、文化、族群、性别上的霸权现象，进行分析与批判。

（2）批判理论主张教育学与其他学科如医学、经济学、物理学不同，缺乏基本定理，有的不过是一些通则，而其往往因组织价值观的不同而有所变动。批判理论指出，与其寻求放诸四海皆准的定理，不如专心探讨隐藏在组织行为背后的价值判断，方能了解其来龙去脉。

（3）在增进教育组织效率的议题上，批判理论认为一味强调“控制”以维持运作是不对的；反之，其应发挥“建构”（constructing）的功能，激发不同立场的次级团体共同合作，以避免对弱势者的压迫。如何唤起组织成员的自觉，互相合作制定目标与客观地参与决策，并遏止工具理性的扩大，也是批判理论关心的领导议题。

第三节　文化理论

一、文化理论之源起

文化理论是在20世纪80年代相当受到重视的新兴观点之一。20世纪70年代后期主观主义者对于传统行政学理论的批判，使得以往被忽略的“文化观点”（cultural perspective）① 开始受到注意。“文化”这个概念在组织理论研究方面并不陌生，因为在开放系统理论中，文化被视为组织成功的要素之一。Smircich（1983）即对组织理论中的文化概念进行过深入的研究。Jackson（1968）与Wolcott（1973）长期以来强调学校中存在的文化现象。然而，以上研究的重点与此处的文化理论差异相当大。

追溯文化理论的根源，其立论基础主要来自欧陆哲学思潮，包括诠释学、文化人类学（cultural anthropology）、现象学与诠释的社会科学（inter-

① 文化观点强调心理层面的特质，包括动机、情绪、理性都是无法被肉眼所看到的。

pretive social science)。其最重要的特征是对实证(经验)科学的批判。文化观点将研究焦点置于内在精神现象的分析，主要目的在解释人类行为(如动机、意向、信念)，与时下注重外显行为的量化研究不同。由于心理层面的微妙变化无法借由观察来明了，他们于是主张为了使某些潜藏的真实现身，则必须运用一个完全与主流不同的方法来进行研究。其所谓的新方法即“理解”的方法。他们相信，唯有运用这个方法才有可能测得人类主观性与意义创造的情形，也只有这样才能拥有理解学校组织的钥匙。

二、文化理论在教育管理研究中的发展情形

文化理论运用到教育管理组织与领导研究的主要推介者为Sergiovanni，在20世纪80年代后，其陆续发表关于如何运用文化观点来进行教育管理组织研究的文章(Sergiovanni，1984；Sergiovanni et al.，1987，1992)。影响所及，文化组成、领导与组织文化、学校即文化、管理文化、团体文化等相关课题研究在20世纪80年代中期达到高潮。在1986年由美国教育研究学会(America Educational Research Association，简称AERA)所举办的学术研讨会中，关于文化观点的讨论相当热络，大部分的学者虽然仍对某些概念无法达成共识，然而大致同意文化为教育管理研究中重要的一环。1987年后，文化观点深受重视而迅速发展，像学校文化、如何改变学校文化与文化观点领导等议题的讨论都时常出现在学术座谈、书籍与期刊中。

从隐喻(metaphor)① 的观点出发，文化常被视为组织权力与运作的意象。文化观点即以文化作为工具，讨论如何建立与改变学校文化，以实际了解学校组织的运作情形，并将学校的实际情况明朗化。隐喻性的观点视组织与文化乃是相辅相成。此因文化是依据符号(symbols)与陈述(representation)所组成的意义网络。符号是了解文化意义的关键，若要了解组织文化，则必须将焦点置于符号，而非文化本身。在互动的过程中，人与文

---

① 隐喻的行政意涵是难以界定的。黄乃荧(1999)、简成熙(1994)曾对隐喻的意义进行过分析。具体而言，隐喻被视为一种观念系统，通常是借由一类型事物类推至另一类型事物，因此能创造出知、情、意等各种不同的价值。换言之，隐喻的运用，常有助于对人类各种现象之了解，以获得解决问题的方向。

化是无法分开的，人的大脑常受到特定文化影响而不自觉。因此我们只能借由陈述与符号来了解文化。

文化研究观点的主要诉求，乃在对于社会个别社群彼此共同分享意义与价值之关注。"中心"这个概念通常被视为理解的管道。组织与各个社会中心则作为价值、情感与信念的所在地（locus），即人类群体结合在一起的"文化结合剂"。

此外，W. A. Firestone（费尔斯通）在文化研究上的努力也是有目共睹。Firestone 和 Wilson（1989）的研究一直以来偏重于学校行政者（主要为校长）如何透过文化连结网络（cultural linkages）来影响学校之教学工作。Firestone 和 K. S. Louis（路易斯）在 1999 年发表的《学校即文化》（*Schools as Cultures*）中，将多年以来的研究心得与成果进行整理，为文化研究之不可多得的好文章，对文化研究有兴趣的读者可进一步阅读。

三、文化理论的基础

文化理论之立论基础主要来自于诠释学。社会科学中的诠释转向（interpretive turn）虽可区分成几个不同的研究方法①，然而大致上它们都是"反实证的"（anti-positivistic）。它们都强调差异性，强调社会生活的本质仍是行动者本身所知觉的世界。这也是诠释学的最主要贡献。诠释学方法有几个基本主张（Evers & Lakomski，1991）：

（1）强调理解方法的运用，因为它是一个适用于所有社会互动的最佳方式。"理解"这个概念在 Weber 的著作中常被提及，此概念之提出使得自然科学与社会科学之间是否应做严格区分的议题再次引发争辩。Weber 将"理解"定义为以研究对象的想法进行同理的观察与理论诠释。换句话说，诠释学的方法特别强调同理心。

（2）它重视逻辑与其他符号系统意义的撷取，特别是一些意向性的想象。

① 诠释学派别大致上可分为符号互动论（Symbolic Interactionism）、民族志研究法（Ethnography）与现象社会学（Phenomenological Sociology）。各理论之代表人物分别为 G. H. Mead（米德）、E. Goffman（戈夫曼）、H. Garfinkel（加芬克尔）、P. Berger（伯格）、T. Luckman（勒克曼）。

这或许就是“理解”的特征之一。依据 Weber 的说法，对于某个情境或行动的了解只属纯粹的了解，研究者不应得出判断性（赞成或反对）的结论。

（3）诠释社会科学家在检视某些特定的实践与法则时，习惯自相同的一群人来进行推论。他们并不认为此种做法是不科学的（unscientific），并主张经由特定个体的观察才能真实地去了解事实与真相。

（4）世界上的一般知识都是理所当然地存在着，是实用取向的知识。因此我们很难将其用命题的形式呈现。

（5）社会与组织理论学家喜欢运用一般人对其意义世界的建构作为事先了解的基础，而诠释论者则扬弃了先前的诠释基础，以避免偏见与意识形态的宰制。

诠释学可广泛定义为对意义之理解或诠释的哲学派别。此因意义经常有诸多歧异出现，唯有透过理解、诠释的方式才能把握整体的意涵，脱离歧异的迷雾。而诠释学即是探究如何实践理解之科学理论。诠释学之任务与旨趣即对于当前过度偏重方法论、知识论、单一性与确定性的研究主张进行反省。对于执着单一方法，全盘移植自然科学之经验、分析方法及因果解释法则，应用至社会科学探究之观点提出批判，认为以上论点过于偏重工具理性而忽略对主体性之关怀，且丧失对于现状之意识形态之反省，无法照实地彰显事实意涵（陈碧祥，1998）。诠释学观点内容相当复杂，该学派代表人物之间也常有看法相左的时候。此处仅简要说明 Hans-Georg Gadamer（伽达默尔）[①] 与 Charles Taylor（泰勒）两位诠释学大师的观点及其对教育管理领域文化观点演进的影响。

（一）Gadamer 之主张

Gadamer 认为诠释源于历史，因为任何事物都是借由历史流传下来的，诠释的对象即历史。他主张：

> 对于某一历史事件的诠释，也包括了精神的诠释、模仿的表现与行为的诠释，因为即刻的意义感受并不是我们想要的。诠释如果不通过静思（mediation）就无法揭发真实意义。我们必须摒弃暂时的感觉以深入探寻真实的隐藏意义为何（引自 Evers & Lakomski，1991，p. 120）。

① Gadamer 为当代著名的德国诠释学派重要代表人物。

Gadamer 主张理解必须经由论述（discourse），因为论述往往发生于特定的历史脉络中，而理解永远离不开历史。再者，理解永远也离不开语言，因为语言常受限于文化脉络形式，不同地区常有不同的语言；基于此，翻译文章以进行诠释的行动就显得格外普遍，因为好的诠释者必须也要精通语言。

（二）Taylor 之主张

Taylor 则发现语言的问题常造成诠释的困难，例如在某一个社会中所建立的语言有时很难被适当地用另一种语言来描述。于是，Taylor 与 Gadamer 也意识到必须订定诠释的规准，作为检视理解对错的标准。有趣的是，Taylor 与 Gadamer 也同时陷入两难的情况，因为一旦为诠释建立规准，则又掉入一元论的矛盾，如果诠释不具规准又如何判断诠释的正确与否？最后，Gadamer 决定以一致性（coherence）来解决这个难题，他认为“获取正确的诠释”是个连续不断的历程，即基于对“完美一致性”的期许。他宣称无论对任何事物的了解，一致性必为诠释的重要特征。Taylor 并不认为一致性应作为诠释适当性的终结性诉求，人们能做的就是对同样的内容提供更多的诠释。然而 Taylor 似乎没有发现人与人之间“代沟”的存在，诠释若沦为主观意义，则真理只有愈辨愈模糊（Evers & Lakomski，1991）。

简而言之，由于派别甚多，关于诠释的方法与规准，诠释学派并没有一致的说法。但可以确定的是主观性的地位在诠释方法中远超过客观性，诠释的目的在于了解而非控制。

四、文化理论在教育管理研究中的应用

（一）教育管理组织研究方面

传统行政管理时期（注重效率）与人际关系时期（注重个人）认为组织是紧密结合的，就像齿轮与轮子的关系一样。于是行政的功能旨在控制与指导，经由计划、组织、指导、控制、激励、奖励等方式来达成学校既定目标。然而，以文化观点所进行的研究，却发现教育管理组织基本是个松散结合的系统，行政者必须注意到“文化结合剂”① 的使用，以产生必要

① 这里的结合剂指的是各部门间结合的关键物。K. Weick（韦克）认为在松散结合系统中，领导者一旦无法掌握结合部门的关键，则各部门将只是个部门，组织不再具有整体性。

的“连接”。“文化结合剂”产生于规范、价值、信念、意向，可引导组织成员对于组织目标达成的承诺。Weick（1982）即指出行政者必须重视松散结合系统之间的结合剂（glue），如此才能使各次系统在松散结构中有适当的交会。

关于组织文化的意涵，各家说法有所差异。Ouchi（1981）认为组织文化即象征、仪式和传说（myth），为组织成员相互沟通的价值与信念。Schuartz 和 Davis（1981）视组织文化为组织成员所共同拥有的信念和期望形态，此一形态产生了组织规范并塑造了组织成员的行为。Schein（1985）则认为组织文化好比解决组织内在和外在问题的一个有机体，其不断引导新进成员去知道和思考组织相关的问题（引自秦梦群，2011）。

对一些成功的学校与企业组织所进行的研究，也发现组织的确具有由价值信念所构成的中心区域，这个区域具神圣的特质。或许说组织中事实上有着一个正式的“宗教”，指示了意义与指导适当的行为，也提供了一个核心信念，使得组织呈现紧密结合的状态。所以，一旦领导者领悟了这点，便可以进一步从文化的观点来对组织进行整合。

（二）教育管理领导研究方面

从文化理论的观点检视组织，我们发现学校事实上是离不开价值与意义的。以文化观点检视成功的领导者，会发现他们强调以意向（purpose）作为领导核心。所谓意向行为（purposing）是指由组织的领导者所进行的一连串行动，以使组织中的基本目的获得澄明，并达成成员的共识与承诺。过去的领导只重视领导者控制幅度的大小与学校目标是否达成的讨论（秦梦群，2010）。文化观点较不关心管理控制或人际的心理探讨，而是专注于了解、运用，以及必要时重建学校的文化制品（artifact）[①]、观点（perspective）[②]、价

① 文化制品是指文化中可以接触到的面向，包括语言、故事、神话、仪式、典礼，以及可见的具价值意义的其他物品。

② 观点是指相互分享的规定与规范，其作为组织成员遭遇问题时的解决方案与守则，使得成员能够很快地了解情况并能在合理的行为模式下解决问题。

值（value）① 与假定（assumption）②。

至于行政者是否应该专注于重新建立学校之文化制品、观点、价值与假定，以强化学校之独特文化，一些学者如 Ouchi（1981）、Deal 和 Kennedy（1982）认为领导者只需掌握文化即掌握了成功。批判理论学家则担忧学校文化极可能沦为行政者控制学校教师与学生行为的工具。相关的讨论至今尚未有任何定论。

Sergiovanni 将绩效、个体与文化三大观点进行了比较，实有助于对文化观点的了解。详细内容可参见表 4-2。而 Firestone 则偏重于学校中文化连结网络对于学校行政工作的影响。此处限于篇幅，将不详细讨论。有兴趣之读者，可参阅 Sergiovanni 与 Firestone 的专论与著作。

表 4-2 教育领导中绩效、个体与文化观点之比较

主要论点	绩效观点	个体观点	文化观点
次要观点	视科学管理为工作效率之追求。 视科层体制为组织中效率之体现。	人际关系观点：视个体为社会性之存在。 人力资源观点：视个体为一个成就导向的存在。	组织内的文化。 组织即文化。 社会建构或意义的重建。
普遍隐喻	理性机械式的	机动式的	社群文化的
其他隐喻	工程 工厂 蓝图 机器 装配线 经济人	健康 传教士 植物 养育 社会人	家庭 意图的 具意义的 神圣的 意识形态 契约
分析之基本单位	工作流程与组织设计	人性的组织	为价值与共享意义的核心概念 规范性的秩序

① 价值是指提供给组织成员作为判断情况、行为、对象的评鉴基础。价值显示了组织任务中重要的目标、理想、标准或组织禁忌等等。

② 假定是指那些不可见的、组织成员所持有的信念。这些信念统治了成员之间的关系模式或是与组织联结的本质。假定是不可见的与无意识的（unconscious）。

续表

主要论点	绩效观点	个体观点	文化观点
主要概念	目标与目的 备用方案 成本利益分析 最大利益的决定 绩效	支持工作团体对于学校目标的承诺 动机与工作满意度	建构的意义 紧密结合与松散的结构 具共识的动机 文化联结 有意图的 符号式的领导
权力形态	奖赏、强制性、法律的形态	规范性的	规范性、强制性的
行政命令	计划、组织、控制、评鉴。 强调组织结构的正式化、集中化、阶层化、效率与生产。	运用团体行政与权力平衡策略来发展一个具有高效能的工作团队，来达成学校的目标。	虑及文化差异的存在。 强调目的与愿景。 了解与意义比行动更为重要。 领导者提倡以及与他人的沟通比其个人的行为更为重要。 以符号进行沟通。 建立牺牲奉献的精神文化。
决策	人类与组织被视为理性的。 因为妥当的计划、组织、控制、评鉴、预定目标可以在理性、具效率的情况下达成目标。 决定策略在系统分析上呈线性关系。	人类与组织被视为理性的。 赋予人类进行评鉴、信任与自我实现的权利。 组织可以设定目标，发展组织承诺来达成目标。 结果是行为的较高水平与较高的满意度。 决策策略在目标管理上呈线性关系。	因为文化差异是神圣不可侵犯的，而行政决定极可能被视为文化侵害的一种，必须特别注意。 必须存在着形塑文化的可能性、运用目的与符号式的领导；否则就不要轻易行动。 依赖合理的民众运动，并适时地站出来提供必要的符号与意义以建立神圣的文化。

资料来源：Sergiovanni T J，Burlingame M，Coombs F S，Thurston P W. 1992. Educational governance and administration［M］. 3rd ed. Boston：Allyn & Bacon：163-164.

第四节 连贯论

一、连贯论之起源

连贯论的起源来自于方法论上质性与量化方法之争。本章第一节所述之自然论是方法论上“质量之争”的另一要角。质量之间究竟是互补或对立，在国际的方法论坛长期以来备受讨论。从目前学术界的发展情况来看，两者已进入互补并存的阶段。

在21世纪之初，正当质量范式之争愈演愈烈的同时，一个新的研究观点正在教育管理研究领域萌芽。此观点目的是解决质量争论的问题，试着从另一个角度思考两者同时存在的可能性，可称之为统合观点（unity thesis）。持统合观点者否定知识论上的分野，主张范式不可共量性的错误。它假定了一个不以任何知识为基础的连贯主张，那是因为传统的知识基础理论常常超越了本身的范畴，只关心如何证实一些牢固的基本原理。可惜的是量化取向与质性方法所努力追寻的知识论上的基本定理却一直未受到检证。此外，由Kuhn所提出的范式概念虽然广泛为学术界所推崇，但近年的研究却显示范式是不一致的（incoherent）。范式观点主张范式不可共量，认为不同研究方法可以做区分；但统合观点反对这样的观点。统合观点认为知识是无法分隔的，而是以整体的形式存在。

统合观点独特之处在于它能够对所谓的基础性难题提供解答。在多元范式观念下，不同研究观点之间被认为是相互排斥、不可共量与不可比较的，知识论上的分野也是无可避免的。如果抱持这样的想法，则研究成果之理性整合与比较就变得毫无可能，教育领域知识的成长也将裹足不前或形成僵化状态，因此统合观点的提出实有助于化解学术分裂的危机。

于是，Walker和Evers（1988）首先在J. P. Keeves（基夫斯）所主编的《教育研究、方法论与测量》（*Educational Research*, *Methodology*, *and Measurement*）一书中，提出复杂但具系统性的观点。他们指出一个以知识论为基础的统合观点已经浮现，且可以用来解决教育研究的难题。在教育管理研究上，澳大利亚学者Evers和Lakomski（1991）两人合著的《了解教育管理》(*Knowing Educational Administration*)一书中，初步提出连贯论的主张，并于1996年出版的《探索教育管理》(*Exploring Educational Administration*)及2000年出版的《实践教育管理》(*Doing Educational Administration*)等书中，针对连贯论做出了明确的叙述。

Evers和Lakomski早年即致力于对教育管理研究方法论的反省与改革。两人指出自行政方法论革命以降，教育管理领域不断涌现大批的新兴方法论观点，却多属昙花一现，或只是对于逻辑实证论的挑衅，对于教育管理研究的真正发展帮助不大。他们认为，所有的方法论事实上都牵涉了知识论中的一些问题，譬如知识的本质是什么？什么使得命题是可认知的？这些命题又将如何验证？是什么知识论带给教育管理理论结构与内容一个可以自我满足与统治的检证指标？

检视20世纪以来教育管理学术之发展，读者不难发现有三大知识论的发展对教育管理研究造成了极大的冲击。其一为逻辑实证论，乃是第一个具系统性的哲学影响。可是由于其对于事实与价值的分化，并将观察抽离出理论，使得教育管理研究遭受了不少的质疑。其二是以Kuhn与Feyerabend的思想为基础的多元范式方法论。其带来两个重要影响：(1)实证性数据不再是用来比较理论优劣的充分条件；(2)实证性证据部分影响自理论，因为观察是理论依赖的，用来描述观察的字汇也属理论性语言。特别是Greenfield的观点中，视科学为非实证性的，声称实证性数据对于理论的建构无法提供实质的帮助。此时期的理念在于对所谓的客观性进行攻击，而带入相对主义与主观主义两个重要概念。可惜的是，范式理念中的不可共量性观点，却使得不同范式间无法进行比较与沟通，流于相对主义式的争辩。

在纷扰的研究争辩中，连贯论顺势产生，成为知识论上的第三大主张。鉴于20世纪60年代中对于逻辑实证论的批判，特别是“理论无法经由观察来决定”与“观察具埋论依赖性”两个具体主张，连贯论提出的目的即在化解教育管理知识论上的诸多难题，其中包括前述两大知识论的缺失。Evers和Lakomski(1991)认为过去的实证论虽然面临了诸多困难，但较正确的态度并不是因此而逃离客观性与实在论的主张，而是应该去觉察除了观察与实证性数据的多寡之外，是否还有其他的证据可作为理论建立的基础。连贯论即是基于此观点所建构出来的新研究范式。

依照 Evers（1991）的看法，传统的知识论者想尽办法去寻求稳固的基础，以让人们相信知识的确定性、可靠性与正当性。以经验论为例，其所寻求的基础完全奠基于观察结果与“感官资料”。当代的基础主义论者常常存在此种短小眼光，忽略了理论的建立可以广泛地运用不同的指标来进行。连贯论希望创建研究的新视野，使方法论之讨论不再局限于传统的观点。

二、连贯论的基本主张

连贯论并不走观念论路线，不抽离物理世界。因此证实的连贯论可以与真理理论（theory of truth）相互结合。由此观点观之，则 Popper 的否证论价值就提升了。否证论强调任何理论的“证实”，只是理论上某项假设暂时地获得支持，研究者不应排除其未来被推翻的可能性。但 Popper 忽略了人类在认识过程中所具有的爆炸性潜力，因为人类所能做的不只有“证实”或“证伪”的工作。一致性在预测与反驳的过程中扮演着极为重要的角色。

连贯论放弃逻辑实证论的证实模式，因为单以证据的数量多寡作为理论选择的唯一指标，理由薄弱且不恰当。然而，为何有些理论在解决问题方面，或对未来事件做预测时会比其他理论获得更大的成功？连贯论者认为，这个问题只有一个合理的答案，就是该成功的理论运用了外加的指标，因而适当地修补了证实模式原有的缺点。因此，连贯论的主要诉求即在于知识论的整合，亦即运用具效用的指标来分析理论的优劣性，它强调：理论的选择应该以外于经验的指标（extra-empirical virtues）来进行。这些指标包括了一致性（consistency）、简易性（simplicity）、包容性（comprehensiveness）、解释的统一性（unity of explanation）、可学习性（learnability）与生产力（fecundity）等六项①。综而言之，连贯论的主要特点如下（Evers & Lakomski，1996a）：

（1）在结构上，连贯论者倾向整体论的主张，因为行政理论虽然可分成性质相异的主题，但各主题之间为一个连续的信念网（continuous web of be-

① 关于连贯论证实模式的外于经验的指标，原发表于 Evers 和 Lakomski 1991 年的作品中，到了 1996 年后则进行了部分修正。把原来的“conservativeness”与“coherence”改为“unity of explanation”与“learnability”。

lief)，构成了一个球状的理论结构。球状结构经由不断的自我修正与补强，终将形成结构完整的大型理论。球状结构在某些方面较为脆弱，需要再进行永续性的修补。球状的外围较为脆弱，或许只要一个单一的观察结果就可以对其进行修正。中央的部分（逻辑、数学或物理学的其他分支）是构成信念网络的主要特质，除非有太多异例显示理论的错误而破坏网状的中心部分，否则中央的部分不会进行修正。连贯论认为行政科学基本上就是这样的结构①。

（2）证实模式被解释为“知识论上不断进步的学习”（epistemically progressive learning）。信念网络经由社会实践不断进行修正，经由理论的角度激荡出一些与理论相符或不符的想法。网络需要不断地修正以更逼近理论整体上之一致性。

（3）理论上的专有名词大部分（并非全部）是从其意义推演而来，而不是依特定的观察结果的相似性而来，也就是依其在理论中的概念结构所扮演的角色而定。其与操作性定义的不同在于：提出的测量过程以更宽松的方式，也就是以适当性为主要考虑。有时为了经验上的准确度，则可能依既存的名词意义来定。

（4）经验的价值依赖性就如同观察的理论依赖性。经由经验所发出的光芒中，运用相同程序的一致调整（coherent adjustment）步骤，价值就像其他理论一样可以被学习与证实。当观察与预期之假设产生差异时，则应对在形成中的理论进行适度修正。与过去传统方法论所不同的是，连贯论主张将价值置于网络的中心，而非使其与事实做二元分化。

三、连贯论的证实模式

连贯论所持的知识论是针对证实的基础性理论问题而提出的，与传统的证实模式有所不同。实证论后来逐渐放松其严格实验程序的主张，包括对感官数据、观察陈述的约束等等，主要是因为他们发现以下的困难：

---

① 有关此部分的概念或可参考 Lakatos 的研究纲领方法论（methodology of research programme）与 Quine 的信念网络结构（web of belief）。其中所述“硬核”（hard core）与“保护带”的概念与此部分之概念相似。

（1）被排除于外的知识有时比所谓的正统知识更可靠。这是由于传统的知识论运用了窄化的证实模式来辨别何者为科学，何者为非科学。例如传统上认为肉眼看不见的就是非科学，但讽刺的是在物理学上的一些物质如电子与量子都是无法用肉眼观察到的。传统的观点不攻自破。

（2）传统的知识论本身竟然无法说明其本身究竟为何。传统的知识论运用类化的主张来看待知识。然而他们却忽略所有的观察结果都是在有限的样本中所得到的，无法做“所有的 X 等于 Y”的结论。

连贯论在理论选择方面摒弃了传统所重视的可检证性（testability），因为假设演绎法已被认为是有缺陷的；连贯论也不接受 Popper 的否证论，因为一个异例即可推翻整个理论的主张甚为荒谬。此外，有些理论故意地排除异例以免威胁传统知识基础的做法也甚受连贯论者所诟病。

连贯论的提出是为了化解学术上不可共量性的危机，连贯论乐观地认为连贯论式的知识论能够准确地运用有效的指标来检视理论的优劣，然而在决定一个理论的整体连贯性时却面临了诸多困难。进入多元范式时期，不同范式皆各有其方法论主张，为解决不可共量性的难题，连贯论的主张才开始被重视。连贯论主要测量与评估理论之间的优缺点，只是大体的判断与比较远比绝对的测量来得容易。所以，关于理论的比较并不那么单纯。Lycan（1988）就曾对此提出五个比较 T1 与 T2 两个理论的规则。如果两个理论在其他方面都相当时：

（1）当 T1 比 T2 简明易懂时，选择 T1。

（2）当 T1 的解释比 T2 清楚时，选择 T1。

（3）当 T1 比 T2 更具可验证性时，选择 T1。

（4）当 T1 所留下的待答问题较 T2 少时，选择 T1。

（5）当 T1 的内容与你过去的经验（具有理由相信的信念）较为符合时，选择 T1（引自 Evers & Lakomski，1991，p. 38）。

依照连贯论的看法，研究者应该用怎样的指标来选择最佳理论呢？Evers 和 Lakomski（1991）提出特定做法，指出连贯论所论及的外于经验的指标共有六项，其中包括一致性、简易性、包容性、解释的统一性、可学习性与生产力。首先，在做理论选择时，研究者应该要先关注一致性。研究者常会偏向包容性较强的理论，因为它不但可以解释更多的现象，而且比较不会有异常（anomaly）、反例（counter-examples）与错误的例子产生。其二，与复杂性相比，研究者宁可选择较具简易性的理论，其目的在于运用较少的解释工具来对现象的最大范围进行论述。其三，研究者应选择一个不超越本身解释性资源的理论，即不以自身的领域观念去判定其他领域，因为其缺乏证据。最后，研究者要选择一个具可学习性的理论，条件有二：(1) 必须与人类学习的最佳自然论观点（naturalistic accounts）一致；(2) 必须与全球的观点中那些具信度的知识基础相符（p. 9）。

即使提出特定做法，连贯论的证实指标在使用上仍然困难重重，因为其希望具有全面性与一致性的特性，因此比起基础主义主张的证实模式更难施行。然而，由于以实证论为基础主张的证实模式有其一定的缺陷，连贯论的出现至少带来新的思维。Evers 和 Lakomski 将连贯论主张与 Greenfield 的主观主义进行比较（见表 4-3），有助于我们对连贯论的理解。

表 4-3　实证论、主观主义与连贯论之社会实体观点差异

比较的向度	什么是社会实体		
	自然系统	人类创作	自然的连贯
哲学的基础	实在论：世界是真实存在的，其存在可以被客观认知。 组织真实存在，具有其自己的生命。	主观主义：世界是存在的，但不同的人以不同的方式来诠释之。 组织是人类创造出来的社会实体。	自然主义：自然世界存在，因为它是现象的最佳一致性解释。 组织是真实的人类团体形态。
社会科学的角色	去发现社会与人类行为的普遍法则。	去了解不同的个体如何诠释其生活世界。	以实证的态度去发现适当的验证程序，以捕捉复杂社会生活规则。
社会实体的基本单位	集体主义：社会或组织。	个人主义或集体主义皆可：个体可以以单独或集体的形式存在。	个体可以与其他个体、团体或自然世界团体形成互动。
了解的方法	确定允许集体性存在的条件与关系。 构思这些可能存在的条件与关系为何。	对于个体对其行动的主观性意义进行诠释，并进一步去发现这些行动的主观性规则为何。	探究适于个体行为表达的网络，并解释其本身的行为理论。

续表

比较的向度	什么是社会实体		
	自然系统	人类创作	自然的连贯
理论	是科学家建立理性的组织性法则，用以解释人类行为。	是一组个体用来理解其世界与行动的理性。	是对于世界命题的最一致性网状系统。
研究	对理论进行实验性或准实验的验证。	寻求意义之间的关系，并了解其行动的结果。	寻求世界中的非随机性形貌。
方法论	实体的抽象化，特别是经由数学模型或量化分析来进行研究。	为实体的再现，以达到比较的目的。 分析语言与意义。	不拘于任何技术，只要有助于建立模型者皆可使用。
社会	有秩序。 被一组一致的价值所统治。 任何可能性皆在此套价值之中。	冲突的。 由个体的价值及可用的权力所统治。	仿造的。 由不同方式的因素网络所管理。
组织	目标导向。 目标独立于个体之外。 社会规律的工具，为社会与个人服务。	受个体与其目标所影响。 为权力的工具。 部分人利用其巩固既有权益以保持优势。 如此将使社会流动停滞。	依赖个体与群体共成目标，以过去的经验做基础以稳定成长。
组织病理学	组织若无法处于良好状态，问题出在社会价值与个人需求方面。	给予多样的人性结果，人们在追求行动中永远存在着冲突。	个体间、组织与社会具有不和谐的状态。
治疗组织弊病的处方	改变组织的结构，以迎合社会价值与个人需求。	找出包含于组织行动中的价值为何，有哪几种。 如果可以，试着改变个体或群体的价值。	提升结构以增进组织的学习（学习型组织的模式）。

资料来源：Evers C W，Lakomski G. 1996b. Exploring educational administration：Coherentist applications and critical debates［M］. Oxford：Pergamon：139-140.

四、连贯论在教育管理研究中的应用

关于如何将连贯论方法论主张应用到教育管理理论与实践的发展中，Evers 和 Lakomski（1996a）举了两个较为实际的例子，兹分述如下。

（一）组织研究方面

Evers 和 Lakomski 将既有的组织设计观点加以分析，结果可参见图4-4。不同的学派对于组织设计提出不同的看法。首先是 Plato 所提出的组织形态，将个体以具体的形式区分，各人在所谓的公平社会中各司其职，坚守岗位。Hodgkinson 将其对价值的分类运用到组织设计当中，认为组织是个具有严格阶层的实体。他以决策理论为例，说明愈重要的决策则愈是由组织中的高层来决定，而组织中的道德判断问题则属于艺术的层面。主观主义认为组织是人类创作的实体，并以其知识论作为组织建构的基础。批判理论则将焦点置于组织中的权力问题，主张理想沟通情境的建立，在组织的设计上偏爱民主式与参与式。Simon 则指出组织设计应强调价值中立、规律与定理的建立。而连贯论对于组织设计的看法可整理成以下三项：

（1）主张对所谓的同型化（isomorphism）加以限制。行政理论不像逻辑实证论者所吹嘘的那样可以毫无限制地运用到教育管理当中，否则教育管理理论的存在就变得毫无意义。

（2）连贯论者相当关注组织特质（organizational particularities），包括目标、哲学、本质、工作向度与资源等是如何经思辨产生的。因为行政理论与组织特质理论化之间应具有一致性，这样的观点有助于我们去检视包含于一般的行政理论中的组织哲学与实际履行结果是否相同。

（3）连贯论认为行政结构必须反映知识的动态性及其运用情形。由于复杂性、干扰、混沌对预测的影响，连贯论者认为所有的知识均具有“可证伪性”（fallibilism），即指所有的知识命题都可能是错误的，知识并没有确定的基础。所以，组织目标必须定得广，知识促进的机制也必须在组织设计时就拟定。组织必须把焦点置于如何增进组织的知识结构。最重要的是，运用组织的回馈系统来不断修正现有的组织知识，此即为行政结构之组织学习观。

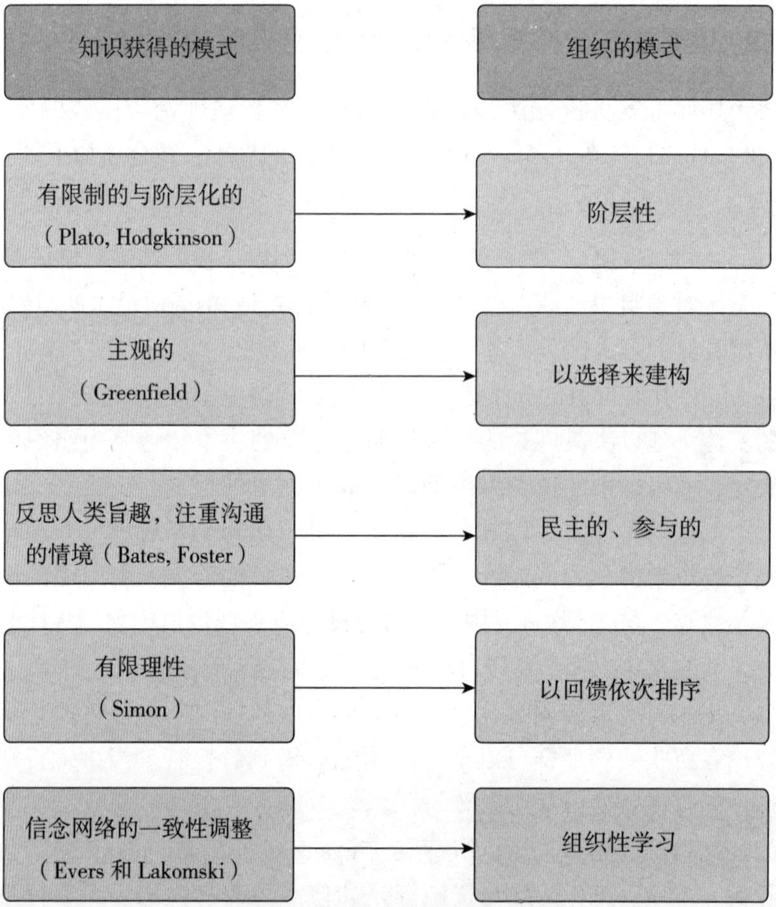

图 4-4　组织设计规范的途径

资料来源：Evers C W，Lakomski G. 1996a. Science in educational administration：A postpositivist conception［J］. Educational Administration Quarterly，32（3）：393.

（二）领导与学习方面

在 20 世纪 70 至 80 年代，正值学校效能运动的热潮，学校目标与改革内容明确，教学领导（instructional leadership）较能奏效，因为教学领导之目的即在进行条理分明的控制；然而，由于学校受到开放理论、非均衡理论、混沌理论等观点的冲击，学校的目标与内容较不明确，再加上教师主体性意识的抬头，学校中以“承诺”（commitment）作为追求进步的动力，在此情况下教学领导显然起不了作用。于是转型领导（transformational leadership）的概念被提出，并被认为是最佳的学校重建工具。转型领导是强调部属与领导者共同发展愿景并达成目标的领导方式。领导者不提工具的运用，而是将目标放在提升组织成员问题解决的能力。转型领导的影响是透过每天的律则性事务，将一些意义与想法嵌入学校成员的思想中，过程较为费时。

另外，Evers 和 Lakomski（1996a，1996b，2000，2012）认为有关于传统所强调的知识陈述的符号模式已经无法让学习者从复杂、非线性、充斥干扰的经验中撷取具效用的知识。他们提供了一个能与连贯论的科学自然主义（scientific naturalism）相一致的类神经网络认知模式（neural network models of cognition）来对学习的可能性进行了解。本质上，该网络的学习源自于一个经验的统计结构的内在陈述，目的是降低输入与输出的落差。他们认为此类神经网络是相当具有价值的，尤其是当知识的符号性陈述变得脆弱无比时。认知性类神经网络在实务知识的预见方面也多有帮助，因为其明显可缩小理论与实务之间的差距。

Evers 和 Lakomski 所提出的认知性类神经网络并不将基础主义的法则性陈述排除于网络之外，充分显示了连贯论的主体性格。有关认知性类神经网络的构想尚处于待开发的阶段，其未来发展值得关注。

第五节　本章小结

后实证论时期是个强调多元实体、多元对话的时期，任何的声音都被平等地接纳。检视当前既有的新兴范式，自然论被视为是较具影响力的，因为其所建构的方法论在基本假定上与实证论不同，其重视研究过程的脉络性，强调观察与理论之间是无法区隔的，相关之方法论主张更成为其他范式的方法论基础（包括文化理论、诠释范式等）。自然论强调对背景脉络的理解，主张任何的实验必须在自然情境中进行，主张使用个案研究法、观察法、访谈法、生命传记①、人种志研究法来进行研究。然而，自然论也

① 生命传记是人种志研究法之另一种应用，其主要研究特色在于对某一特定之个体进行长时间观察与记录，过程与个案研究相似。唯一不同的是，生命传记强调被研究者参与研究的重要性，研究者在研究过程中不再是纯粹的陈述者。

招致了两大批判。批判论者认为自然论只将焦点置于单一与特殊的个体，对于深具影响力的社会政治力量过于忽视。社会政治力量在本质上对于社会关系与信念具有决定性的影响，研究实无法避开大环境不谈。实证论者也批判自然论者采取了人种志研究等质性方法，但该方法至今尚未建立系统性的方法论结构，相关研究效度令人质疑（Levine，1992）。然而，自然论兼顾了社会现象的价值与环境脉络，具有其优势却不容否认。

批判理论在早期也是声势浩大，因为批判理论声称要把隐藏在意识形态背后的真相揪出，并解放扭曲的沟通，以寻求从互为主体的沟通情境获得合理共识。批判理论同样遭受一些质疑与非难。Lakomski（1997）指出 Habermas 的批判理论中的“解放观点”并不具一致性，而且其对于教育管理实践毫无帮助，因为所谓的“理想沟通情境”在现实中根本不具可行性。此外，他还指出 Habermas 的方法论只会带来另一个客观性，所谓合理的共识，基本上也是另一种宰制。Adorno 的批判理论虽从较为温和的角度出发，强调行政活动比科学活动更为复杂，研究者应从宏观的角度来进行批判，以了解行政中较为真实的宰制面向。可惜的是，Adorno 之研究观点过分流于理想，在实务上可行性不高，因此并未蓬勃发展。

另一位批判理论学者 Bates 在国际教育管理学界享有崇高学术地位，并被视为教育管理研究领域首位大力传播批判理论思想的学者。其最重要的观点系将研究焦点从微观的学校分析，转至宏观的社会环境脉络，特别是对“权力”与“控制”的批判。此对于教育管理研究的影响相当深远，并扩大了以批判为观点的研究视野。

蜕变自批判理论的女性主义观点反而成为现今较广为使用的方法，因为女性主义从性别、权力分配、意识形态等层面来检视组织内男女间差别待遇之实际情形，并提出具体的批判，企图改善女性之权力与地位，在方法论上具有较高的实用价值。

相较之下，文化理论观点虽然在 20 世纪 70 年代末崛起，到了 20 世纪 90 年代初却已呈现了衰落的趋势。文化理论可说是主观主义发展的极致，其偏重文化制品、价值、观点、假定等层面之探讨，在方法上继承了主观主义与诠释学的方法论，重视主体的单一诠释，主张内在心灵现象诠释大于外在实际观察。但由于过分强调主观性，摒弃客观性的存在，文化理论极易造成学术研究流于过度主观，恐将成为学术进步的绊脚石。再者，文化理论所研究的对象如隐喻、假定等太过于抽象，研究成果在学术上缺乏令人信服的理由，使得相关研究在20世纪90年代后呈现停滞不前的状态。

在质性与量化之争进行了整整十年后，所谓方法论上的统合观点浮现。它强调方法论之间的整合，教育管理研究之连贯论即持此主张。连贯论的野心极大，其希望透过多样的证实向度来整合所有的观点，因为它相信所谓的学术基本就像是Quine所说的信念网，系以整体的形式存在。再者，连贯论者相信连贯主张能够适当地结合主观与客观，将可和平地解决学术上之“质量争辩”。连贯主张也符合了知识论传统上所强调的一致性（coherence）与整体主义（holism）。试想，如果教育管理范式之间流于各说各话的情况，则学术进步的机制何在？然而，连贯论对于方法之间的整合持过度乐观的看法，忽略了方法论之间的差异基本上是对立且无法统一的。Bonjour（1999）对连贯论进行再次的检视后，也坦白指出连贯论是非常明显无法达成的（untenable）。相关正反意见的研究如今仍在持续，未来的发展值得多加留意。

综上所述，后实证转向对于教育管理研究的冲击主要有两点：（1）教育管理研究方法论多元化，教育管理研究之新兴研究观点如雨后春笋般浮现出来；（2）范式之间的对话变得频繁。此外，教育管理研究学者在研究方法论上产生以下的领悟：

（1）除了实证方法论之外，尚有其他的观点对于实体形貌的捕捉有所帮助。

（2）理论与观察之间是无法二元分化的，任何的观察都深具理论依赖性，因此所谓的价值中立性并不可行。

（3）教育管理中的价值与伦理的讨论是无法避免的，因为教育管理是门艺术而非科学。

（4）理论永远在变，所谓的永恒定理或法则并不存在。

第五章　后现代主义与研究方法论主张

关于一种固定方法或者一种合理性理论的想法，
乃建基于一种非常朴实，关于人及其社会环境的观点。
事实上，在一切境况下和人类发展的所有阶段上，
只有一条原则一直都可加以维护：怎么都行。
——Paul Karl Feyerabend

教育管理研究中的后实证论发展，在早期只为了凸显逻辑实证论所存在的问题，并试图将被排除于科学研究之外的主观层面（包括价值、伦理、道德、权力等）重新纳入教育管理研究的内容之中。发展到后期，部分学者走向更为偏激，不仅导向相对主义或虚无主义的立场，而且出现对理性产生怀疑的反科学言论。此种现象已引起教育管理领域学者的关注（Willower，1996）。

自 Galilei、Newton 以来，近代科学已有三百余年的历史，此时期可以统称为传统科学观时期。其声势极为浩大，充分展现了人类理性的活动，大大改变了知识研究的格局。然而从 20 世纪 60 年代开始，科学界和哲学界开始对实证论范式进行大规模的批判，从 Kuhn、Feyerabend、法兰克福学派，到非线性系统理论、混沌理论等新近科学理论的出现，一种不同于传统实证论范式并试图突破多元范式的新兴科学观正逐渐地酝酿形成。

在知识论方面，自启蒙时期以来 Newton 的直线物理学观使人们对世界有了以下的看法：世界的变化具有固定的一套自然法则，只要掌握了自然法则，人类就可以操控自然界的变化与发展。然而 20 世纪量子力学及相对论等理论的相继提出，不但使得牛顿式物理学观遭受了前所未有的打击，过去一直被奉为圭臬的“理性法则”（rational discipline）也受到怀疑。部分较为激进的学者开始怀疑实体的存在。在后实证论时期，一般的科学家与

研究者仍相信实体是真实存在的，只是实体已不再像逻辑实证论所说的只有一个，而是以多元的形式存在着。后现代主义者则提出更为激进的看法：世界上并没有普遍真理或普遍理性的存在（Lyotard，1984）。与后实证论相同的是，后现代主义的立论基础同是撷取于 Kuhn 与 Feyerabend 等科学哲学家之基本观点，只是走向偏向革命式的方法论转换。他们不赞同范式对科学发展的单一支配性，采用 Feyerabend“怎么都行”的多元主义方法论，并且尝试对差异的多元方式、多元诠释、认知与建构知识的方法去做了解。

在 20 世纪 60 至 70 年代，当代西方科学哲学经历了从逻辑实证论走向历史主义①的转变（可参考第三章第一节），到 20 世纪末，又面临着从历史主义走向后现代主义的转变（孟建伟，1997），特别是在科学理论的发展上。20 世纪之初，相对论及量子理论即风驰电掣般地席卷物理学界，进而改变了科学哲学。至 20 世纪 80 年代所发展形成的非线性系统理论（混沌理论），更几乎击溃机械式的传统科学观。另一方面，在社会科学中由于社会现实因素与多种哲学主张（批判理论、后实证论、虚无主义与无政府主义等）的相互搅和，形成了一股时代的新思维——后现代主义，其对社会科学研究的发展提出颇具颠覆性的观点。

本章共分为四节。第一节从科学理论与科学哲学的发展角度，针对后现代主义科学观之历史发展与演进加以叙述。第二节则分就后现代科学观之派别与特征进行叙述。第三节偏重论述后现代主义各派别对教育管理研究的影响，并以文本研究为例，分析在后现代主义科学的冲击下，教育管理研究产生之转变。第四节则对本章之重点进行归纳，并归纳后现代主义的利弊得失。

第一节　后现代科学观的发展

所谓后现代科学观（view of postmodern science），系一种具有后现代主

---

① 历史主义特别是指采用了相对主义的历史模型的科学哲学大师 Kuhn 与 Feyerabend 的思想。他们质疑科学的经验基础，主张历史上任何的观察都依赖理论；反对既有之单一理论证实模式，转而采用相对主义的多元方法观点。

义特质的研究取向，它是后现代科学哲学家依据后现代主义的主旨，在对传统的科学理论提出深入全面批判的基础上所发展形成的一种新型的科学观。后现代主义的科学观发展可以借由科学理论与科学哲学的发展脉络来进行了解。

一、科学理论发展方面

19世纪末，牛顿力学已发展了两百年并呈现完备精确之状态，加上其他方面的科学性惊人成就（如电磁学中麦克斯韦方程式的出现），让部分学者以为物理学的发展到此结束。然及至20世纪初，相对论与量子力学出现，其影响如秋风扫落叶，为物理学界继Newton之后再创另一灿烂时代（程树德，1997）。

Einstein的相对论不仅在物理学界形成了全新的思想方式，而且有力地批判了现代机械论的错误。但其对牛顿物理学与欧氏几何学的批判，也仅止于现代科学发展的一个面向，并没有从根本上实现现代科学观的变革。再加上相对论仍然是严格的决定论，是研究宇宙中相互联系的连续性现象，因此对于传统的威胁并不强烈。尔后所发展出来的量子理论才具有明显的后现代特征。

量子理论之所以具有后现代科学理念，系由于其提出了以下四点与传统完全不同的看法（孟樊、郑祥福，1997）：

（1）量子理论认为物质的运动都可以在一个非连续的、不可分的、被称之为量子的单位中被发现。在量子论中，电子是从一个轨道直接跳跃到另一轨道的，而机械论的核心观点是粒子的连续运动；这一点已深深地受到了量子论的质疑。量子论对运动的理解持以相反的态度，就连最平常的运动也被看成是由非常微小的、非连续的运动构成的。

（2）量子理论认为物质和能量具有一种双重性，它们既像粒子，又像波。至于其究竟像什么，必须在实验中或语境中才能相对地确定。推而论之，事物的性质依赖于所处之环境脉络，与机械论的主张大相径庭。按照机械论的说法，粒子就是粒子，无论其处于什么样的环境中。

（3）量子理论强调非局部性联系，在一定范围内，事物可以与任何远距离的其他事物发生联系，而不需要任何显而易见的力量来维系此一联系。此思想与Einstein的相对论是对立的，与机械论也是相互矛盾的。

（4）量子理论认为，整体可以组织部分，特别是生命有机体；我们可以发现，整体可以组织有机体中的各个部分。

量子理论强调了宇宙中存在着人类所无法掌握的随机性与不稳定性。随后之科学研究，包括了 N. Bohr（玻尔）的“量子化的原子模型”、E. Schrödinger（薛定谔）的“波动力学”、Heisenberg 的“测不准定理”，一再表现了科学的后现代性（postmodernity）存在的证据。

20 世纪的第三个革命性的理论为非线性动态系统理论（nonlinear dynamic system theory），其在 20 世纪 80 年代逐渐形成。前《纽约时报》记者 J. Gleick（格雷克）于 1987 年完成《混沌：打造新科学》(*Chaos*：*Making a New Science*）一书，科学研究中之混沌现象立刻成为大众讨论的焦点。Gleick 以“混沌”来描述非线性理论，尔后混沌理论与非线性理论变成了通用的专有名词。关于科学中之不可预测性，早在线性理论当道的 20 世纪最初十年，Poincare（1902）就已经提出非线性世界的不可预测性，可说是在当时颇具创见的想法。他指出：即使到自然定律已经再没有任何奥秘的时候，人们对实际情况的了解还只是能知道大概而已。他强调起始状态的重要性，认为任何微小的差别都可能造大结果的巨大误差，使预测活动失败。

非线性理论揭示了系统存在着内在随机性，而且混沌是自然界的一种普遍运动形式。这体现了客观事物的复杂性，并确认宇宙系统是处在一个开放的、远离平衡的状态中，系统的运作具不可逆性，而且对初始状态具有敏感的依赖性（林夏水，1997）。科学研究结果的“答案”不具唯一性，因为任何细微因素的加入与退出皆会影响结果。至此，现代科学观中所强调的还原论、决定论的被重视程度已锐减，科学研究渐渐走入另一个混沌与复杂交织的新境界。

二、科学哲学发展方面

传统的科学观在逻辑实证论的鼓吹下可说是一夫当关，任何科学研究若不是使用证实方法则会受到不客观的怀疑。然而实证法则在 Kuhn、Feyerabend，与后来的 M. Foucault、R. Rorty 理论出现后面临了前所未有的挑战与打击。

Kuhn 将历史向度加入其科学哲学观，摒弃了传统的知识累积观，而以革命色彩贯穿其理论。Kuhn 承认范式之间之相对性格，提出范式之间具不可共量性，主张在不同范式中从事研究工作的科学家，会从不同的观点来看世界，会使用不同的语言来描述他们所看到的现象。换言之，他们是生存在不同的世界中。在相异的范式中，用来评断科学理论之优劣的基本原则或标准也互不相同。由此可见，Kuhn 偏向于主张范式之间是不可比较的，其思想中的相对色彩显而易见。

Feyerabend 的出现真正颠覆了科学哲学领域。对于逻辑实证论、否证论、范式等理论，Feyerabend 均嗤之以鼻。其名著《反对方法》中提出了近似无政府主义方法论的科学哲学观。他认为传统所讲求的合理性发展基础、内在逻辑都是方法论的一种科学霸权宰制。因此他反对任何方法的支配性存在，反对方法上的一元论，而强调任何方法都可以用来从事科学研究，亦即科学家可以依靠自己的研究活动来创造合理的方法。他认为研究是一种生命的投入而并非单纯的真理追求。

由历史观之，Feyerabend 起初所走的路线为相对主义，尔后转向非理性主义。他一方面鼓吹科学的非理性本质，另一方面提出了“反科学沙文主义”的口号。终使科学一直以来的研究传统动摇起来，其“反科学”的立场后来成为后现代科学观的基本特征。

由社会科学哲学的发展观之，从 20 世纪 50 年代开始的批判理论对于实证论的抨击相当具杀伤力。此外，Horkheimer 对“传统理论”大加批判；Marcuse 对于物理法则、科学主义充斥整个科学领域（包括自然科学与人文社会科学）的情况提出质疑；Habermas 大力批判逻辑实证论以技术代替阐明行动，将历史还原于客观过程的技术控制之不当，并强调社会乃“生活世界”，是一个互为主观的与社会化的世界，并无法以自然科学的立场来研究。通过以上叙述可以清楚地发现，任何要求一元方法的立场均无法抵挡民主浪潮。相对主义与批判性主张的出现为后现代科学观的建立奠定了基础。

“后现代”这个名词如今已经成为教育管理领域的重要理念（张我军，1998）。相对于现代主义，后现代主义强调实体之不连续性与矛盾性，其存在是作为对“主流正统”之挑战。面对多元动态之社会冲击，后现代主义提出解构、去中心化（decentering）、松绑（loosening）等呼吁，以促进个体之间的对话与互动。相关后现代科学哲学之主张，可以 Foucault、Rorty 等学者的看法作代表。

Foucault 首先关注的问题是：何以某些论述在某一时期被视为真，而在另一个时期被视为伪？决定真伪的标准是什么？依 Foucault 的观点，知识既非科学，亦非人的认知之累积与总和，他认为知识是某一时代或历史时期中“可见的”（the visible）与“可详细叙说的”（the articulate）事物之配置与分布，而其分布状态会因不同的时代而变异。Foucault 可说是继承了 Kuhn 科学革命观的看法，否定了传统知识累积观的想法。知识或真理深具历史意涵。在《疯狂与文明》（*Madness and Civilization*：*A History of Insanity in the Age of Reason*，或译为《疯癫与文明：理性时代的疯癫史》）一书中，Foucault 探讨了 17 世纪中叶至 19 世纪初所兴起的理性与非理性、理性与疯狂的区分是基于什么条件。Foucault 发现从文艺复兴以来，理性与疯狂之间是不断互换的，理性胜利的条件是“排除的行动”，是以理性之名对非理性的排除。因此 Foucault 提出了系谱学（genealogy），其要挑战的不是科学或科学的内容，而是科学论述的权力效应。①

Rorty 否定建立在客观基础上的实在论与传统的真理论，也否定科学实在论对所谓“合理性”（rationality）的追求，他认为将合理性视为应用准则的唯科学主义，其根源实为一种对客观性渴求的愿望。他指出如果人们能够只为追求协同性（solidarity）的愿望所推动，彻底抛弃对客观性的渴望，那么人们就会把人类进步视为能使人类完成较有益的工作并成为较有益的人，而非单独看作是朝某一地点迈进。我们的自我形象就会是去创作而不是去发现形象（张之沧，1998）。Rorty 反对传统的哲学和科学，实质上是反对一切权威。其所追求的是一种文化自由主义、相对主义与多元论。

---

① Foucault 早期在寻求一种后设理论反省时，引用了考古学（archeology）的方法论。后来转向系谱学，旨在针对具体的制度与权力的形式，提出更适当的论述。Foucault 认为考古学是分析局部性论述的适当方法，而系谱学则是在这些局部性论述的描述基础上，使得受支配的知识因而被释放并且开始发挥作用的策略。因此，考古学是企图展示主体的一项虚构，系谱学则企图展示主体建构的具体脉络，牵引出主体化（subjectification）的政治后果，并且有助于形成对主体化运作的抗拒（贝斯特、凯尔纳，1996）。

第二节 后现代主义的派别与主张

虽然在过往数十年间，社会科学开始充斥后现代主义，但是至今却很难找出其主流理论。或许这正是后现代主义所主张的，世上无须有主流独霸的思潮。从另一角度来看，读者在阅读后现代主义相关著作时，却发现相关理论自成体系，相互竞争，相互抵触，甚而破碎零乱不知所云。虽然部分学者试图将现存的后现代主义相关文献加以整合，但多未能获得学界共识。其中如 Jarvis（1998）将后现代主义粗分为三个类群：（1）科技的后现代主义（technological postmodernism），集中研究由于科学与技术的现代化，传统社会中制造与消费、劳力与资本、政府与市场之关系，如何转换而成不同的文化与政经情势。（2）批判的后现代主义（critical postmodernism），承继法兰克福学派，试图对文化模式与生产形态，建立以马克思知识论为架构的理论。（3）破坏—解构的后现代主义（subversive-deconstructive postmodernism），对于传统之“实体”、“真理”、“理性”、“逻辑”存在形式进行解构，主张知识只存在于主观个人的论述中，并无宇宙有恒之存在，反对后设论述与基础主义。

一、后现代主义派别概述

由于后现代主义之文献极多且芜杂，以下仅就对教育管理领域有影响的后现代主义派别进行论述，其中包括后结构主义、新实用主义、非线性理论与激进女性主义。本书并非哲学专门著作，其他理论请参阅相关专家学者的作品。

（一）后结构主义

后结构主义主要指由 Foucault、Lyotard、Derrida 等人为代表，以解构（deconstruction）与反结构主义为中心思想的一股欧陆思潮。具体而言，后结构主义目的在于瓦解各种认知成规所隐含的僵化和理性宰制的危机。其对于直线演进的历史观提出批驳，认为传统研究观囿于因果逻辑，而忽略了历史不连续的一面。以下分述 Foucault、Lyotard 与 Derrida 之重要主张。

1. Foucault **之主张**

严格而论，Foucault 并不能全被归为后现代之人物，其思想复杂，并从不同的角度出发勾勒现代社会问题的核心。Foucault 之思想深受马克思主义、批判理论、现象学、存在主义、结构主义等各派别的影响，特别是 F. Nietzsche（尼采）不但提供其超越 Hegel 与 Marx 哲学的动力与观念，更指出真理、知识与权力之间的关系是根本分不开的。这就是 Foucault 对知识与权力的探求如此执着的原因。而且，由于受到 1968 年法国五月社会运动的影响，20 世纪 70 年代后，Foucault 援用了 Nietzsche 的“系谱学”来研究社会权力运作情形。系谱学的方法用意即在揭露权力与知识本质性之联系。

在方法论上，Foucault 采用考古学与系谱学方法来从事历史文化现象之研究。早期他极力批评传统研究方法对真相诠释的扭曲，并主张运用历史观和语言所汇集成的知识探索方法来了解真相。

Foucault 认为权力及所谓的“压迫”并非单纯地来自一个政权或政府，而是权力与知识结合之后，流遍整个社会组织，因此任何人都可能是掌握权力者。例如医学定义了病人与健康人之间的差异，精神病学则明确划分谁是疯子、谁是正常人。这些专家都是基于知识而拥有权力，他们是社会标准的维护者，也是最基本权力的拥有者。Foucault 认为知识与权力是并存的。权力的运作让知识永垂不朽，反之，知识又不断引发权力运作的效用。

Foucault 之思想运用至教育管理研究时，则重视宰制的解除。他指出理性文明在历史形成过程中的排他性，认为理性运作的成果代表的是一种权力游戏的结果，理性的共识本就隐含宰制的危险性，因为知识与权力间具有不可分割的关系，故“真理”是知识权力的政治产物。由 Foucault 的角度出发，教育管理基本上是一种规律性的实践（a disciplinary practice）。因为一般的管理理论都深植于系统理论或是传统之组织理论，而早期所设置的律则会主导与操控了实践。组织中的个体成为制度下的一个螺丝钉，每天进行着埋所当然的常规事务（Anderson & Grinberg，1998）。Foucault 认为研究者应该解构每日生活之实践（deconstructing every-day practice），那些被视为理所当然的言辞话语，以及隐藏的权力关系都是被解构的对象，唯有如此才能了解生活的真实意义。

2. Lyotard **之主张**

Lyotard 是另一位后现代主义的代表人物，在方法论上他提出了三个重要的观点（Nuyen，1996）：

（1）去合法性（delegitimation）。Lyotard 指出现代知识常诉诸后设论述来正当化基础主义的宣称，但后现代知识是反后设论述（anti-metanarrative）与反基础主义（anti-foundationalism），支持异质性、多元性、经常的创新，支持参与者所同意的局部规则与实用性前提。现代论述为了正当化其立场而依赖于进步与解放、历史或精神辩证、真理与意义等后设论述，现代科学以“自无知与迷信之中解放”为借口，来造就真理财富和进步，并正当化所有的知识前提。从这个观点来看，后现代可定义成“不相信后设论述、排拒形而上学、实在论与任何形式的总体化思想”，主张“零碎与小巧之论述”。Lyotard 主张现代性的后设论述倾向于排他与普遍性后设指令（meta-prescriptions）的欲望。Lyotard 认为将后设指令类化与同质化的行动，违反了语言沟通的多元性；共识的观点也对异质性产生暴力，并且强加同质的判定与虚假的普遍性于人们的身上。

（2）歧异（differend）。Lyotard 将歧异的概念定义为在两个或两个以上团体之间，彼此的观点无法找到一个判定的共同规准且无法平等地解决时所产生的一种冲突的情况。Lyotard 认为人类永远活在用语（phrase）中，而每个用语都有其一套规则。在一个论述（discourse）中，个体可能会使用不同规则系统之用语，因此必须忙于联结使用不同用语的不同规则。对于不同类型的论述，Lyotard 称之为“式样”（genres），不同论述的式样也有其自身的一套规则，这些规则是受到论述中的个体脑海中的意图所决定。而用语和论述都是异质性的，两者间并不具普遍性的语言。纷争可能引发自用语的标准或论述的标准。因为规则系统之间并没有提供任何的机制来跨越论述，这些纷争最终将演变成歧异的出现。在歧异中，错误一方无法被呈现，因为它不可名状。

（3）崇高（sublime）。Lyotard 之崇高概念来自于 Kant。对 Kant 来说，知识是透过不同人类天赋的合作所产生的。对所有的实证知识而言，它们是源自感性（the faculty of imagination）与悟性（the faculty of understanding）的合作成果。感性负责综合（synthesizes）感官输入，悟性则用归类的方式（categories）将之整合。这样的合作关系使得客观知识成为可能。当这些类别本身不具有正式概念时，对于这些理解的整合是基于其本身的盲目主观的材料。对于大部分的思辨性知识（speculative knowledge）而言，所需要的是理性（faculty of reason）与感性（faculty of imagination）两者的合作，因为前者提供“理性的观点”（ideas of reason）或“合理概念”（rational concepts）（或如同 Kant 所指称之“协奏曲”）。Kant 依美学的标准指出：当心灵反映了其自身的想法，它就产生“一种喜悦的感觉”（a feel of pleasure），这是主观的想法反映了真实的世界，此时客观的形式与知识主观状态之间维持和谐的关系。但心灵中必须有理性的存在，它有能力去产生 Kant 所谓的“合理概念（或观念）”或“理性概念”，这种理性才能够引发人类的思考或想象感官以外的事物。当感官受到限制时，人类会因为了解的不足而导致不愉悦感，然后心灵中却会因理性了解的力量而有一种愉悦感产生，这就是 Kant 所谓的“崇高的感觉”。一个客体引起心灵一个理性的概念，而这些是必须经由崇高心灵的判断以特定的方式呈现。这个主体的愉悦是伴随“主体是有能力去对一些超越感官限制的想法做思考的”这个发现而产生。套用 Kant 的话来说，“崇高就是思考的能力，即证明心灵的才能超越了各个程度的感觉”。可是愉悦感是发生在因对问题的了解不足的不愉悦感之后。这就是 Kant 所谓的“愉悦感是被不愉悦感所干涉的”。崇高的感觉是受不愉悦感所“干涉”的一种愉悦的感觉。不愉悦感的发生是由于理性对于了解有一个很大的欲望，但却没有结果产生，至少最初是这样。Lyotard 用“冲突”这个概念来解释这两个事实：理性（reason）与了解之间的冲突与两个异质感官间之冲突综合而成“崇高”这个感觉。而崇高的用意即在“呈现不可名状”（present the unpresentable）。综而言之，Lyotard 采用了 Kant 的看法，认为感官经验（客观）毕竟是有限制的，但感官经验受到阻碍时，人类内在心灵层面（主观）将发挥作用，继续对缺乏理解之部分做探测的工作。

Lyotard 否定实体的存在，认为任何的大型论述都是不可信的，任何的理性都不存在，人们所拥有的是多元理性。任何的知识与基础都是变动不定的，对建立大型理论的欲望只会破坏了差异的存在。其对教育管理研究的主要影响来自其强调差异与多元，反对大型理论建构的主张，对于教育管理范式霸权的解除具有正面启示性。

3. Derrida **之主张**

Derrida 所提出之“解构”（deconstruction）与“延异”（différance）两大概念为后现代主义之重要思想。Derrida 着重于对文本（text）的探究。事实上，关于文本的诠释，Derrida 与 Gadamer 的见解不同。Gadamer 提出“游戏”（play）概念来阐述诠释者与文本相遇时所引发之个人主体性问题。其指出正唯有全然忘却自身的投入，“游戏”方能成为游戏，个人也方能声称置身于游戏，否则只能是游戏的旁观者。在文本的诠释上，Gadamer 认为诠释即对话，并透过游戏的比拟，叙述诠释历程中那种主体性消解而获致存有的状态。他主张应当通过游戏来达致对文本较佳的理解，以避免诠释学中的暧昧，进而追求意义上的统一。

Derrida 则采取与 Gadamer 截然不同的路径，他认为阅读诠释为一种游戏或舞蹈的状态。因此诠释要求的是与文本的文字游戏，而非使用文字在文本中寻觅真理，这就是所谓的“文本之外，别无他物”（Il n'y a pas de hors-texte）。因此，他高度质疑任何形式的对话，也不排除进行语言的解构。因此，他抱着游戏的态度，创用解构的阅读策略，以文本自身来揭露文本的可歧异性，彰显并追求诠释学中意义的多种可能性，以活络僵化的文本，恢复其生命力（刘育忠，2000）。

Derrida 的思想主要影响自 Husserl、Heidegger（海德格尔）、Nietzsche 三位哲学大师。Husserl 提出“观念的客观性”，认为世界中所有思想产物（包括科学、文学、艺术）都具有客观性，唯有透过语言的合作才能产生观念的客观性。因为文学包括着一切观念对象，也属于观念的客观性存在，能用语言来表达，且其表达方式可以随时更新。此一观念客观性的特殊方式，作为意义—言语的意义、作为个体的存在而存在于语言之中。举例言之，在几何学中只有语言才能把每个人内在领域的观念起源，变成每个人都可以接受的一套客观事实。Derrida 是从对 Husserl 的观念批判中找到自我思路的起点，他指出 Husserl 先验现象学之基本原则所存在的困难，即无空间、无时间的意识表达根本行不通（Husserl 在晚期也承认独立于语言、时间、生活世界的先验意识之存在是有待商榷的），他力指任何文本中必存有模糊性。Heidegger 对于 Derrida 的重要影响在于其提出“本体论差异”（ontological difference）观点，以及将整个西方形而上学史视作存在遗忘的历史。他在《论存在的问题》（*The Question of Being*）中，将“存在”（Sein）一词上打一个“×”，否定存有的实在性。这对 Derrida“延异”概念的提出具有深远的影响。而 Nietzsche 所提出的“上帝之死”，将符号从所依赖的逻辑中解放出来。Derrida 认为 Nietzsche 放弃了任何全体性思想，超越了形而上学，此成为 Derrida 理论中重要的基本论点。

综而言之，Derrida 反对传统西方哲学与形而上学所追求之总体性（totality）的哲学倾向，因为他认为传统哲学总将一切之讨论指向中心（center）、基础（foundation），并相信终极性客观实体的存在，强调本源（origin）再现的想法都不正确。Derrida 即提出“延异”的解构哲学，不再积极寻求本源，而是重视去中心化后的丰富性。Derrida 的“解构”思想之出现，与诠释学本身发展愈来愈朝向宽松与多义有关。当代诠释学不再追求作者的原初创作意图，转而允许诠释者、读者本身存在事实性的加入。“解构”基本上是思想多样性的表现，Derrida 的“解构”（deconstruction）含意，并不完全等于“解构主义”（deconstructionism）。对 Derrida 而言，“解构”基本上是一种立场、一种主张，而非一个派别，是“方法运用过程”上的多样性表现。其精彩性在于其对文本从事一次又一次的解构，此与 Lyotard 对后设论述的怀疑有关，不再倚赖大叙事，而推崇“最精粹的想象创作形式”的小叙事（刘育忠，2000）。因此，在文本的诠释上，必须能看见其边际性（社会脉络、文化习俗等），才能一窥文本的真貌。“解构”着重于解构能够对文本所引起的效果，代表着一种特定的研究态度与诠释态度，除了要读“懂”文本，更要求读“破”文本。

Derrida 解构思想的中心概念为“延异”。Derrida 认为延异既不是一个词，也不是一个概念，而是适合用来指陈语言中本源所具有的差异性，彰显客观性存有的终止，以及概念次序和命名的终止（德希达，1998）。“延异”正式宣告文本意义永恒的不可确证。意义无一不是从无数可供选择的意义之差异中产生，所以诠释的过程是不断进行的，所谓的真理本是遥不可得。Derrida 对教育管理研究的影响，特别是在文本议题（textual issues）方面，在下一节中将进一步说明。

（二）Rorty 的新实用主义

Rorty 早期在普林斯顿大学从事分析哲学的教学工作，其思想深受美国实用主义的影响。其著作《哲学与自然之镜》（*Philosophy and the Mirror of Nature*）被视为新实用主义最重要的经典。

新实用主义是一个相当复杂的概念，其基本主张认为知识论不应受一个外在的必然性所支配，任何认识的起点都是偶然的、历史性的，因而应该从结果方面而不是原因方面来考察人类的知识。再者，新实用主义否定了客观性基础的存在，而是以实用性与伦理价值作为基础。所以，所谓的真理只是人的一种信念和价值。

就知识论而言，新实用主义认为现今人们所相信的合理性不是真的，因为更好的理论或学说往往在不久的将来会被人提出，因为理论永远在变，新的证据、假设或新语言都可能随时出现。因此，科学研究根本不需要实证论所谓的合理性或是律则性的理论，只需对合理性做更为合理理解及对其道德性做更好的解释就已足够了。

Rorty 支持反再现立场。他指出传统知识论与分析哲学（如逻辑实证论）都是镜式哲学。近代哲学试图发现并擦拭心灵之镜以获得精确的再现世界，而分析哲学则用语言之镜代替心灵之镜，试图用语言来准确地再现世界，可惜最后他们发现，语言与心灵都无法准确地再现世界（张国清，1995）。Rorty 反对形而上学，他说：传统形而上学视语言为反映自然的一面镜子，但“语言学转向”（the linguistic turn）却让这面镜子完全地破碎了。所谓的“再现”与“表征”根本就不可能。

Rorty 也否认了基础主义存在的意义。Rorty 指出“基础主义以数理逻辑为避风港，但是数理逻辑并非那么可靠”（Rorty，1979，p. 167），而所谓的基础根本不存在，科学不应以追求“基础”为根本性任务。

Rorty 的后现代主张虽然犀利，但是实际应用时却面临了极大的问题，所以教育管理研究中关于新实用主义的讨论，大部分仍采取保留的立场，较少加以应用。

（三）非线性系统理论

非线性系统理论（nonlinear system theory）是 20 世纪 90 年代以来兴起的重要新范式，其对教育管理中决策、领导、组织等方面的研究造成极大的冲击。传统理论所强调的线性（linear）与秩序（order）主张，刚好是非线性动态系统理论所重点反驳的。对于传统观点之另类角度解释可说是非线性系统理论最大的贡献。

从表 5-1 中，我们可以了解线性系统与非线性系统之间的差异。首先就“初始状态”（initial conditions）来说，线性系统理论认为初始的状态并不重要，其对于最后结果之影响也不显著；非线性系统理论则对初始状态相当敏感，认为即使是相当细微的骚动，也极可能破坏了整个系统。他们称之为“蝴蝶效应”。因此初始状态不同或稍有差异的两个系统，其最后结果必然有很大的差异。

就“平衡状态”（equilibrium）而言，当系统面临瓦解时，线性系统会想尽办法来维持或重建系统之稳定性；而非线性系统则会进行组织重建，并以新系统的面貌出现，来适应新环境。

在预测结果的态度上，线性系统相信只要掌握变量就能掌握结果；非线性系统则认为任何的结果都存在着无法预测的变异。线性系统重视规则与可预测性；非线性系统则偏向不规则性、不可预测性与混沌状态。

在对“回馈”的看法上，线性系统认为任何的回馈都是对既有系统的警告，此时必须采取行动来重建系统的稳定性，基本上采取消极的态度。非线性系统则采取积极的态度来看待回馈系统，认为回馈可让系统进行正面的修正，以产生新结构来适应变化万千的大环境。

就“哲学取向”而言，线性系统采取化约主义的知识论立场，认为所有的现象（包括物理或行为方面）都可以化约成最细小之元素来检视；非线性系统则认为应从不同的角度来了解真相。即使是看起来细微无关紧要的事件，都可能因非线性的特质，而演变成巨大摧毁的力量。传统认为组织有其一定发展脉络的主张并不正确。

表 5-1　线性系统与非线性系统基本主张差异

	线性系统	非线性系统
初始状态	不重要的	非常重要的
平衡状态	稳定的	混沌的
预测	可以预测的	无法预测的
回馈	消极的	积极的
哲学取向	化约主义、实证论	扩张取向、后现代主义

资料来源：Reilly D H. 1999. Non-linear systems and educational development in Europe［J］. Journal of Educational Administration，37（5）：427.

综而言之，非线性系统理论对研究者带来的重要启示有四：

（1）研究者应重视任何细微的骚动与随机事件，因为其对未来之结果极可能产生不可挽救的影响，此即为“蝴蝶效应”。

（2）研究者对于任何现象之预测应持保留的态度，因为任何微小的变异都将改变原有的预测结果。

（3）研究者应对现象的固定周期性表示怀疑。因为现象的发生并非是线性的，系统在稳定时期，或许表面上有其规律，但却有不确定之因素酝酿其中，使之走向混沌状况。

（4）系统之运作必须不断经历解构与重建的过程，因其不规则性，所以难以产生普遍的模式与理论。

（四）激进女性主义

后现代思潮也影响了教育管理中有关女性主义研究的发展，而有所谓激进女性主义的出现。教育管理研究上之女性主义原以批判理论为基础，就性别、职位两大面向对一直以来以男性为权力中心的社会形态加以批判。近年来，由于深受后现代思维（特别是后结构主义）的影响，女性主义演变成一种激进女性主义。激进女性主义者主张从四个新面向来进行女性方面的探究（Grogan，2000）：

（1）论述。借由论述来了解人与人之间的关系形态，特别是男性与女性之间的互动情形。

（2）主体性。认为女性基本上是受到迫害与剥削的，她们的主体性被侵略得荡然无存，她们的声音也被刻意地消音，因此主张对女性进行解放。

（3）知识与权力。源于 Foucault 的观点，主张女性不应顺从"理所当然"的假定，应该了解到冲突存在的必要。任何既存的想法都应该去反省，必要时可加以推翻。

（4）抗拒（resistance）。主张任何的基础知识都可能是错的，因此女性不一定要接受既有的规范与游戏规则。

激进女性主义者认为陈述与写作的方式通常反映了社会中的权力形态。他们相信语言必须由赋予世界意义的竞争性论述与方式来进行了解，因为它们指出了社会权力组织的差异。激进女性主义即希望个体具有对事物的选择，不是去追求共识，而是追求个人主体性。换言之，激进女性主义认为我们并不能完全掌握自己，个体之行为仍受语言（权力）所操弄。

在知识论上，他们认为语言的意义具变动性与不完整性，没有所谓的"事实"值得传递，采取无证实模式态度。实务上以教育领导研究而言，他们认为领导者的想法只是反映特定的意见，因此主张多元论述（multiple discourses）。严格而论，激进女性主义即是主张舍弃早期以男性样本建构的大量知识材料，而应以女性为中心重建相关之行政知识。此学派之主张已对教育管理研究有所影响，其发展值得进一步观察。

二、后现代主义之基本主张

综上所述，后现代主义的派别极多，主张也相当芜杂，彼此之间不乏互相矛盾之处。然而大体而言，后现代主义却有一定之立论基础，其特征兹综合简述如下。

（一）多元主义

后现代科学哲学家质疑理性主义与科学主义的无上权威，理论上具有多元论的强烈色彩。他们批判传统科学，是针对它作为一个统一的理论体系来进行的。他们希望建立一个容纳多元范式的学说。这种多元性不赞成消灭差异，主张范式的并行不悖与互相竞争，因此，它是一种彻底的多元性。按照后现代主义者的看法，对于同一种现象、同一件事物，人们用不同的眼光，从不同的角度看，可以有完全不同的意义，导致相异甚至相悖的结论和结果（刘魁，1998）。

（二）反基础主义

后现代主义反对将知识内涵视为客观实体的再现，即认识的对象是建构而成的客体，知识为文本之作者观点的表达，诚属一种叙事，因此宣称特定知识具有优越性的后设叙事便丧失其合法性。Lyotard（1984）即用“现代”（modern）一词，来指称任何借由某种大型叙事而建构的后设论述为其合法根基的科学，例如精神的辩证、意义的陈述、理性或劳动主体的解放、财富的创造，等等。而后现代一词则是对大型叙事的怀疑。后现代主义声称知识不再具有任何的基础，在不同的情境（时间、空间）中会有不同的知识，人们所称谓的通则，事实上并不存在（Littrell & Foster，1995）。

再者，后现代主义认为所谓的科学与知识事实上会随着时间的递嬗而改变，某些早期被反驳的学说或理论在后来反而被发现为真。因此，他们认为科学研究应放弃任何科学的验证模式与合理性，该以解构作为重建与科学进步的机制。

（三）反决定论

后现代科学哲学家认为传统机械论的科学观并不正确，因为近年的科学成果和社会科学发展显示，用机械论的观念去看待自然和社会，许多现象就无法得到完满的解释，因为机械论忽略了不稳定性、非连续性、不确定性、偶然性等面向在事物发展过程中的作用。

（四）反还原论

后现代主义者认为所谓实体的原貌是模糊的、不可触及的，因此所谓的“再现”、“诠释”都是空谈。他们采取了反实在、反再现的立场，主张实体是不存在的。后现代科学哲学家也批评传统实证论所抱持的还原论否认了自然具有任何主体性、经验与感觉，导致对自然世界的扭曲，主张科学研究在方法上应具有整体论和有机论的特征。

（五）反权威性

后现代主义者认为经由讨论而宣称为“真”的知识，事实上都与社会中权力分配有很大的关联。而权力主导了特定知识的形式。所以应该打破这套不恰当的知识权力分配形态，以反权威的立场恢复知识的本质。

（六）重视分化

后现代的世界既然是处在一个不确定的状态，那么其发展就必然不是偏向整体化的走向，而是倡导差异性与争论分歧，并在游戏中创造出与众不同的格局。

第三节　后现代主义对教育管理研究之影响

教育管理研究在20世纪80年代后，完全进入多元范式时期。后现代主义之相关思维一直到20世纪80年代末期才开始影响教育管理界。由于后现代科学观主张相对主义、虚无主义、反科学、反理性的态度，思想过分偏激，加上各派别论点不一，使得其主张在教育管理研究领域并没有得到广大的回响。不过，近年来后现代相关观点已开始受到检视与讨论（Willower，1996）。

后现代主义由于兴起较晚，目前对教育管理研究方法论的影响尚不显著，但却不可忽视。后现代主义派别极为纷杂，以下仅就较为重要的后现代主义派别，诸如后结构主义、新实用主义、激进女性主义与非线性理论进行论述，并分析其观点对教育管理研究所带来的冲击。

一、后现代主义理念之应用

后现代主义统称传统的知识基础为基础主义或本质主义（essentialism），传统科学理论则被称为后设论述。后现代主义主张将过去所建构的一切知识基础舍弃。目前教育管理领域中关于后现代思维之论述不多。1994 年由 S. Maxcy（麦克西）主编出版之《后现代学校领导：面对教育管理危机》（*Postmodern School Leadership: Meeting the Crisis in Educational Administration*）算是第一本对后现代观点做深入探究的教育管理专著。书中运用了后现代主义策略来对当前学校行政实务难题、结构论者（structuralists）与实证论者所建立的理论与实务及研究方法论等进行批判。Maxcy（1994）在书中指出，“后现代的思想，包括反基础主义、福柯式（Foucaultean）的权力反省、反本质主义等都已经开始侵袭教育管理研究”（p. 154）。

J. J. Scheurich（舒里奇）是另一位深受后现代主义影响的教育管理学者，其采纳后现代观点，对所谓的科学实在论进行批判。Scheurich（1994）指出，“虽然科学实在论对科学方法重建工作做了很多的努力，但对于实在的本质进行知识论上的验证并不是科学实在论者想象的那么简单”（p. 15）。他主张社会科学中没有一种实在论主张是适当的，因为所有的理论都无法脱离社会脉络，因此他提出了社会相对主义（social relativism），以 Feyerabend 的“无政府主义方法论”为基础，对实证论与实在论者的事实声称提出相反的意见，并对所谓的指标（criterion）、标准、步骤、决定规则与合理性进行破坏（p. 22）。因为世界存在着不同的真相，在实证论、实在论、批判理论、女性主义、文化理论、建构论、后结构主义之间的竞逐真相游戏（truth games）中，其所追逐的真相或事实随时都可能被改变。

Scheurich 在其 1997 年出版的《后现代的研究方法》（*Research Method in the Postmodern*）一书中，阐明了如何应用后现代研究方法来进行研究。在教育管理研究方法论上，Scheurich 对 Evers 和 Lakomski 所提出的连贯论毫不客气地加以批判。我们知道，连贯论主张追求教育管理研究的理论基础统合，并以实在论作为基础，认为实体是真实存在的。Scheurich（1994）却指出连贯论的主张具有三大难题：（1）在定义所谓的“指标”（virtues）时会产生语言上的问题，因为不同的观点（范式）具有自己的一套语言来定义“指标”；（2）一旦对理论进行比较，当 A 理论与 B 理论都同时具有了各自的优点与缺点时，如何指出何者较优；（3）所谓的外于经验的指标如何被测量与验证，因为其不具有经验性基础。

Evers 和 Lakomski（1996a）对于 Scheurich 的批判做了响应。两人认为后现代主义排除了所谓的实在、实体、标准、再现的存在，那么人类科学研究的目的何在？而科学的进步是否还有可能？科学研究过程又将如何进行验证？两人认为一旦承认了真正世界是不存在的，就会使得所有的社会与伦理活动沦为相对主义的俘虏（p. 390）。Evers 和 Lakomski（1996a）对于 Scheurich 的批评还做了以下的反驳：首先，他们指出连贯论并不考虑“指标”的定义问题，而是将焦点放在自然的学习系统，也即经由自我提示（self-referential）的过程，来建构与扩张一致性的指标，因此未来也将增加更多的指标；其二，事实上连贯论只提供了增进包容性（comprehensiveness）的方向，理论之间的比较只是为求进步，当 A 理论与 B 理论在各方面的条件能相互匹敌时，同时保留两个好理论来进行科学探究也是连贯论可以接受的；其三，虽然外于经验的指标不具经验性基础，但是聪明的理论家会发现单一的知识证实模式是不充分的，因此所谓的“外于经验的指标”才会派上用场。Evers 和 Lakomski 质问后现代主义者，既然支持理论的多元，却又为何反对理论的比较？指其想法明显有矛盾之处。

此外，非线性系统理论也对近年来之教育管理研究有所影响。该理论观点在教育管理领域上的发展可追溯至 1991 年，《教育管理季刊》出现了第一篇讨论混沌理论运用在教育管理研究方面的文章。该论文作者 Griffiths、Hart 和 Blair（1991）将兴起于自然科学领域，并逐渐扩展至社会科学的混沌理论重要概念运用至教育管理研究方法论上，强调非线性、不确定性、随机性，对于传统上强调线性、确定性与稳定性的教育管理研究带来极大的冲击。其后，Bigum 和 Green（1993）也再次阐述了混沌理论与教育管理研究间的关系。此外，Gunter（1995）认为传统经营理念重视愿景之达成与团队合作，但却忽略了对混乱局面的处理与预防，非线性系统理论的主张，可适时弥补不足。Griffiths（1997）认为使用单一理论很难反映学校的问题与困难，因此理论多元主义（theoretical pluralism）势在必行，其中非线性系统理论（混沌理论）应被采用，以使研究方法更为完整。实务上，Reilly（1999）将非线性系统理论用于欧洲国家的教育发展上，认为其理念如“蝴蝶效应”、“耗散系统”，可帮助了解教育发展与改进的过程。影响所及，近来教育管理学术对研究结果的态度已从通则（generalization）转而视其为暂时性答案（tentative answer），在观念上受到非线性系统理论的影响极深。

在中国台湾地区，后现代科学观尚未对教育管理研究产生显著影响，关于后现代主义的讨论寥寥可数。而非线性系统理论之相关观念由于有秦梦群（1995，2011）、陈木金（1996，1999，2000）之介绍，反而成为近年来备受瞩目的新议题。但是相关论述也只停留于理论性的讨论，并未实际应用。其他如后结构主义、后现代主义、激进女性主义等新观点仍未受到学界之重视与讨论（黄宗显，1999）。

自20世纪90年代开始，后现代主义对于教育管理之影响力渐增。其倡导者Maxcy（1994）乐观地指出后现代的思想，包括反基础主义、福柯式的权力反省、反本质主义等已经逐渐影响教育管理研究，并将带来正面的意涵。而Greenfield（1993）晚期明显受到后现代思潮的影响，主张要解决教育管理研究长久以来的问题，则必须先解构理论运动长久以来努力建构的行政科学化观点，以全新的研究观出发，解决问题才有可能。Greenfield虽然提到了“解构”，但其并非完全支持后现代主张，因为其仍然相信“实体”的存在。Evers和Lakomski（1996a）指出如果所有已建立的知识被先验地（a priori）排除，那么整个知识论的基础就会毁于一旦。虽然某些知识应该受到质疑，但也有一些可靠的知识（包括理论与论述）仍然值得继续学习。Evers和Lakomski所积极推崇的连贯论，即是为了解决后实证论中不同范式有关知识基础僵持不下的局面所发展出来。更重要的是，基于统合观点的连贯论证实模式假定了判决指标的存在，也使教育管理界免于陷入非理性而各行其是的危机，对于主张歧异、分裂、解构的后现代主义乃是一大挑战。

二、后现代研究方法之应用

与后实证论之各理论相较，后现代主义对传统的研究方法更持激烈反对的意见。最显而易见的，是其对后设论述的否定，认为任何的研究系不同时空下的产物，不能类推于其他的情境中。基本上，其对实证取向之调查量化研究深具反感（Davies & Foster，2003）。此外，后现代主义也主张没有单一的研究方法可以捕捉人类行为的变异性，研究者在论述被观察者的行为时，往往受其性别、阶级、族群，乃至特殊之意识形态的影响。因此，读者在检视或应用所产生之研究“结果”时，必须了解研究者的背景与研究过程的脉络，特别是研究者身处的社会与政治系统。

影响所及，质性的研究方法即成为后现代主义研究者的多数选择。以教育管理领域中的领导行为研究为例，实证范式多从成品与结果的角度来研究领导，从各种产出变量（如组织气候、教师满意度），来了解校长的领导行为。因此，量化研究如问卷调查即成为普遍之形式。其大量与迅速的特质，配合了其后统计分析的推论与类化。与之相较，后现代主义的研究焦点却放在领导行为被诠释与实施的过程，其中包括领导者如何受其背景与社会脉络（如性别、种族、文化、社经背景、教育经验）的影响，而形成其自我诠释领导这个理念的历程，与他们如何思考来解决教育问题的不同风格。实务上，质性研究较能符合以上研究的需求。

因此，在后现代主义研究者已出版的教育管理研究中，所使用之方法几乎全为质性方法，其中包括论述法（narrative）、生命传记（life biography）、个案研究（case study）与文本分析（textual analysis）等。部分学者（如 Blount，2003）甚而建议以故事叙述之方式来进行研究。其中即结合了访谈、生命传记与文本分析等方法。由于上述前三者也常为后实证论的学者所采用，以下即就较特殊的文本研究加以简述，并对已出版之研究进行探讨。

后现代主义与后实证论之间的差异，其一即是前者对研究语言建构特别重视。后现代主义认为由于被研究者的社会背景与脉络不同，因此研究过程与结果的语言呈现即大异其趣。研究者关心被研究者在不同时空下对各种现象的不同诠释，语言建构方式之差异，深深影响了数据之搜集、分析与结果之呈现。文本研究的主要目的即在探讨读者如何诠释研究内容与结果，主张读者之社会背景若与研究者相异，其诠释之角度也会不同，必须进一步探讨。

文本研究除了了解研究者与被研究者各自建构理念的过程外，也重视两者之间的互动关系。Jensen 和 Peshkin（1992）即指出学术研究者所使用的语言自成一格，形成圈内人士才懂得的精英语法，此与被研究者或读者的背景大不相同，因此在诠释研究内容与结果时彼此有所差异。文本研究即将大部分的注意力，放在研究者建构语言内容及其与他人之间的关系上，试图将因背景不同所形成的语言偏见降至最低。换言之，其重点乃在检视研究进行、分析、撰写，乃至呈现给读者的过程，与传统视研究者为价值中立的理念相当不同，基本上承认研究者有其价值上的偏见，如不加以了解，则被研究者释放的讯息往往被曲解，进而误导读者对研究结果的诠释。

文本研究的出现，使得研究者与被研究者之间的关系更加受到重视。为使研究者因其背景所产生的语言偏见减至最低，各种内容呈现的策略于焉产生。例如研究者在撰写文本时即清楚阐述其与被研究者的关系，或是干脆不做分析工作，而只是原原本本地将被研究者所提供的原始资料加以呈现。此种做法留给被研究者与读者极大的自我诠释文本的空间，并消除了研究者在运用语言建构文本时，因不同社会、政治与文化背景所产生的操弄偏见。

有关教育管理的文本研究数量并不多，且未形成既定的模式与步骤。Bloom 和 Munro（1995）采用生命历史的叙述法，研究女性学校行政者自我肯定的过程。研究焦点放在四位女性由教师角色转为行政者的历程，叙述其面对性别与工作期待时所产生的矛盾与解决策略。与一般研究不同，在书写结论时，Bloom 和 Munro 并未做出自我之分析定论，反而采取公开讨论的模式，叙述两人在诠释所获之数据时的心理历程。整个研究的重点在讨论文本之写作者与被研究者之间的关系，提出的不是答案，而是更多的疑点与问题，在形式上相当另类。

Benham（1997）则采用不同的策略，在撰写研究文本时，将被研究者一并纳入成为文本写作的共同作者。换言之，研究者不再独大，整个文本的成型，允许被研究者的加入。如此一来，两者的地位趋于齐一，使得语言之偏见减少。研究者也因被研究者不同形式的反应，自我检证在语言叙述上的操弄。Benham 的做法，也出现在较早的研究中，例如 Regan（1990）的女性主义与学校行政运作的研究，Keith（1996）对于教师与学校改革的研究，与 Marshall 等人（1996）对于助理校长行为的研究。

检视 20 世纪 90 年代以来的文本研究，在教育管理领域中多半采用质性方法，例如生命传记、个案研究等。研究者不再标榜价值中立，而将焦点转向社会与文化脉络对行政行为的影响。Dillard（1995）即以一位黑人女性校长为对象，研究其在一所都会高中的领导行为。有趣的是，Dillard 在文中自我承认研究的偏好，说明所以选择黑人女性校长为对象，原因之一即在其本身是一位黑人女性，并认为以往的研究未能真正了解黑人教师与校长的行为，问题就在于缺乏相似的背景，以致无法正确诠释所观察的现象。换言之，Dillard 的重点乃在探讨文化与社会背景的因素对行政者领导风格的影响，与传统研究迥然不同。

Dillard 的研究以生命传记的叙述法为主，对象为一位名为 Natham 的黑人女校长。研究者先了解其背景，发现 Natham 出生于黑人较少的区域，父母相当注重教育，而将其送至天主教学校就读（此在当时极为罕见）。大学毕业后，她做了数年教师，其后转任学校行政者。就任校长时，学校学生多为少数族群（黑人、西裔、亚裔），白人学生就因当地贯彻种族混读政策而纷纷迁校。Natham 自己也承认，其会被遴选，部分也导因于其特殊的种族与文化背景。

Dillard 发现 Natham 校长的领导行为深受其成长背景、文化脉络与教育经验的影响。作为一位女性、黑人与天主教徒，她因而独特建构了其对经营学校的想法。研究者若未能参透此点，则往往失之于表面。例如，作为弱势族群，Natham 认为必须更加努力，才能冲破种族歧视的藩篱，因此她将目前的职位视为生涯，而非仅是一项工作（a life，not a job），对于学生的学习极为坚持，她叙述道：

> 我检视所有 800 个学生的成绩卡，在送出之前，对于得到 4.0 成绩的学生，我给予其“很棒”的贴纸，并附上一个小祝贺卡。得到 3.0 的学生则得到另一种贴纸。如果是黑人学生，我再额外送其另一种贴纸。其他学生只要有进步的，也会得到鼓励的贴纸。做此工作费时甚多，但却是极重要的……（p. 552）

Dillard 的研究，彰显了社会与文化脉络对学校行政者的影响，并对所搜集之资料从诠释学的角度加以分析。其在客观性之要求上或引起争辩，但也开启了另一种研究方向。对于未居主流的文化族群，如能先了解其文化与语言的内容，则能对其行为更加了解。

从方法论的角度而言，文本研究提供了检视研究语言操弄与偏见的机会，使被研究者与读者从不同的方位诠释文本的内容。然而，即如后现代主义一般，其所提出问题的实力远超过做结论的能力，建设性似略逊一筹。此外，相关困难如被研究者所提供资料正确性的检验、研究者与被研究者若产生冲突的解决方法与基本研究步骤的确立，目前仍未有所定论，值得支持文本研究的学者进一步加以探讨。

三、后现代研究方法之应用与反思

综上所述，尽管派别林立，但后现代主义皆主张世上没有客观之实体存在，因为现象乃是具有主体性之个体在社会中互动之结果。此种个体之间的交互主体性（intersubjectivity）存在，使研究者在研究过程中不能忽视个体经验与价值。基本上，后现代主义所主张之方法论可以简述如下：

（1）任何的研究范式或形式都可以被接受，主张“怎么都行”，任何研究都具有独特价值。

（2）知识是主观的、变异的，价值中立性根本是谬论。任何研究都是主观的。

（3）采用激进的解构研究形式，反对客观性的坚持，追求多元诠释的论述与文本分析，重视研究者操弄语言的事实。

（4）个体特殊性才是研究的重点，反对大型论述的建构，重视批判与解构。任何的研究与观察都旨在对特殊现象进行解释，研究过程重视个体之主观认知与诠释。

（5）教育管理研究不需任何的知识生产架构，也无法产生客观的验证指标以判定知识的优劣。

综观近二十年来的方法论发展状况，统合观点的论述远超过后现代“分裂解构”的讨论，说明教育管理研究领域尚未能挹注太多后现代观点。中国台湾地区近年有关后现代观点之教育管理论述著作并不多。黄乃荧于2000年出版《后现代教育行政哲学》，以后现代主义为哲学基础，以对话行动舞台（dialogical action arena）、隐喻、后设沟通、吊诡管理、演说故事与解构的观念系统，探究后现代之教育管理哲学的知识论。陈木金于2002年出版《学校领导研究：从混沌理论研究彩绘学校经营的天空》，指出学校具有混沌现象的特征，以往高效能的领导所使用的一套完整学校经营与领导之计划，将因一些细微变化与无法预测之事而引起执行上之困难。

在另一方面，对于后现代主义方法论主张之应用，学界则多持保留的立场。例如吴清山（2007）指出后现代思潮不仅影响社会发展，而且也冲击到教育改革走向。后现代思潮犹如一把利器，若能善用则对教育改革将带来正向力量，反之则会产生破坏。范炽文（2008）分析后现代主义对教育管理造成数项之影响，包括教育管理体制的改变、教育管理专业团体的成立、学校本位管理的重复、多元文化政策的发展、虚拟化组织的盛行。但后现代思想亦有其限制，其中包括：（1）过度强调多元，易忽略教育共识；（2）道德价值多元性与网络伦理的危机；（3）过度重视知识工具性，使知识沦为商品。

实务上，后现代主义方法论本身也产生诸多困难。例如，后现代主义科学观主张放弃任何的证实原则，然而如果真是如此，则知识正确性将如何把关？再者，后现代对于现代（指由实证时期、多元范式时期）所建构的一切规范、知识理性与基础完全否定，在方式上选择了激进的革命形态，亦让教育管理学者难以接受。因此，部分学者发现后现代的方法论已经有逐渐式微的趋势（Evers & Lakomski，1996b；Willower，1996）。Willower（1998）也曾与 English（1997，1998a，1998b）展开笔战。English 倡议应循 Greenfield 的脚步，彻底对实证论影响之教育管理领域的实体与知识基础主张加以颠覆。前者则斥责后现代主义对于形而上学与后设论述的拒绝，无异使一切知识基础趋于毁灭。English（2003）出版《教育管理理论与应用之后现代挑战》（*The Postmodern Challenge to the Theory and Practice of Educational Administration*）一书，将其对于后现代主义对教育管理理论与实践之看法，及其与 Willower、J. Murphy（墨菲）等学者之争辩加以完整收录。English 主张身为教育人员，必须了解后现代主义反权威与反主流之立场，进而省思教育的目的与理念。读者若有兴趣，请参阅该集结之专著。

第四节 本章小结

教育管理研究上之后现代科学观是极为复杂的新思维。具体而言，其继承了后实证论所强调的多元主义，但却反对所谓的多元实体。因为后现代科学观拒绝实体存在的可能性。他们反实在、反再现的立场直接挑战了连贯论的主张，而后现代主义与连贯论之间的争论至今方兴未艾。

后现代主义排斥基础主义、逻辑实证论，追求极端的多元主义、相对主义。但在多元相对的研究环境下，教育管理研究可能陷入众声喧哗各行其是的困境。在此限制下，教育管理研究的合理性则荡然无存。基本上，后现代主义主张个体之间的交互主体性，因此彼此之对话与沟通乃是绝对必要的。然而，由于其所坚持之主观论中缺乏具体标准，极易陷入相对主义或虚无主义之泥淖中。相对主义造成不同范式之间相互学习的极度困难，研究者一旦落入其中，则相关之辩论、讨论、沟通、对话就难以有效进行，教育管理研究的绩效也将令人质疑。此外，后现代主义所强调之解构过程，犹如剥取洋葱一般，层层剥落之过程或许刺激，但剥完后却可能发现一无所得，最后沦入虚无主义之困境中。

针对于此，Evers 和 Lakomski（1996a）也强调如果所有已建立的先验知识被排除，整个知识论的基础就会毁于一旦。虽然我们不得不承认某部分的知识是应该受到质疑的，但是也有某些可靠的知识（包括部分理论与论述）值得继续保留。后现代主义误将反实证与反科学的立场画上等号，带来了科学的危机，是相当不智的做法。以自然科学为发展基础的非线性理论，由于在本体论与知识论上的困难较少，反而成为较易让人接受的新观点，其观点在教育管理研究领域之讨论反而最多。

综而言之，后现代科学观在未来势必成为学术界热烈讨论的话题。然而后现代主义思想家甚多，派别也多，而各派别之间尚没有一个对后现代方法论的一致看法。对于教育管理研究来说，后现代科学观带来的“破”远多于“立”。因为后现代科学观完全否定了现代化所建构的一切，而试图重建一个新天地。然而当学术陷入后现代主张时，研究的合理性也势必瓦解。由此，那些倾向极端形式的后现代主义，多数被认为只是对传统（现代主义）理论的责难，但却无法面对具体的研究问题。

从积极面来看，后现代主义力求多元对话、百花齐放的研究空间，实有助于教育管理多元范式的建立；但从消极面分析，后现代主义形成之各抒己见互不相让的结果，极可能破坏了教育管理学界多年来辛苦建立的知识基础。因此，即使后现代主义带来对当前教育管理研究的新批判观点，研究者也应该时时反省其主张之方法论的适用性，以避免掉入混沌模糊的迷障中，造成严重的研究方法论浩劫。

第六章　教育管理研究方法论的争辩与反思

尽管在哲学上宣称在事实的追求与了解中，
不可能从诠释中排除主观的判断，
主流教育管理理论仍执着于事实与价值之间的不可共量性。
尽管大部分的社会理论学家已放弃探求所谓的社会科学价值中立，
主流的教育管理理论学者却仍积极地尝试去发展普遍原理原则。
——Richard J. Bates

前五章探讨了教育管理研究方法论自20世纪以来的发展情况。本章则对西方各国与华人地区教育管理研究方法论的争辩加以论述，并分析教育管理研究发展所存在的问题。第一节主要对当前欧美教育管理研究方法论范式争辩进行分析，包括方法论上的质性与量化之争辩，以及批判理论、主观主义、连贯论与后现代主义观点之间的争辩。第二节将焦点置于美国、中国台湾地区与大陆地区教育管理相关研究所使用之方法论分析，并对美国当前教育管理研究方法论发展议题进行综合讨论。第三节针对当前教育管理研究发展所面临的瓶颈进行论述，并依文献的分析结果探讨教育管理未来研究趋势。第四节与第五节分别提出建议与结语。

第一节　教育管理研究范式之争辩

一、各范式关于教育管理学术特性之争辩

无可讳言，较之教育研究之其他领域如教育哲学、教育社会学、教育心理学，教育管理学科发展之起步较晚。此即牵涉到教育管理是否具有独

立学术特性之议题。在 20 世纪 50 年代理论运动之前，教育管理研究类似个人经验之传承，或是将一般行政学或管理学所产生之理论模式加以移植。学者之间对于教育管理研究是否具有独特性问题看法不同，并产生许多争辩。其焦点乃在教育管理与一般行政是否有所不同？教育管理是否具有独立或独特之学术特性？换言之，教育管理是否是一门独立的学问？

及至教育管理研究领域之理论运动兴起，相关学者如 Griffiths（1959）希望教育管理能与其他社会科学学科（如社会学）一般，发展具有定理性质的学说理论。其经过统计分析之类化过程，可适用于所有教育或学校组织中。在当时，学者们普遍认同社会科学的实证方法，对于教育管理理论发展乃是必要的。

由于主张移植社会科学其他学科（特别是一般行政领域）的研究方法，逻辑实证论独霸之理论运动时期，教育管理的独立性即未受重视（但 Griffiths 在晚年已开始有所转向）。虽然相关学者并未明文主张教育管理即是一般行政之一环，但由于希望发展“放诸四海皆准”的理论，学科之间的差别性自然趋于模糊。

与之相较，后实证论的主要学者如 Greenfield、Hodgkinson、Evers 和 Lakomski 皆持不同之态度。抱持主观主义的 Greenfield（1993b）认为教育管理研究应强调价值本质之思考，并在特殊教育决策中，反省行政作为的价值问题。秉持人文主义之 Hodgkinson（1991），强调教育具有道德与价值之特性，教育管理所面对的特殊价值观与其他领域（如公共行政、商业、宗教等）有所不同，自然具有学术的独特性。至于主张连贯论的 Evers 和 Lakomski（1996a），也力主教育管理研究的独特性，认为教育思考之面向与其他学科不同，若一味从其他学门（如经济学）借用理论，则可能“橘逾淮为枳”，很难达成特定的教育目标与结果。

批判理论的学者如 Habermas、Bates 等也多持类似之立场。例如 Habermas（1984）希望借由批判之过程解放人类，自扭曲的沟通情境中恢复其主体性，进而彰显真理与正义。就此而论，教育管理基于特殊之组织脉络，需要面对不同的沟通情境，与其他领域自是大异其趣。Bates（1985）更进一步指出教育管理研究往往只追求分析之技术，而忽略其背后之教育目的。此种现象造成教育管理学者往往只是技术官僚，而非真正的教育家。其呼吁教育管理具有其教育理念的基础，有其一定之主体性，绝不可限于技术操作的层次。

至于后现代主义，其强烈主张任何研究都是主观的。认为个体特殊性才是研究的重点，重视批判与解构。任何的研究与观察皆在对特殊现象进行解释，研究过程重视个体之主观认知与诠释。基本上，此种对个体特殊性研究的强调，更增强了教育管理研究的独特性。教育组织（班级、学校、学区）彼此之间差异甚大，个体诠释现象角度更是大异其趣，透过多元论述方能有所了解。就此而言，每个教育管理研究皆有其独特价值。

综上所述，除了理论运动时期之学者对教育管理独特性并未加以肯定外，其余后实证论与后现代主义之学者皆以不同角度加以确立。此也显示教育管理之学术特性已趋于独立，并非附属于一般行政之中。相关学者不必妄自菲薄，未来研究仍大有可为。

二、各范式关于研究方法论之争辩

教育管理研究之科学化，乃归功于 20 世纪 50 年代理论运动之实证论观点的落实。然而，也由于其独尊单一证实模式，招致 20 世纪 70 年代学者如 Kuhn、Feyerabend 之后实证论思潮激烈挑战。经由新马克思主义者的批判理论与 Greenfield 的主观主义，近来之范式发展已呈现多元化的趋势。其后，虽然后现代主义兴起并提出无证实模式之主张，但其对教育管理研究之影响力仍有待评估。

范式变迁背后的启示即没有任何范式为万灵药，可以被当成研究的唯一规准。针对过去范式提出非难时，也不能忽略对各种新兴范式进行批判分析（黄光国，2001）。20 世纪 70 年代开始，教育管理研究者开始意识到社会科学研究范式乃是不断变化且非单一的，不同范式各具有优点与缺点。基于此种看法，后实证论学者即希望落实多元范式的诉求，主张采用多元范式可以对实体的了解与逼近较有帮助。

环顾历史，自 20 世纪 70 年代末期以来，教育管理研究之知识论分野导致方法论间激烈的辩论，其中以“量化与质性”、“单一与多元研究范式”之间的研究方法争辩最为普遍。此外，20 世纪 80 年代中期，由于当时教育管理研究转入多元范式时期，于是“主观主义与批判理论”、“批判理论与连贯论”、“连贯论与后现代主义”之间也发生过方法论上的论战。争辩的焦点乃在教育管理可使用之多元研究范式与方法中，究竟何者最佳？又该如何选择？由于不同的方法受制于不同知识论的基本假定，所以久而久之各方法之间的技术差异也日渐加深。以下分别叙述之。

（一）质性与量化方法之争议

首先，教育管理研究中质量之争议持续已久，各个范式试着从方法论、实务、社会因素等层面来分析范式之间的相关，以及各范式的优缺点。Evers 和 Lakomski（1991）从多元范式的角度出发，将教育管理领域质性与量化的争辩归纳为以下三个不同主张。

1. 研究范式之间具有不可共量性且互不兼容

20 世纪 70 至 80 年代，研究者多认为由于方法之间的知识论基础不同，范式之间的讨论也变得极不可能，这使得不同范式之间的分野愈来愈明显。在不同范式之间也无法对一个合理的方法进行检验，且相同领域中的范式之间也经常发生竞争。此观点称为差异对抗论点（oppositional diversity thesis）。

此时期两大方法论之间的争辩常流于意气之争，对于方法论的进步帮助不大。此时量化研究者如 Kerlinger（1973）批评质性研究缺乏客观性、不严谨与没有科学控制；质性研究者则反驳所谓的研究不能只是进行统计推理与建立因果关系，因为与人类相关的知识都是主观的，科学的方法或许适用于对自然科学领域的探究，但它却会破坏人类的真实面向。质量之争牵涉了客观性、效度、信度、证实指标的争辩。其后，批判论者加入了论战，指责量化取向根本就无法捕捉到价值的本质，也无法获得改善人类生活的知识，使得范式之间的关系更形恶化。

2. 研究方法虽具不可共量性但兼具互补性

20 世纪 80 年代后，由于多元范式的气势逐渐形成，大部分科学家认同范式之间虽然存在着差异性与不可共量性，然而方法间事实上也具互补性。所有的方法对于所探索的研究问题而言都是适当的，因为不同的知识论所研究出来的结果具有互补的功能，可以让实体更为凸显。此称为差异互补论点（complementary diversity thesis）。

此时期的研究者检视了不同的研究传统，虽然各研究传统间具有不可共量性，但却都是平等的合法存在。例如实证范式与诠释范式虽然在方法论上的观点互斥，但是在研究结果的分析上却具互补性。Shulman（1986）指出社会科学研究或教育研究最危险的事就是让单一范式观点统治了整个研究界。一些量化研究者如 Campbell（1982）也承认质性研究法的确具有其优点。事实上，教育问题的复杂性也支持了知识论上的多元主义。

3. 范式之间可以和谐共存之统合观点

差异对抗论点与差异互补论点皆承认教育管理研究有着知识论上的差异，且认为此差异无法消除。相反的，部分持统合论点的研究者如 Keeves（1988）却反对方法论之知识论间存在着差异，并对范式理论中所强调的不可共量性做出批判。其主张范式之间仍然具有共享的概念、检验指标、意义与事实，因此范式之间仍然能存在正面的关系。Evers 和 Lakomski 所发展的连贯论即是秉持此论点。

统合论点指出，若一味强调范式之间的不可共量性与不可比较性，那么所谓的真理、意义、适当性、诠释、范式等一般知识论中的专有名词就不具沟通功能，学术研究也将失去进步的机制。统合论点认为理论或范式之间是可以比较的，在理论选择上也有所谓的验证指标。因此，何种理论较为优良，在问题的解决上较具效能，都有一定的判断指标加以判定。

（二）单一与多元研究范式的争议

教育管理研究之多元主义理念发展乃有迹可寻。早期教育管理领域由于缺乏本身的理论，因此大量借用其他领域的理论作为基础，其中包括管理学与行政学；并在研究方法上使用逻辑实证论的方法论主张作为理论建构的工具。当时大批学者投入学术重建的工作，希望借由“科学的方法”让教育管理学科能快速地成为一门应用科学。Boyan（1981）检视社会科学与教育管理学的理论发展情况，发现过去教育管理研究虽然一直寻求通则性定律，但是一些不同的研究观点却不曾停止浮现。Boyan 并不认为此是学术分裂的征兆，从正面的角度出发，不同方法论的使用确能带给教育管理研究新的生命力。Boyan 进一步指出，“为教育管理建构后设理论或后设分析模型的时代已经过去，单一方法论独霸的局面也已经不再存在，如今教育管理乃借由不同的方法来进行研究”（p. 7）。由此可知，即使是在理论运动时期，仍然存在着不同的声音，为多元范式的发展留下伏笔。

McCarthy（1986）认为教育管理学术之新研究范式已如雨后春笋般兴起，因而预测未来教育管理研究将会有长足进步。许多学者已经开始接受新浮现的研究范式与另类理论，并运用这些新范式来进行研究。Culbertson

(1988) 总结指出理论运动发展的结果乃是毁誉参半，有些学者认为该运动造就了许多的成就，有些学者则声称理论运动必须停止，教育管理研究应由另一个新的范式来取代。Willower (1988) 认为新范式取代旧范式的过程可称为教育管理研究领域的一种范式转移，并相信此种转移对于教育管理学的进步有很大的帮助。

由于多元范式概念的逐步盛行，一些学者也开始检阅相关教育类文献，并对范式进行分类。首先，Husen (1994) 指出20世纪有两个主要范式用来解决教育问题。第一个是以自然科学的模式为基础，强调可以类化的观察，并将这些观察内容用数学工具分析以进一步对结果做解释，其目的在于实证。第二个系以人文主义为基础，强调全观与质性讯息，其研究目的在于诠释。

另一位学者 Popkewitz (1984) 也对范式之种类加以分类（见图6-1），他指出教育科学中，有三个已浮现的范式建构了研究实务的定义与架构：(1) 实证性分析的 (empirical analytic)，即量化科学；(2) 符号的 (symbolic)，即质性的、诠释的、解释的；(3) 批判的 (critical)，即研究人类改善过程中之相关社会规范。

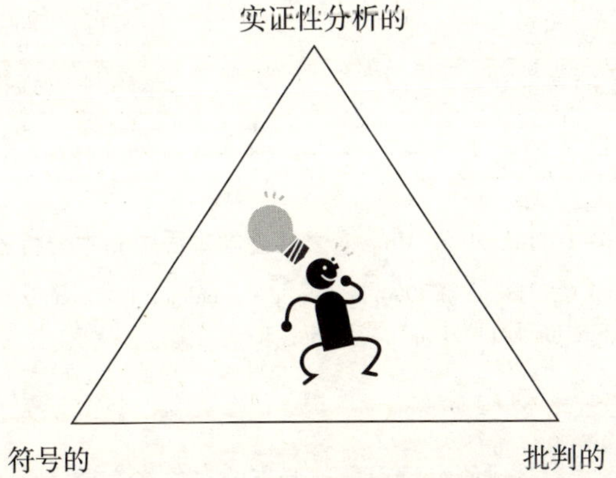

图6-1 Popkewitz 的范式分类

学者 Burrell 和 Morgan (1994) 之《社会学范式与组织分析》(*Sociological Paradigms and Organizational Analysis*) 一书中运用“主观、客观”将社会科

学研究分成两大不同的研究观，并以本体论①、知识论、人性论②与方法论等四个面向来分析主体与客体之间的关系。两人将社会学范式分成四个，即功能论、解释论、激进人文主义与激进结构主义（见图 6-2 与图 6-3）。功能论遵循实证传统，其假定社会世界是由具体的、经验的人工制品（artifact）及其关系所构成，对于世界的了解必须透过研究与测量。诠释范式则走唯名论路线，在知识论上持反实证的立场，主张从直接参与社会过程的行动者观点来了解社会世界。激进人文主义重视主观性与社会改革，偏重批判意识的开展，反对组织形式的存在，因为组织是控制的工具，对于人类关系具破坏性的影响。激进结构主义在本体论上持唯物主义者（materialist）的主张，在知识论上持实在论的观点，主张对社会事务与现状提出批判。与激进人文主义不同的是，他们希望借由对社会结构与模式的了解来改造世界。

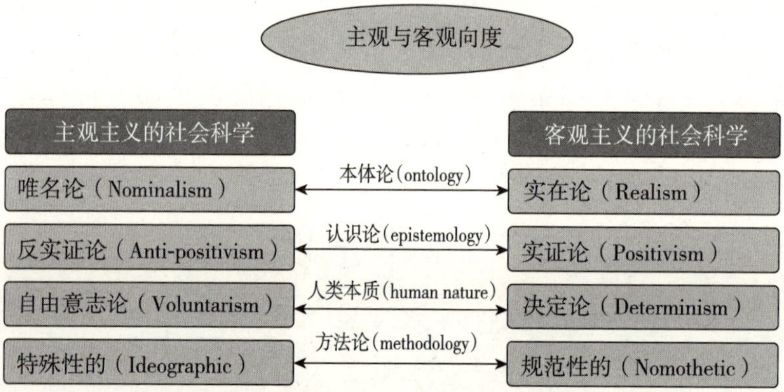

图 6-2　Burrell 和 Morgan 之社会学本质中基本分析假定

资料来源：Burrell G，Morgan G. 1994. Sociological paradigms and organizational analysis：Elements of the sociology of corporate life［M］. London：Arena：3.

---

① 本体论是指在讨论或研究过程中被调查的对象之本质（essence），例如说“组织存在”究竟是指什么，若指的是硬的、有形的、相对的不变结构，则是实在论的主张；若指的是构成社会实体的制度与角色等标签或名字（即社会世界是人类的创作实体），则是唯名论的主张（详见颜良恭，1998）。

② 人性论是指对人自身本质的信念，此种信念会暗中引导各自的研究。例如意志自由论者（voluntarist）肯定了人性是积极、主动的，而非被决定的；决定论者（determinist）却认为人类所做所为都是被因果关系或环境因素所决定的（详见颜良恭，1998）。

图 6-3 Burrell 和 Morgan 之四大社会学范式分析

资料来源：Burrell G，Morgan G. 1994. Sociological paradigms and organizational analysis：Elements of the sociology of corporate life［M］. London：Arena：22.

Burrell 和 Morgan 的理论中指出，基于不同假定，不同的范式会以自身的观点作为了解世界的基础，但学术界应该停止方法论与研究范式的争辩，运用所有可能的方法来进行研究，因为多元方法之使用可完成使用单一方法所无法达成的事。

Burrell 和 Morgan 对于范式的看法受到学术界普遍的认同与肯定。其主要论点在于强调多元方法论的存在。在其著作当中，常出现“范式互斥”、“相互矛盾的形式”、“理论的自我发展”等字眼，明显支持范式间的不可共量性，排除了范式整合的可能。Burrell 和 Morgan（1994）指出：

> 整合是不可能的，因为各范式之间的基本形式都是相互矛盾，且每个范式本身都具有至少一组相互冲突的理论假定。它们是可供选择的，研究者可以连续地使用不同的范式来进行研究，但范式之间具相互排斥性，因此在特定的时间同时运用相异的方法是行不通的（p. 25）。

然而，对于范式之间的分野看得太过严重，过于强调主观主义与过分偏爱范式不可共量性等论点，无疑将对学术知识基础的建立造成极大的阻碍。教育管理学术界也开始意识到这个危机的存在。于是到了 20 世纪 80 年代中期，统合观点开始浮现。相关范式发展在第四章已有说明，此处不再赘述。

进入后实证论时期，教育管理范式之间的多元对话也更为频繁，这包括了实证论、主观主义、批判理论、连贯论与后现代主义等不同观点之间的争辩。教育管理研究中之质性与量化之争主要来自 Griffiths 与 Greenfield

的辩论。Greenfield 与 Griffiths 虽然不曾有面对面的舌战，然而在一些普遍为学术界所认同的著名期刊中，却可见两人笔锋犀利的对决。两人争辩的主题围绕着“假定”（presuppositions）或“先知”（pre-knowledge）的相关问题。两人在知识领域的议题上意见相左。简言之，即是以量化方法为主的实证论与偏向质性研究的主观主义之间的战争。

在 20 世纪 70 年代后期，实证范式逐渐被一些强调历史意义的主观主义所替代。这些新观点重视脉络性与主观性，认为意义是源自于个人对事件的诠释，而不是要去了解引发事件的因素为何。新兴观点偏向诠释学与现象学。Greenfield 与 Griffiths 之间的争辩即在于此。Griffiths 主张运用行为科学的研究方法与自然科学的直线模式来进行教育管理的相关研究（Griffiths, 1979a）。Griffiths 也曾试着为教育管理的决策行为进行单元分类，而其分类的方式乃借用自自然科学。此外，其亦着手发展其中的组织分类因子（organizational taxonomic units，简称 OTU）。这些都是对组织中某一些中心领导者之可辨识特质的归纳。Griffiths 运用了复杂的统计程序进行分类。而这些刚好成为 Greenfield 攻击的对象。Greenfield（1993c）指出：

> 实证科学并无法从事实（fact）中导出价值（value），也无法分辨价值的真伪，如今我们拥有的是一个只能处理事实而无法处理甚至忽略人类情感、脆弱、勇敢、坚强、希望、意志、怜悯、利他、勇气、罪恶与道德等层面的行政科学（p. 139）。

让 Greenfield 感到难过的是：纯粹的实证论排除了人类主体性的可能性，认为人类只会单纯地追求目的，人类的行为只有好坏之分。他指出人类是复杂的存在，并抨击过去实证论者的研究带给教育管理学科的贡献相当有限。举例而言，领导特质之研究对于组织中领导者行为之解释相当表面化，并未深入了解行为背后之意涵。

事实上，由历史的现象，我们发现时间往往破坏了理论的有效性。某个理论在某个时空中或许被认为相当完美无缺，却往往在另一个时空中沦为伪科学。毕竟，科学技术与方法的不断进步以及理论的不断检证，使人类往往有意想不到的新发现。因此，实证论者执着于普遍真理的建立，相信单一实体的存在，实与科学发展的历史背道而驰。尤其在量子理论、非线性系统理论（混沌理论）的重大突破后，更让研究者不得不相信“非理性原本即属科学的一部分”。此外，社会科学研究的复杂度也常出乎意料，实证论过去对于特异因子（outlier）刻意排除的不当做法，在混沌的境况中显得愚昧不堪。

Greenfield 的大部分评论中，同时对 Griffiths 与 Simon 进行了批判，基本上所陈述的即为质性与量化的争论。Simon 坚守本身的信念，一直到晚期仍未改变其方法论观点。而 Griffiths 后来在思想上有某种程度的转变，不再坚守实证论的立场，并曾针对逻辑实证论提出一些批判性的看法。

三、不同范式彼此之间的争辩

各范式之学者基于立场之不同，往往就特定知识论议题争论不已。以下即就近年来重要学者之笔战经过加以叙述。读者可在其中了解各种范式派别之歧异观点与主张。

（一）Greenfield 主观主义与 Bates 批判理论之争辩

Greenfield 的主观主义的某些观点受到批判论者 Bates 的批判。然而事实上，主观主义与新马克思主义在某些部分极具相似性且相互影响。两位学者在教育管理研究界皆受到极大的尊崇，皆对逻辑实证论予以痛击，然而在某些方面两位学者也持不同的立场，以下叙述之。

首先，在思想的溯源方面，影响两位学者的基本思想原本不同。Greenfield 主要引用 Kuhn 与 Feyerabend 的哲学思想，特别是“观察的理论依赖性”与“单靠实证性信息并不能确定理论的正确性”两大主要诉求。而 Bates 的观点虽然同意了 Kuhn 与 Feyerabend 的观点，并引用之以作为其所谓理论多元主义（theoretical pluralism）的基础，然而 Bates 仍是以社会学上的反实证论者之思想为主轴。Bates（1988）指出：

> Greenfield 的思想虽然也影响了我早期在教育管理方面的写作，可是当 Greenfield 和我对实证传统进行评论时，我的写作思想是源自于新教育社会学、社会复制理论、伯明翰文化研究小组与批判理论（引自 Park，1999，p. 374）。

其二，Bates 打从一开始就对教育管理中之结构性问题相当关注。Bates 从新教育社会学与现象学的角度出发，否定了 Greenfield 的组织观。Greenfield 认为组织并不是由自然法则所控制的自然存在，而是人类主体性（例如意识、价值、意向）所创作的社会结构。Bates 从新马克思主义者的角度（特别是哈贝马斯批判理论的观点）出发，批判了 Greenfield 的观点。他指出人类的主体性事实上深受结构所控制。不是人的意识决定了组织结构的存在，而是社会存有（social existence）决定了其意识。因为个体无法逃脱不同社会因素的影响，这包括社会、经济、文化与政治系统（Park，1999）。Greenfield 的主观主义思想影响自 Weber。Weber 提出理性化理论，并将之视为现代化过程与社会进化系统的结构性解释。然而 Greenfield 却忽略了个体与结构之间的关系。

其三，Greenfield 与 Bates 在选择“好”价值与“韦伯式的吊诡”（Weber paradox）议题时明显持有不同的看法。两者都认为教育机构是传承文化与资源共享的场所，特别是在社会整合与经济发展方面，以及意识形态的传播方面。Greenfield 曾指出：虽然 Simon、Griffiths 一再主张“价值中立”，但行政不能被视为一门价值中立的学科，价值的范畴必须被纳入成为考虑的对象。Bates 同意 Greenfield 以上的说法，但却无法认同其绝对主观主义的价值观点，也就是 Greenfield 所主张的“没有科学可以决定什么是好的”，价值的好坏取决于权力、个人选择或强制（imposition）的手段。Bates 却认为：为了使实务界人士能处理复杂的教育情境中的道德问题，能做较佳的选择，一个合理的决定机制必须存在，以从相互冲突的价值中选一个“较好”的价值（Park，1999）。Bates 批评 Greenfield 的主观主义流于相对主义。

基本上，Weber 主张理性化的过程（process of rationalization）是以科学和科技的发展为基础，而个体也因此失去建构自主意义的能力，因为他被关在理性阶层系统（特别指科层体制）所管制的“铁笼”中。Habermas 则发展了一个完全不同的架构来解释理性化过程。Habermas 指出 Weber 犯了严重的错误，即认为文化、伦理与结构间之关系不是一个辩证过程，而视之为权力大的一方同化另一方的模式，并镶嵌于经济结构与国家之中，是处于所谓目的性合理的科学与技术理性之下的。Bates 称此为韦伯式的吊诡（Park，1999）。经济与社会理性化的增进是否就会无可避免地造成每天生命的自由与意义的损失？他以为同样的问题也发生在当 Greenfield 试着解决此问题时所使用的主观主义逻辑。Bates 指出，Greenfield 虽然发现了 Weber 的错误，并试着在结构与伦理之间取得平衡，但是他过度强调伦理、价值，也造成其对于结构重要性的否定。这就是为何 Bates 批判 Greenfield 只看到了教育管理中的个体意识，却忽略更为重要的结构层面。

综而言之，Bates 认为新观点必须明白教育管理中的结构因素与个体主观性是无法分开来研究的。事实上，由于 Greenfield 过度强调主观主义，忽略了科学与伦理之间的辩证关系，而以单一向度作为理论的假定，其理论周延性遭受批评。Bates 认为唯有运用批判理论的观点才能达致共同互惠的社会，也就是所谓的人类解放，在论点上更具有批判的精神。

（二）Bates 批判理论与 Evers 和 Lakomski 连贯论之争辩

正当 Bates 与 Greenfield 相互批判时，澳大利亚学者 Evers 和 Lakomski（1991）开始对 Bates 观点中的“缺失”提出批判。两人在合著的《了解教育管理》一书中，对 Bates 的主张提出三大批判：

（1）两人认为 Habermas 发展了一个狭隘的科学观，误将实证论与逻辑实证论视为标准的科学观。事实上，实证论观点已经成功地被一些学者（如 Popper、Quine、Kuhn 与 Feyerabend 等）所驳倒，然而 Habermas 本人却在其著作中视过去的经验主义科学为标准的科学观。事实上，当代科学哲学已经走入后实证论主张当中，其中包含了当代经验主义主张（例如 B. C. Van Fraassen〔范弗拉森〕的建构经验主义）、新康德社会建构论（neo-Kantian social constructivism）与科学实在论等。因此 Habermas 所强调的“科学是由工具式技术控制与统治所构成”的立论在现今已失去了合法性基础。

（2）两人批判了 Habermas 理想沟通情境的主张，认为此为不可能的任务，因为这样的想法本就超越了现实。关于理想沟通情境的落实至少有三点困难：第一，社会上本来就存在不平等的权力分配，此阻碍了人人参与论述的公平性；第二，参与者要如何获致一个共识也缺乏可行的标准；第三，语言作为达到共识的媒介，却无法避开意识形态，因为语言障碍者总是无情地被排拒于理想沟通情境之外。

（3）两人对 Habermas 的真理共识理论（consensus theory of truth）感到怀疑。Habermas 主张真理即是经由理想沟通情境所获致的共识，也就是经由互为主体性的相互了解导向真理。Evers 和 Lakomski 则指出将真理视为共识是荒谬的，因为它从经验性的事实中抽离而流于理想。对自然主义而言，人类的知识只是广大的自然现象领域的其中一部分，其必须与外在世界相符合，才成为可能实践的经验。事实上，实体只能借由语言与理论来形塑，但却不是语言与理论之形塑决定了实体的概念性架构。为了让我们可以更靠近世界的真实样貌，Evers 和 Lakomski 采取了一个连贯论的证实立场，以取代 Bates 所提倡的共识理论。

在 1992 年于香港举办的英联邦教育管理委员会（Commonwealth Council of Educational Administration）的区域性研讨会中，Bates 回应了 Evers 和 Lakomski 的批判。首先，他陈述两人对他的误解，并澄清其理论的主要基础并非源于 Habermas 的批判理论中有关“控制”、“操纵”的主张，他对于社会问题的关注远超过对哲学问题的讨论，这也就是为何他的概念都来自于社会学传统、新教育社会学与人类学。他认为教育管理中的批判理论支持者应将焦点置于结构性因素（特别是政治、社会与历史因素）对于教育管理组织的影响。另外，他指出 Habermas 的《合法性危机》一书事实上对他的影响远大于《知识与人类旨趣》。

第二，Evers 和 Lakomski 批判 Habermas 为主观主义者，因为其否认客观世界的存在。Bates 检视 Habermas 的思想却发现情况并非如此。Habermas 曾提到，“一个参与者共同进行的诠释过程事实上同时是与客观、社会与主观存在的事物相互关联，虽然讨论的过程常常只着重于其中一个主题”。Bates（1993）认为 Evers 和 Lakomski 对于 Habermas 著作的阅读过于草率，以致误解的发生，并陈述了以下一段话来支持其论点：

> Habermas 晚期对其前期，也就是 Evers 和 Lakomski 所参考的“沟通理性”这个论点进行了本质性的检视。我们可以很确定地说，Habermas 沟通理性这个观点并不单纯地指真理共识理论可以借由实证性实体的优点来排除一些可能成真的陈述……事实上，Habermas 全力地强调沟通理性行为同时涉及客观、主观与互为主体的范围。所以，实证性信息在沟通理性中已包含于所有的引证当中（引自 Park，1999，p. 381）。

两者关于方法论的争辩由于 Evers 和 Lakomski 并未继续提出反驳而暂告休止。虽然 Bates 有惊无险地稳住了其论点，然而却不得不去正视两位澳大利亚学者所提出的论点。从另一个角度来看，Evers 和 Lakomski 想要透过整体观，以说明知识就像是一个具有一致性的整体网络，而不是个可以分隔的组合体，这点正好对当前强调多元范式与各行其是的研究界提供了整合性的方向。

（三）Evers 和 Lakomski 连贯论与 Barlosky 后现代主义之争辩

理论上，连贯论是以统合观点为基础，极力反对学术中的各说各话、意气之争，而希望发展出验证理论优劣之指标，以作为理论选择的重要参考。而后现代主义则主张分裂与多元，否定所谓“基础”、“标准”的存在。两者看法迥异，自然发生了不少论战。

Evers 和 Lakomski 在 1991 年出版的《了解教育管理》中所提出的连贯论主张，受到当代后现代主义论者 M. Barlosky（巴洛斯基）的批评。Barlosky（1996a）从后现代主义的观点出发，对连贯论提出了具体的批判，较为重要者有以下四项：

（1）他认为 Evers 和 Lakomski 虽然接受了 Kuhn、Feyerabend 的思想，并对实证论大力指责，他们所提出的连贯论在理论基础上采用 Quine 整体观的思想，但在知识论上却声称客观性与实在论存在的必要，因此就本质上而言，连贯论可说是实证论的继承者。

（2）他认为连贯论既然持后实证论的立场，在知识论上又声称是无基础主义者（non-foundationalist），在理念上也支持科学实在论的立场，在此种情形下很难看出理论、证据与真相之间的关系究竟为何。再者，连贯论在知识论上避开了本体论的基础，强调自明的（self-evident）理论证实指标，并以这些指标作为理论比较与证实的基本标准（benchmark），使得教育管理研究方法论走回了逻辑实证论传统。

（3）连贯论忽略了内在道德层面考虑。就整体观之，连贯论只重视理论比较与理论选择，以及理论的整合，却完全忽略了道德的影响力。

（4）连贯论走向后设论述（meta-narrative）的建构，严格来说对于多元化与歧异化的研究环境将造成伤害。Lyotard 已经强调后设论述在后现代境况中是条不归路，因为任何大型理论（后设论述）之建构都极度重视基本定律之发现与单一证实模式的建立，极容易造成方法论上的霸权产生。

Evers 和 Lakomski（1996b）对于 Barlosky 的批判提出了反驳论点。首先，就基本指标的评论，两人认为事实上连贯论中所订定的验证指标性质为试金石（touchstone）而非基本指标。而且除了连贯论的方法论之外，尚有其他的观点可资使用，方法论的使用自由也一直没有改变，两人只是声称连贯论的优点，从未提出任何强制性的主张。其二，Evers 和 Lakomski 指出连贯论之所以避开本体论不谈，就是因为怕再度掉入客观性的泥沼。其三，有关于道德问题的论述事实上也是连贯论注重的要项，因为六大外于经验的验证指标就已将客观性与主观性之内涵包含于其中。其四，连贯论虽然与科学扯上关系，但是将其定位成后设论述是不恰当的，连贯论也不是实证论的附属文本（subtext）。连贯论一再强调任何知识的暂时性特质，任何的社会系统都是不可预测的，所以连贯论与实证论根本就是不同的理论。

Barlosky（1996b）对于 Evers 和 Lakomski 所做的响应并不满意，并再度对连贯论提出两点质疑：

（1）连贯论本质上具有化约主义的色彩，因为它强调范式之间的整合，这或许是无心的，但是其深具实证论与基础主义的观点却是毋庸置疑。

（2）连贯论强调知识论上“可共量性的了解”（epistemic commensurability understanding），实低估了不同范式之间的差异性（p. 272）。

两者间辩证性对话尚未结束，未来之辩证发展值得关注。从两派之争辩可以发现，由于连贯论与后现代主义刚好是两个完全相反的观点，一个强调整合、统一、验证，一个强调分裂、零碎、无政府状态，所以在观点上的差异在所难免，要取得共识似为不可能之事。

（四）Evers 和 Lakomski 连贯论与 Scheurich 后现代主义之争辩

Scheurich 与 Evers 和 Lakomski 两大派别之笔战发生于 20 世纪 90 年代中期。教育管理研究在 20 世纪 80 年代走入后实证论时期，支持多元范式，反对知识基础的统一性。然而在后实证论时期，Evers 和 Lakomski 深怕在多元范式时期，学术的进步流于争吵与分裂，于是在 1988 年提出统合观点。Scheurich 则在 1994 年以后现代主义的观点批判了连贯论的主张。两者之间也形成了对立的局面。Scheurich 认为教育管理研究应注重以下几点：

（1）主张舍弃过去所有的知识基础。后现代主义统称传统的知识基础为基础主义或本质主义，而科学理论则被称为后设论述，后现代观点主张将过去所建构的都弃除，因此持以反本质、反再现的立场。

（2）主张教育管理研究不需要任何的证实模式，因此反对连贯论所主张的外于经验的验证指标。

（3）主张范式之间的不可共量性，任何范式之间的整合都是不可能的，也没有所谓的最佳答案存在。学术界原本就是个处于混沌状态，科学与非科学、混沌与秩序并存的世界。

面对指控，Evers 和 Lakomski（1991，1996）为文反驳 Scheurich 的评论，他们指出：

（1）连贯论忽略所谓知识论上基础（foundation）的问题纷争，因为基础主义所声称的永恒真理或许存在，但却是不可获致的。因此，研究者当注意到最佳答案的整合。学术上的分裂是不容许的，因此所谓的整合的工作，即是连贯论的最大目标。

（2）任何的知识基础都是以整体的形式存在。教育管理研究在多元间应寻求知识的整合，因为最佳答案只有一个，研究者应当运用多元的指标来寻求最佳答案。

（3）主张范式之间具有可共量性，范式之间的比较也可以借由一些指标来进行。连贯论者相信最佳答案在努力之后终会出现。

基本上，Scheurich 的诉求在于保持学术界多元范式的取向。由于追随 Feyerabend、Lyotard、Derrida 等人的主张，教育管理研究中的后现代主张坚信学术的进步源于多元与变异、机会与选择，在现今的科学发展中甚具合理性。Evers 和 Lakomski 则目睹了 20 世纪 80 年代教育管理混乱时期的发展，他们担心学术研究流于主观与谩骂，使得实务界无所适从，因此提出了学术整合的看法，认为学术整合才能促进学术进步，同理，此观点也颇具科学合理性。后现代主义者批判连贯论是走回单一范式之路，学术的整合无形中将产生科学迫害与压抑。而连贯论则认为多元与变异往往流于分裂与各说各话，因此批评后现代主义将致使学术领域走向毁灭的道路。两者观点各有优缺点而僵持不下，相关之发展值得进一步关注。

Evers 和 Lakomski 在 20 世纪 90 年代所提出之连贯论的确为教育管理研究带来极大的震撼，其指出实证论、主观主义、批判理论之限制，带来教育管理研究百花齐放的后实证论时代（Oplatka，2009）。虽然连贯论并非十全十美，也受到一些学者的批评，但各个学派之间的对话与辩论都是学术进步的动力。对话与沟通的前提是一个自由、平等的学术环境。因此，任何一个理论或范式都不能自居于特殊地位或凌驾于其他观点之上。在学术思想日趋多元化的教育管理领域，任何企图用一种新观点来垄断全局的想法都是不妥当的。我们必须了解的是，方法论的多元主义并非强调相对性与不可比较性。如果每个学派都各持己见，并以之来否定其他范式之观点，或互相指责对方为意识形态的霸权主义，那只会重蹈相对主义的覆辙。

四、未来教育管理研究方法论之动向：多元对话

学者 N. L. Gage（盖奇）在接受 1988 年“美国教育研究学会教育研究杰出贡献奖”时，即席发表对于 20 年后“范式战争”（paradigm wars）的结果预测。Gage（1989）回顾 1980 年以来的情形，指出反自然主义者（anti-naturalist）、诠释论者（interpretivist）与批判理论学家的批判对美国教育研究之传统理性造成极大的打击。他认为未来关于范式争辩的发展情况有三种可能性：（1）实证论、客观要求与量化的研究取向因为批判者的打击而宣告瓦解；（2）迈入多元范式的道路，各范式间创造了丰富、和谐的诚恳对话，将积极寻求提高方法论的效能，提出解决策略，以有效地解决教育问题，开创永续的进步；（3）维持争辩的状况，各范式间争论不休，陷入混战中。Gage 本身支持第二个可能性。

从文献分析中可知，任何支持某一范式的研究者，均对拥护其理念不遗余力，所以质性与量化阵营都尽全力说明本身方法的优点，并试图说服对方或使对方失去影响力，此乃是竞争的本质。随着 Feyerabend、S. Toulmin（图尔敏）对多元主义的支持，以及后现代科学观的建立，质量之间的意气之争才缓和下来。只是两者之间的争论并没有因此而平息。部分较为偏激的学者对于异己的方法论仍然抱持着轻蔑的态度。

检视教育管理研究的历史，可以发现：范式的争辩也造成了学者思想上的转变。例如 Halpin 本是鼓吹理论运动的重要代表人物之一，其在早期相当支持逻辑实证论的主张。然而，在 1969 年其发表的一篇学术论文中却发出了“新革命运动并没有实践其诺言”的感叹（Halpin，1969）。理论运动无法带来预期的成果，而且科学研究中一些大型理论如相对论、量子力学等观点的逐渐扩大，致使一些研究者对线性的研究预测感到无力。Griffiths 本是力挺逻辑实证论的要角。然而，在 1966 年他也开始对于逻辑实证论失去信心，并指出由逻辑实证论者所建立的严格科学观念并不恰当。他曾经追随 Feigl 的脚步，将理论与观察之间做了二分。然而，他后来不得不承认这种想法是无法维持的。有趣的是，Griffiths 却仍然对于操作主义与科学的价值中立性给予极高的评价。依 Griffiths 的观察，虽然教育管理领域

已经意识到实证论的问题与缺失，大部分的研究者却仍然习惯地运用实证论的基本假设与方法，作为研究之方法论架构（Evers & Lakomski，1991）。

教育管理研究的思潮之转变可以从组织理论的发展中发现。理论运动时期，组织被视为封闭系统，而新兴观点如权变理论、开放理论则视组织为开放系统。开放系统的最重要观念即指出外在环境对于组织的影响力相当大。所以直线的牛顿物理学观在非线性理论出现后即开始动摇。实证论者事实上也了解到对律则性定理的追求无非是缘木求鱼，因而纷纷地对自己的想法进行修正。

此外，Kuhn 的“范式”概念后来也受到极大的反击。Lakatos 的“研究纲领”（research program）① 或 Laudan 所提出的“问题—解决”（problem-solving）②，虽然形式上与 Kuhn 的“范式”具有类似的性质，但是他们却同时声称 Kuhn 的见解并不符合科学史，因为科学革命并非 Kuhn 所指称之革命方式。再者，在任何的时期中，无论是哪一门学科，事实上并没有出现如 Kuhn 所言的“霸权范式”存在。多元的竞争状态，才符合科学史的史实。科学理论的优劣与否，应具有一套方法论的裁判规则，绝非一种跳跃式的转换。

关于不可共量性的争辩，主要是 Kuhn 与 Feyerabend 用来对抗经验主义科学哲学的利器。他们声称观察并非独立的，而是深具理论依赖性。此点威胁了当时理性与进步的科学形象。实证范式在后来也不得不承认意义的变异性（variation of meaning）。理论多元性的基础也部分源自于此。

然而，范式之间不可共量性的主张也造成不同理论之间的不可比较性（incomparability），那么科学的合理性何在？激进者采取后现代主义的立场，舍弃了“验证指标”，将学术殿堂视为自由国度，任何立场与观点都可以被接受。只是，一旦学术研究只在乎新观点的产生，而忽略了验证，则学术

---

① Lakatos 所提出的研究纲领方法论反驳了 Kuhn 的科学革命论。他认为科学进步中理论与理论之间的替换并不是革命式而是渐进式，而且某些“中心思想”（硬核）的部分之改变更可能长达一个世纪。

② Laudan 是近来著名的科学哲学家，他将“科学进步”、“问题”及“问题解决”联系在一起，以“问题解决的多寡”来衡量科学的进步。而各个科学理论的更替，是显示出解决问题效率的提高。

的进步势必停滞，学术的讨论将形成一股谜团，对于学科的进步而言乃是相当不利的。

Evers 和 Lakomski（1991，1996）也大力提倡后实证论的概念。其所提出的连贯论即主张运用多元的验证指标来进行理论的验证。他们指出过去实证论所强调的单一证实模式是不恰当的，因为该模式单以感官经验与证据的多寡来作为理论建立的依据。连贯论的验证模式强调以多元的指标来建构验证模式，严谨度明显增加，然而在运用上却也困难重重。

检视相关文献，目前质性与量化之论争已不如 20 世纪 70 年代那么激烈，目前之学者普遍认同模型与量化之价值性，但问题并未获得圆满解决。再加上各范式间对世界实体的看法也互有冲突对立的地方，因此要消弭各范式之间的意气之争，最好的方法应该是培养相互尊重、多元开放的心胸。因此，教育管理研究未来的发展必然走向多元范式的研究格局。由此一元化的研究环境会阻碍人类的创造力，使具独创性的观点消失。不同的问题需要不同的方法来解决，而不同方法所能顾及的面向也不相同。因此，未来的研究者应视研究实际需要来选择方法，不能对方法存着歧视，而破坏了学术研究的开放性与进步的原动力。

对于研究结果，我们也不应将之视为不变的原则或定理，毕竟实际研究过程显示，任何定理或通则在不同的时间与脉络中会产生不同的效用。因此，任何的假设即使受到证据的支持，我们也只能保留地认为该假设只是暂时的正确答案，不排除其在未来被推翻的可能性。这点也是连贯论的一项重要主张。Quine 曾把知识体系喻为一个整体网络。他指出：

> 整个科学是一个力场，其边界与经验紧密接触，场周围的经验冲突将引起内部调整科学陈述；而对某些陈述重新分配时，又会引起对其他陈述的再评价。边界经验对科学场并无严格限制，科学场内部也只有松懈的联系，因此人们可以根据某个反例来更动一些陈述，有很大的选择自由；只要科学场的其他陈述部分也作出必要调整，使其内部意义融贯一致，就能使场内也作出必要的调整（引自姚介厚，1996，p. 20）。

因此，理论为了适应经验的变化，例如为了解释一个新的现象或观察结果，不仅可以改变陈述，也可以调整其他的陈述，像改变一种数学方法，或调整其基本信念，甚至修改其逻辑规则。这使得我们清楚地了解到理论与观察（实务）之间的关联性，以及其相互印证的本质。

学者 Read 和 Marsh（2002）即指出现今大部分的研究者皆承认量化方法与质性方法各有其效用，固守某一方法等同于自我设限，若能质量并用，则将产生良好的研究效果。因此，未来的研究是否正确，是否具有研究质量，并非在于其运用何种方法来进行研究，而在研究者对研究的过程与结果是否能提出好理由。任何固定、僵化的原则与方法都是不合时宜的。

第二节　教育管理研究范式之变迁

自 20 世纪 50 年代之理论运动以来，各地区教育管理研究领域在研究范式与方法论上多有极大变迁。以下即依次以美国、中国台湾地区、中国大陆地区为例，说明分析相关研究方法之导向与所产生之反思。

一、美国

（一）美国教育管理研究量化导向的历史性分析

自理论运动以来，美国教育管理走向科学化的途径，因而建构了庞大具实证数据支持的教育管理知识与方法论。在知识的建构过程中，虽然部分学者对教育科学化充满信心（Griffiths & Iannaccone，1958），但也有一些学者对完全科学化的研究态度感到忧心，因为社会科学无法如自然科学般地发展永恒不变的基本定理。但是由于量化方法在执行上确有其优点，学者们也逐渐开始习惯使用量化方法来进行学术研究，教育管理研究之路也愈形狭隘。

Immegart（1977）检视教育管理研究之发展，发现当时教育管理研究存在着许多重大问题。在已发表的研究论文中，基本对话与互动的研究数量少得惊人，研究者大部分倾向于盲目研究热门主题、社会关注的焦点、普遍的概念以及探讨理论模式。当时，分析技术的进步虽然相当明显，但是研究者缺乏哲学思辨，导致进步的空间受到限制。当时实证范式已经被用来当成进行研究的工具，因此进一步去改进与发展更佳的方法论，在当时受到学术界的忽略（引自 Greenfield，1993d）。

是年，美国教育管理学会与罗彻斯特大学（University of Rochester）合办了一场学术研讨会，探讨教育管理理论发展与研究方法之间所存在的相关性难题，并同时检证自理论运动以来教育管理领域所获得的重要研究成果。会议中学者分成两个阵营，意见各执着一方而炮火猛烈。一方坚持教育管理理论若欲获得长足的进步，则必须发展更为精密的量化技术才行；另一方则主张唯有放弃主流的方法论与工具，寻求新的研究观点，才能突破传统实证迷思，进入深层了解，使教育管理学术获得真正的进步（Immegart & Boyd，1979）。Griffiths（1979b）在会议上提出重要的评论。他否定过去视组织为目标导向、视行政行为为理性过程、视成员动机为整齐一致的传统观点，因为科层体制与合法性的权力背后隐藏着许多不完美。他说：

> 传统观点既不实用也不再适当，因为它对于生产重要概念与假设变得无能为力；它也无法让我们描述现代组织与组织成员内部的深层表情。换句话说，它对行政者而言已变得毫无用处（p. 51）。

在这场 1977 年的研讨会中，学者们将教育管理研究领域一直被忽略的难题勾勒出来：如何去看待组织？什么样的想法可以帮助我们从理论面去了解它？很不幸地，这些问题在理论运动进行了二十年后仍然没有获得解答。教育管理研究仍然只是在努力生产一些内容空泛的研究论文。然而，能够勇于去面对问题，可以说是进入解决问题的第一步。

当时，另一位学者 Erickson（1977）也对教育管理研究提出深具创见与价值的评论。首先，他检视当时的研究成果，发现研究的走向已经不再是积极于方法论的发展，而是清一色的实务性研究，此与早期 Halpin 等人之努力方向完全相反。他极力主张研究者应摆脱社会科学研究以“数字与模型”为研究工具的刻板印象。接着，他提出了“范式转移”的观念（系针对开放系统理论），认为当时的教育管理研究范围已变得相当狭隘，研究者封闭自私的心态也愈来愈严重。他们多把研究主题聚焦于行政者，而忽略了教师以及其他相关层面，整个教育管理研究忽略了环境与脉络对组织的影响。

Hoy 和 Miskel（2007）在两人合著的教育管理专著中认为过去的教育管

理一直被视为技术性的问题，也就是要如何去达成（组织）目标。科学的方法一直被认为可以提供行政者达成组织目标所需要的技巧，所以 Hoy 和 Miskel 非常推崇科学方法，这点由他们的著作中明显可以看出。在另一方面，他们的专著只字不提有关文化、语言、宗教分化的问题，此种“科学的层面远比艺术层面来得重要”的心态，在当时十分普遍。当时，年轻的研究者只会盲目地抓起实证论的火把，然后继续地传承下去，没有人会去检视方法本身是否有缺陷，是否需要进行方法论的改进。在 20 世纪 70 年代末期，统计软件分析与计算机技术滥用的程度愈来愈严重（Greenfield，1993d）。加上当时学术界中建立标准测验或量表的兴盛风气，量化方法的风潮极为强劲。

综而言之，教育管理研究在 1975 至 1980 年间进入所谓的混乱时期。因为开放理论与一般系统理论在此时期受到极大的重视。特别在组织研究方面，过去一直认为组织研究只是将一组交互作用的复杂变量厘清，以为控制了变量就能掌握组织生态的变化。Hodgkinson（1978）毫不迟疑地将行政理论与组织理论做了区分，指出行政的主要问题不只是科学的，它们是哲学的。行政理论牵涉了决策中实际的真相，以及权力运用的问题，而组织理论对这些层面都视而不见。

20 世纪 80 年代，学者对教育管理研究方法论的走向开始进行检讨。Miskel 和 Sandlin（1981）检视《教育管理季刊》中的文章，发现调查研究法被当时学术界普遍使用的情况相当明显。Griffiths 检视 1985 年于芝加哥举行的美国教育研究学会年度会议，发现 230 篇发表的论文中仅有 3 篇与质性研究扯上关系（Evers & Lakomski，1991）。

其他国家的研究报告也发现了类似的结果。Lakomski 在 1989 年对澳大利亚之教育管理学术期刊《教育管理期刊》进行检视，也发现调查研究法依然是教育管理的支配性范式（Evers & Lakomski，1991）。

Tatsuoka 和 Silver（1988）检视教育管理中量化研究技术的发展，发现量化方法被滥用的情形相当严重。研究发现，复杂的统计技术在三十年中快速成长，然而研究者并未充分地使用量化工具的长处，研究结果往往只是简短的随意叙述，对于统计分析结果并未做深入的探讨。而且，过度地使用量化方法也可能造成令人忧心的问题，其中包括过度重视统计上的显著性发现，以相关性调查结果作为毫无理论根据的因果推论的基础，只针对手边既有的资料进行不恰当的统计分析等。虽然研究者普遍了解量化方法本身的限制，然而并未因此转向对其他范式与方法之使用。

（二）美国教育管理研究过度量化的反思

Achilles（1991）对于1990年之前的教育管理研究取向进行检视。其中他引用Haller与Bridges两位学者之研究结果作为研究资料。Haller对美国教育管理研究生的论文分析后发现，80%的博士研究生完全使用问卷调查法，其中53%系使用自我建构的研究工具，27%使用公开发行的问卷。Bridges则针对教育管理研究薄弱的研究设计、简单化的分析以及价值受到质疑的问卷使用予以批判。其他的批判包括：缺少系统性研究的进步，特别性的研究努力甚于建构一项知识基础，研究结果与发现几乎没有实际上的利用价值。

对于过分重视量化取向的研究风潮，美国的教育管理领域专家学者开始面对问题，并积极寻求解决对策。Achilles（1991）归纳相关学者的意见，并将美国教育管理研究的问题及其可行的对策归纳为表6-1。

由表6-1可知，目前美国教育管理研究的主要问题在于研究之焦点只是学校实务问题，而研究者使用拙劣的研究工具与方法（问卷法），对于问题的解决根本毫无帮助。此外，研究者只局限于零碎概念层面的研究，对于后续研究与系统性数据整合方面的努力明显不足。

表6-1 美国教育管理研究的问题及其可行之对策

问　　题	可行之对策
1. 教育管理研究几乎没有产生实际用途。 2. 研究焦点未能针对学校问题。 3. 教育实务人员不懂得应用研究的结果来解决所面对的问题。	1. 以“实务问题”作为教育管理的研究焦点。 2. 由教育管理人员培育方案的负责人来使用研究的结果。 3. 增加教育实务人员参与研究的机会。
1. 粗糙的研究设计，问卷的过度使用。 2. 缺乏具有研究与发展特征的研究焦点。大学教师缺乏优良的研究能力。	1. 由富有经验的研究人员，借着召开研讨会的方式，为其他的大学教师提供并传授各种不同研究方法的相关知识。 2. 以教师间合作方式来进行教育管理研究。
1. 研究只是基于个别特殊目的而设计，未能注意到将研究结果统整于理论，或者使其进入一项模式，以便促进后续的研究。 2. 教育管理研究概念过于贫乏。	1. 研究设计必须是能产生启发性的比较，以及后设分析（meta-analytic）的研究类型。 2. 可以根据组织的研究架构，来进一步发展研究的观点。

续表

问　　题	可行之对策
1. 有关教育管理的系统性研究数据并不多见。 2. 未能致力于与培育方案有关的研究。	1. 在主要的研究主题间，进行协调性的努力。 2. 将系列的研究知识进行整合，并建立教育管理研究知识的数据库。
1. 研究缺乏视野，忽视了迫切性的问题，也欠缺对于这些问题的关注。 2. 良好的教育管理研究观念、重要的研究问题及大量的研究成果并不多见。	1. 专注于性别、人口，以及新的或者未来的研究重点。 2. 让实务人员来参与寻找研究问题（实务的问题）。
1. 忽略了其他领域的进步情形。 2. 忽略了教育管理研究领域之其他研究发现。	1. 将其他学科的重要发展趋势纳入教育管理研究之中。 2. 教授可多阅读研究期刊，并进行研究。

资料来源：修改自 Achilles C M. 1991. Reforming educational administration：An agenda for the 1990s [J]. Planning and Changing，2 (1)：26.

Achilles（1991）进一步指出美国当时教育管理研究的问题。他发现美国大学中的教授较少从事研究工作，但却能指导学生进行研究。他们为了避免陷入永无休止的哲学争论，宁可运用主流的研究方法。这些未来的大学教师通常是在未从事研究的现职大学教授协助下，从事研究工作，并取得学位，这种情形不应该继续下去。此外，行政人员的培育方案应该更强调研究观念的加深，而不只是对于统计学的重视。研究课程也不应由本身并不进行研究的教授来教学。教育管理研究也应该大幅集中于教育实务现场，这包括对学生、教师、情境脉络、内容及行政人员方面的关注。研究的完成应基于实地情境，并使用一些质性探究的方法，而不是单以邮寄问卷的方式，或变量间的因果预测游戏来作为研究分析的主要架构。解决个别的实务问题，将可提供可能导致通则所需要的证据，并且因而导引至对于通则的检验。自实务移向理论的研究，应该与自理论移向实务的研究具有相同的价值（Achilles，1991）。

美国教育管理学者对于多元范式观念的努力有迹可循。Leithwood 和 Menzies（1998）的研究发现国外的教育管理研究逐渐摆脱逻辑实证论量化的研究。他们分析 1985 至 1995 年有关“校本管理”的研究共计 77 篇，其中仅 32 篇采用调查法，有 48 篇采用访谈法，有 32 篇采用观察法，有 25 篇采用文件分析法，有 19 篇采用个案研究法，有 3 篇采用资料分析法。其中，有42篇文章采用多元范式，占了一半以上。

另外检视美国《教育管理季刊》论文取向的变化，当可发现20世纪末该期刊相当注重方法论方面的讨论，特别是在1996年、1998年、2000年各选定一期分别以“后实证论”、“后现代主义”与“女性主义”为专题进行深入的讨论，引起研究界对方法论之重视。在后实证论与后现代主义思想的影响下，教育管理研究方法论已面临多元证实模式与无证实模式的保卫战。教育管理学者不得不重新思虑方法论的未来。单一方法论的支持者必须放弃成见，接纳变化的可能与变异性的存在。因为，没有一种方法可以永远站在优越地位，没有一种知识可以被认定是最后真理。

二、中国台湾地区

台湾地区早期的教育管理研究并未清楚地从教育学中划分出来。因此，教育管理之范畴被纳为教育学研究的一环，透过学术网络数据库以及各种数据管道，我们可以发现台湾地区对于教育管理研究方法论进行反省与批判的论文寥若晨星。

（一）台湾地区教育管理研究范式类型之变迁

台湾地区第一个关于研究范式变迁类型之研究，来自于伍振鷟、陈伯璋（1985）所进行的《近四十年来教育研究初步检讨》。该研究报告指出台湾近四十年来教育研究理论基础薄弱，研究成果效益不大且建议空泛，研究脱离不了“实证性”、“实用性”、“加工性”和“对外来理论依赖”等问题。在研究方法的部分，全部博硕士论文取样当中，69.48%是属于实证性研究（即使用调查研究法、实验研究法与相关研究法），30.52%属于非实证性研究（即采用历史研究法、理论分析法）；全部的项目研究报告中有98.48%系属实证性研究，使用调查法者占87.88%。在研究目的方面，博硕士论文和项目研究中的实用性研究皆多于理论性研究，分别占70%与89.4%。该研究报告指出台湾地区教育学研究偏颇实证性研究的现象相当严重。

吴清山（1994）以台湾三所主要教育研究所（台湾政治大学、台湾师范大学、高雄师范大学的教育研究所）之学位论文为分析对象，发现不论博士论文或硕士论文，都偏重于实证性研究，其中尤以硕士论文方面最严重（82.81%）（见表6-2）。归纳分析后发现教育研究所之学位论文采用实证性研究者，当时可谓与日俱增。因为实证性研究只注重把复杂的社会现象简化成几个变量，然后以统计方法加以量化分析，并运用所得的统计结果进行某种推测，来说明各种社会现象，对于教育研究整体之发展非常不利。表6-2中清楚地具体显示了台湾地区1981至1987年教育研究中偏向于量化取向的严重性。

表6-2　1981至1987年台湾三所大学教育研究所博硕士论文实证性与非实证性研究比较

论文类别	数量 \ 研究类别 \ 校名	台湾政治大学			台湾师范大学			高雄师范大学			三校合计		
		实证性	非实证性	合计	实证性	非实证性	合计	实证性	非实证性	合计	实证性	非实证性	合计
硕士论文	数量（篇）	60	18	78	116	18	134	36	8	44	212	44	256
	百分比（%）	76.92	23.08	100	86.57	13.43	100	81.82	18.18	100	82.81	17.19	100
博士论文	数量（篇）	7	4	11	11	7	18	0	0	0	18	11	29
	百分比（%）	63.64	36.36	100	61.11	38.89	100	0	0	0	62.07	37.93	100
合计	数量（篇）	67	22	89	127	25	152	36	8	44	230	55	285
	百分比（%）	75.28	24.72	100	83.55	16.45	100	81.82	18.18	100	80.70	19.30	100

资料来源：吴清山．1994．教育研究本土化的取向［M］//台湾政治大学教育研究所．教育研究方法论文集．台北：台湾书店：153.

至20世纪90年代初，教育资料馆针对台湾地区1991至1993年的博硕士论文与政府机构委托之教育项目研究进行了分析。研究方法方面的分析结果可参见表6-3。

表 6-3　1991 至 1993 年教育博硕士论文暨教育项目之研究方法统计分析

（单位：篇）

<table>
<tr><th colspan="3">论文性质</th><th>博硕士论文（共 212 篇）</th><th>教育项目（共 175 篇）</th><th>合计篇数（共 387 篇）</th></tr>
<tr><td rowspan="8">研究方法</td><td rowspan="4">实证性研究</td><td>调查研究法</td><td>80（37.74%）</td><td>108（61.71%）</td><td>188</td></tr>
<tr><td>实验研究法</td><td>28（13.21%）</td><td>12（6.86%）</td><td>40</td></tr>
<tr><td>相关研究法</td><td>52（24.53%）</td><td>9（5.14%）</td><td>61</td></tr>
<tr><td>合计</td><td>160（75.47%）</td><td>129（73.71%）</td><td>289</td></tr>
<tr><td rowspan="4">非实证性研究</td><td>历史研究法</td><td>31（14.62%）</td><td>41（24.43%）</td><td>72</td></tr>
<tr><td>理论分析法</td><td>15（7.08%）</td><td>1（0.57%）</td><td>16</td></tr>
<tr><td>人种志研究法</td><td>6（2.83%）</td><td>4（2.29%）</td><td>10</td></tr>
<tr><td>合计</td><td>52（24.53%）</td><td>46（26.29%）</td><td>98</td></tr>
<tr><td rowspan="2">研究目的</td><td colspan="2">实用性研究</td><td>156（73.58%）</td><td>174（99.43%）</td><td>330</td></tr>
<tr><td colspan="2">理论性研究</td><td>56（26.42%）</td><td>1（0.57%）</td><td>57</td></tr>
</table>

资料来源：教育资料馆 . 1994. 教育研究信息汇编［G］. 台北：教育资料馆 .

该研究分析后发现在 212 篇博硕士论文中有 160 篇属实证性研究，占 75.47%，其中以调查研究法和相关研究法的篇数为最多，分别为 80 篇与 52 篇；在 175 篇项目研究当中有 129 篇属于实证性研究，占 73.71%，其中调查研究法就占了 108 篇。在研究目的方面，博硕士论文中有 156 篇属实用性研究，占 73.58%；项目研究中除一篇为理论研究外，其他皆为实用性研究。

迈入 20 世纪 90 年代中期，教育管理学界开始有学者对本领域之研究范式变迁与实务面向所存在的问题，进行较为完整的检讨。王如哲是首位对台湾地区近 50 年来教育管理学术发展进行反省式研究的学者。其于 1997 年所进行的研究中，对于近 50 年来台湾地区教育管理研究发展进行了全面的检视。该研究之文献主要针对逻辑实证论及行政科学研究的特征加以分析，并部分引用 Greenfield、新马克思主义与后现代主义的观点，以了解教育管理研究发展中之范式变迁情形。后设分析的部分则以四类资料为主，包括研究报告、学报论文、博士学位论文与硕士学位论文。四类教育管理研究论文篇数分别为：研究报告 108 篇、学报论文 27 篇、硕士论文 216 篇、博士论文 24 篇，合计共 375 篇，分析结果兹胪列如下（王如哲，1998）：

（1）就研究主题而言，有很高的比例集中于“组织分析”与“领导”的研究。在分析的375篇论文中，探讨“组织”者有86篇，探讨“领导”者有64篇，两者合计为150篇，约占所有论文的40%。其他依序为“财政”41篇、“制度”39篇、“决策”30篇、“计划”21篇、“学校行政”18篇、“政策”17篇、“视导”10篇、“沟通”9篇、“法令”5篇、“评鉴”3篇。这点刚好和国外研究的最新发展趋势不同。

（2）就研究方法而言，有接近半数的研究采用问卷调查法。研究发现在375篇论文当中，有182篇使用了“问卷调查法”，约占全部论文的49%，“访问调查法”有4篇、“理论分析法”有27篇、“文件分析法”有14篇、“历史研究法”有3篇、“比较研究法”有6篇、使用其他研究方法者有32篇。关于以上的叙述可参见表6-4。由此得知，过去台湾地区之教育管理研究偏重于问题的描述与普遍意见的调查，理论的分析仅有27篇。质性方法的使用数量稀少，显示过去教育管理研究过于强调实证的问题甚为严重。而依其发展情形来看，量化取向之研究方法被使用次数并未有明显减少的趋势。

表6-4　台湾地区教育管理各类研究方法之使用情形分析

（单位：篇）

研究方法 发表年份	问卷调查	访问调查	理论分析	文件分析	历史研究	比较	其他	两种以上
1951—1960年	0	0	0	0	0	0	6	1
1961—1970年	2	0	0	0	0	0	3	4
1971—1980年	22	1	6	2	1	2	7	25
1981—1990年	84	1	10	5	2	3	8	40
1991—1996年	74	2	11	7	0	1	8	37
合计	182	4	27	14	3	6	32	107

资料来源：王如哲．1998．教育行政学［M］．台北：五南图书出版有限公司．

（3）从论文的分布观之，教育管理研究主要由硕士班研究生基于完成学位论文需要所进行的研究为主。在所有的375篇论文当中，有216篇是教育管理硕士论文，约占全部论文的58%；有108篇属于研究报告，约占29%；有27篇属学报论文，约占7%；有24篇属博士论文，仅占6%。简而言之，大部分的论文是硕士班研究生为完成学位所进行的研究。研究生为求能在规定的时间内顺利完成论文，使用调查研究法进行次数分析、统计分析的情形甚为普遍，对于一些理论的反省与知识基础的重建则乏人问津。

（4）就研究范式的归类而言，实证性研究居绝大多数。在375篇论文中，若以研究范式来归类，则发现属于实证性研究者有242篇，占了65%；属于非实证性研究有114篇，占30%；同时使用两种范式者仅有19篇，仅占5%。在20世纪50年代，实证性论文仅有1篇，非实证性论文有6篇；在20世纪60年代实证性论文增加为5篇，非实证性论文则有4篇；20世纪70年代，实证性研究有38篇，非实证性研究有28篇；20世纪80年代实证性研究暴增为106篇，而非实证性研究仅有36篇。1990年以后，实证性研究为92篇，非实证性研究为40篇，实证热潮有较为缓和的趋势。

检视台湾地区的教育管理研究范式变迁情况，会发现其深受欧美地区教育管理研究发展之影响。在美国，自20世纪50年代理论运动以来，教育管理研究即引发实证范式的热潮，当时的研究若没有实证性资料的佐证，则被视为不科学且不具学术价值。直到20世纪80年代中期，对于方法论的反省与批评，才使得实证热潮逐渐缓和下来。王如哲（1999）检视了1995至1998年美国《教育管理季刊》刊载的90篇论文后发现：理论性的论文增加不少，共有16篇，这显示针对教育行政与管理领域的研究观点、方法及反省，在20世纪最末几年格外受到重视。

台湾地区自20世纪90年代开始，实证性研究并没有明显减少。正如王如哲（1999）所指出：近来对于教育管理实证性研究范式进行批判的国际学术发展，台湾地区的教育管理文献甚少触及。大部分的教育管理学者也尚未注意到此项国际方法论争辩，仍然进行着验证性的教育管理研究。然而实证性的研究对于教育管理实际工作者提供的帮助有限，实有待思索与改进。

黄宗显（1999）也同时对于1990年后台湾地区教育管理研究范式变迁情形进行了分析与检讨。该研究报告文献取样部分主要包括1990至1998年间与教育管理相关的博硕士论文、期刊论文与研究报告，总共759篇。分析结果分为“研究主题”、“研究方法与范式应用”、“研究目的取向”三大类。主要分析结果如下：

（1）研究方法

博硕士论文中较常采用的研究法为问卷调查法和访谈法，分别占66%及18.9%。而采用实验研究法、参与观察法、历史研究法、个案研究法进行研究的论文，合计不到其他研究方法应用总次数的6%。博硕士论文采用两种以上方法的论文有43篇，其中多数是采用问卷调查加上访谈法的方式进行。

期刊论文中有61.9%采用理论分析法进行研究，其次为问卷调查法（24.9%）和访谈法（8.1%）。三种方法合计达到研究方法应用总次数的94.9%，其他6种研究方法被使用的次数占比不到5%。期刊论文使用两种以上方法者有31篇，多数是同时使用问卷调查法与访谈法。

研究报告亦多采用问卷调查法（54.1%）、其次分别为访谈法（16.5%）和理论分析法（11%）。采用实验研究法和历史研究法的各仅有一篇。以上叙述可参见表6-5。

表6-5　1990至1998年台湾地区教育管理学术研究方法分析

	问卷调查	访谈	实验	参与观察	比较	理论分析	历史	个案研究	其他	合计
博硕士论文应用次数（篇）	196	56	1	5	12	11	1	10	5	297
占分类百分比（%）	66.0	18.9	0.3	1.7	4.0	3.7	0.3	3.4	1.7	100
学报（刊）论文应用次数（篇）	113	37	0	3	7	281	4	3	6	454
占分类百分比（%）	24.9	8.1	0	0.7	1.5	61.9	0.9	0.7	1.3	100
研究报告应用次数（篇）	59	18	1	4	4	12	1	4	6	109
占分类百分比（%）	54.1	16.5	0.9	3.7	3.7	11.0	0.9	3.7	5.5	100
合计（篇）	368	111	2	12	23	304	6	17	17	860
占总百分比（%）	42.8	12.9	0.2	1.4	2.7	35.3	0.7	2.0	2.0	100

注：1. 一篇论文使用两种以上方法时，按其方法分别计入所属类目，故使用方法之总次数与研究总篇数之数目不同。
2. 使用两种以上方法之博硕士论文有43篇，学报（刊）论文有31篇，研究报告有16篇。
3. “占分类百分比”乃指占该单一论文类别研究方法总次数之百分比；“总百分比”乃指占三类论文研究方法总次数之百分比。

资料来源：黄宗显．1999. 1990年后台湾地区教育行政学术研究状况之分析与展望［M］//台湾师范大学教育学系．科学的国际化与本土化．台北：扬智出版社：406.

（2）研究范式

根据以上的资料分析，可知除了理论性探讨的论文之外，多数的论文仍是以问卷调查法为主要的研究方法。参与观察和个案研究等方法并未被普遍使用。这和美国的情形相当类似。这样的结果也显示，台湾地区2000年以前教育管理研究应用的范式，是以逻辑实证论为基础的量化研究为主。源自于现象学、诠释学与批判理论的质性研究范式并未被普遍运用。至于以后现代主义和后结构主义思潮为基础所发展出来的方法，或是融合逻辑实证论、诠释学、批判理论及实地理论观点发展出来的行动研究法，也极少被应用。

（3）研究目的取向

黄宗显还分析了研究的目的与取向，他将研究目的与取向分为六种类型："现况描述"、"关系探讨"、"理论性探讨"、"理论验证"、"模式建构"与"跨国比较"。研究结果发现近数十年来台湾地区教育管理学术研究偏重于对现况的了解、变量之间的关系探讨与一般理论性的叙述，对于教育管理理论模式的建构和国际性教育管理议题深入比较的研究则较少（p. 409）。

林明地（1999）则根据三份著名英文期刊，即《教育管理季刊》（*Educational Administration Quarterly*，简称 EAQ）、《学校行政领导与管理》（*School Leadership & Management*，简称 SLM）、《学校效能与学校改革》（*School Effectiveness & School Improvement*，简称 SESI），来了解教育管理研究范式变迁的情形。期刊的分析年份是 1997 至 1998 年。其分析结果见表 6-6，表中指出教育管理研究近年来以采用理论分析法者居多，为 38 次，其次依序为访谈研究 35 次、问卷调查 31 次、个案研究 26 次、参与观察 12 次、数据库数据分析 9 次、其他研究方法（包括行动研究、现象学取向、历史研究、人种志研究、故事叙述以及扎根理论取向等）9 次、实验研究 7 次、后设分析 3 次、内容分析 2 次。根据统计结果，有 34 篇研究采用两种以上的研究方法。由此，我们可以发现 1997 至 1998 年，国外教育管理研究过度量化导向的情形已经明显改善不少。

表 6-6　EAQ、SLM、SESI 三份期刊与学校行政管理有关文章所采用研究方法之分析

（单位：篇）

研究方法 / 期刊	问卷调查	参与观察	访谈研究	个案研究	内容分析	后设分析	实验法	理论分析	数据库分析	其他
EAQ	6	7	7	12	0	1	1	12	4	5
SLM	13	5	20	7	0	0	3	20	0	4
SESI	12	0	8	7	2	2	3	6	5	0
合　计	31	12	35	26	2	3	7	38	9	9

资料来源：林明地 . 1999. 学校行政管理研究的现况与趋势［M］//台湾中正大学教育学研究所 . 教育学研究方法论文集 . 高雄：丽文文化公司：133.

李明堂（2002）分析了1997至2001年《教育管理季刊》（EAQ）教育管理论文所采用的研究方法，结果发现教育管理研究相关论文之质性方法运用，有明显之增加（见表6-7）。1999至2001年，在全部62篇研究中，有21篇完全采取质性的方法搜集资料（约为34%）。其主要的方式有访谈、参与观察、文本分析、焦点访谈、田野研究。此种发展趋势，让教育管理研究逐渐跳脱单一范式，质性研究已逐渐成为教育管理研究的重要范式。

表6-7　1997至2001年《教育管理季刊》（EAQ）论文所采用的研究方法之分析

（单位：篇）

研究方法 / 期刊年份	总数	问卷调查	参与观察	访谈研究	个案研究	内容分析	焦点访谈	后设分析	理论分析	实验
1997—1998年	43	6	7	7	12	0	0	1	12	0
1999年	23	8	6	7	3	4	1	0	9	0
2000年	21	8	5	9	3	6	2	1	2	1
2001年	18	9	2	6	1	2	2	0	1	0
合　计	105	31	20	29	19	12	5	2	24	1

注：本表将林明地（1999）关于1997至1998年EAQ论文所采用的研究方法的分析，与李明堂的研究加以汇整，故涵盖的年份为1997至2001年。

资料来源：李明堂.2002. 从EAQ研究议题、研究方法探讨教育行政研究典范的发展［J］. 屏东师院学报，17：205.

（二）台湾教育管理研究之反思

依据以上对台湾教育管理研究方法类型之检视，可归纳出以下几个现象。

（1）台湾教育管理学术发展深受理论运动之影响。自理论运动开始，美国教育管理研究就定旨在建立律则性的知识与定理，以便于对现象进行解释与预测，并进一步进行控制与管理。尤其在组织、领导与决策三大方面，实证范式更是不遗余力想建立所谓的“通则”。由伍振鷟、陈伯璋（1985）、王如哲（1998）、黄宗显（1999）的论文中可以发现，台湾地区早期深受逻辑实证论影响，究其因乃是大量使用西方国家的理论与方法所致。早期翻译自外国专著的著作随处可见，使得学术上的发展一直跟随着西方国家的脚步，本土化的理论难以建立（吴清山，1994）。再加上有些研究者认为，若不使用量化方法则显得该研究不够科学、不客观、缺乏证据。部分台湾研究期刊甚至规定非属实证性者不予刊登，这种种因素使得教育管理研究一面倒向量化研究。综而言之，台湾地区过去由于缺乏本土性理论，因此大量借用外国理论（特别是美国的理论），使得台湾地区之教育管理学术发展受欧美地区的影响甚为明显。

（2）多以逻辑实证论之量化调查研究为主。借由伍振鷟、陈伯璋（1985）的研究可以发现，过去台湾地区的教育管理研究完全笼罩在逻辑实证论之下，且绝大部分研究者采用了调查法为主要方法来进行研究。王如哲（1998）检视台湾375篇研究论文，发现有182篇使用了调查法。黄宗显（1999）针对20世纪90年代后的759篇论文进行分析，也指出台湾地区近10年来的教育管理学术研究仍系以逻辑实证论的量化研究为主流（p. 412）。这显示台湾地区之范式变迁情形并不明显，逻辑实证论仍然是主流范式，而调查研究法仍为最普遍被使用的研究方法。

（3）对于国际上相关教育管理研究范式之争辩较少响应。国际上相关研究范式的争辩，多直接出现于学术会议论文与教育管理期刊上（如美国《教育管理季刊》、澳大利亚《教育管理期刊》等）。范式争辩有来自不同国家的学者共襄盛举，学者之间面对面针锋相对的情形虽然不多，但是透过文字进行争辩的情况却甚为频繁。然而，台湾地区的教育管理论坛或研讨会，焦点尚集中于实务取向的讨论，方法论的探究仍是乏人问津。王如哲（1998）的研究中发现台湾地区量化研究方法的使用状况，并不因为国际方法论争辩而明显减少。黄宗显（1999）也指出台湾地区忽略其他研究范式的应用。关于国际教育管理范式争辩之关注，除秦梦群、黄贞裕（2001）、林志忠（2004）等专著有所讨论外，全面深入分析之论文较为阙如。由此看出，台湾教育管理研究领域对国际方法论争辩之关注程度较低。

基于以上现象，近来部分研究者开始关心台湾研究方法本土化的问题。过往台湾教育管理理论多直接取用自欧美地区的研究成果，极少有人考虑理论移植之适当性问题。黄光国（1993）指出西方社会科学理论，大多是其学者以西方社会中特定现象加以抽象化，并以特定工具或方法加以检证所得之结果。台湾学者在引进西方社会理论时，往往并不了解其形成之社会文化背景与特色。如此不分青红皂白翻译成中文，以东方社会现象检证西方理论，自然造成本土化特色之尽失。

在教育管理研究领域方面，关于理论本土化与理论移植的问题在20世纪 80 年代中期开始受到重视。伍振鷟、陈伯璋（1985）的研究中指出台湾过去之研究理论基础过于薄弱，且对外来理论过分依赖。吴清山（1994）也指出教育研究应早日往下扎根，才能免于沦为附庸文化与边陲文化的下场。陈伯璋（1995）对过去教育研究进行整体分析，指出教育研究的理论转借与移植情形相当严重。黄宗显（1999）也建议台湾应积极研发具有本土特色的教育管理理论体系，以摆脱对西方理论过度依赖的弊病。

基本上，社会科学所涉及的知识多非普遍与客观的。文化背景、脉络与价值观之不同，更增加社会科学研究之复杂性。无可避免，教育管理研究也具有脉络关联性。任何教育活动都无法脱离特定之脉络与背景。因此外国方法论之相关主张未必适用于其他地区。针对于此，台湾地区未来应努力以本土社会作为理论建立的基础，方能创造出适宜的研究方法与工具。

三、中国大陆地区

大陆地区的学者对于教育管理研究范式之变迁的研究，虽然数量不多，但仍展现一定之关注程度。其中又以张新平（2000，2001，2002，2003）在此领域钻研最深，相关著作有一定之体系。其中如分析教育组织管理批判理论、美英教育管理理论之三种范式，反思与建构教育管理现象，乃至价值论与整合论之主张，皆能明确有助于读者了解教育管理研究方法论。其他学者如吴志宏（2002），深入探讨 21 世纪教育管理学研究的走向。程晋宽（2002，2003）则分析西方教育管理研究范式的转换与实证主义研究传统，认为实证主义虽然是西方教育管理的主流，但后实证研究范式已经改变教育管理之研究。何玉静（2004）则分析西方教育管理研究的主流范式，认为其大致经历客观主义、主观主义与批判主义三种居于主导地位的研究范式。罗建河、孙绵涛（2007）则对自然连贯主义之教育管理理论加以述评。

此外，孙孝文（2007）针对教育管理研究范式进行分析，主张实证与诠释是教育管理研究方法的哲学基础。虽然西方教育管理研究自 20 世纪初逐步形成以实证为主的研究范式，然而由于过度单一，产生不少缺点。他主张综合范式乃是教育管理研究发展的未来趋势。在专著部分，张新平（2001）与孙绵涛、罗建河（2008）的著作，针对西方当代教育管理理论流派加以叙述分析，分别从科学主义、主观主义、价值理论、批判理论、文化理论、后现代主义与自然连贯主义，叙述西方当代教育管理理论流派的主要特色。

针对当前大陆地区教育管理研究范式之发展，肖起清（2007）发现大陆地区教育管理学从20世纪80年代中期开始变化，相关研究范式之发展仍在起步阶段，主张应借鉴西方研究成果，并建议在以下三方面加以改进：(1）重视在教育预测规划领域引进定量分析方法；(2）积极发展多种研究范式；(3）继续采取多学科的教育管理研究方式，以拓展研究视角。

在教育管理研究范式之种类与数量方面，整体系统分析之论文较少。针对于此，张新平（2001）认为此代表相关教育管理研究之理论较为贫乏与实践意识的淡薄，导致“一些亟待研究、回答的问题，却因传统研究范式的影响，得不到实时的关照和研究”（p. 391）。

此外，张新平、蒋和勇（2004）进一步指出当前大陆地区教育管理学之困境，在于其学科之性质定位不明，理论与实践未形成良好的互动机制，研究视野过度集中，因而缺乏公正、伦理与人文价值。他们主张教育管理研究应揭露教育事实背后之价值与伦理，因此建议采用“实地研究”(field research）的方法，以理解当下社会历史背景中的组织特性与个体需要。

蔡灿新（2010）针对近十年教育管理学所发表之文献进行整理与分析，发现三个主要问题。其中包括研究以介绍性之内容为主、缺乏原创性，研究方法突破不够而有局限性，合作性研究偏少。他还提出教育管理研究方法的三个趋势：(1）加强对本土性教育管理学结构和系统的思考；(2）借鉴其他学科的研究方法来突破教育管理学研究的当前状态；(3）加强区域合作、课题合作，共同探讨跨地区的课题合作研究。邱心玫（2010）也指出大陆地区教育管理研究方法之问题，主要来自研究方法界定不明、研究方法运用单一与缺乏本土化之研究范式等。她建议教育管理之研究宜采用综合多样之研究方法，以将理论与实践加以结合。黄永军（2011）则分析教育管理方法理论之演进，发现早期实证方法虽具有客观、理性、明确之研究数据，但却形成判断研究内容的唯一标准，因而使得教育管理研究形成价值空洞化现象。因此，他主张科学研究方法必须多元化，并建议教育管理理论应注重整体方法，其中包含系统方法、信息方法、模拟移植法、辑集法等。

四、综合讨论与分析

对于美国与中国大陆、中国台湾教育管理研究方法的检视结果进行归纳，可获得以下几个结论。

（一）学者偏向同意范式多元并存，而非相互替代的教育管理研究方法论

近20年来的方法论争辩中，学者大致同意后实证论的“多元范式”研究思维。Greenfield（1993a）指出唯有承认多元实体的存在与使用不同的研究工具，才能使教育管理研究危机解除。Habermas（1971）在方法论的讨论中也指出实证论只是许多可能的科学知识中的一种类型，他同时肯定实证科学的存在。Shulman（1986）认为社会科学研究或教育研究最危险的莫过于让单一范式观点统治了整个研究界。Griffiths（1988）检视Burrell和Morgan所合著的《社会学范式与组织分析》后指出学术界应该马上停止方法论与研究范式的争辩，并运用所有可能的方法来进行研究，因为不同方法之使用可完成使用单一方法所无法达到的事。Bates在其著作中引用了部分科学哲学主张来支持教育管理研究方法论的多元主义。他认为行政研究中对于结构因素与个体主体性都应该兼顾，他批判逻辑实证论过度重视客观性，也批判单方面偏重客观性或主观性的研究态度都是不正确的（Park，1999）。

因此，未来的教育管理研究方法论发展，应不断努力追求方法的多元与平等，基于自然之淘汰机制，让较不具自我创新能力之理论自然被淘汰，而不是将焦点置于方法间优劣的争辩。

（二）教育管理研究范围日趋复杂多元，研究方法上则逐渐接受使用质性方法

在研究范围方面，由于Greenfield、Bates、Hodgkinson等人对于逻辑实证论过去只重视对客观性的研究进行强力的批判，并将伦理、道德、权力、价值等主观层面因素纳入教育管理研究范围中，使教育管理研究范围包含了客观性与主观性。再者，由于一般系统理论、开放理论与非线性理论（混沌理论）之研究成果，使得牛顿物理学观动摇。尤其是非线性理论，它强调了细微与随机事件的重要性，并对传统现象之预测持保留的态度。再加上后现代观点中所存在的对于无限可能性与变异性的声称，与扰流（fluctuation）对于预测的伤害，都展开了教育管理研究的新研究面向。

在研究方法方面，实证论所建构的实验性研究无法促进对于多元实体的认识，毕竟量化研究的基本假定即认为存在单一永恒实体，这刚好与后实证论之基本假定相违背。然而，由于近来的反省热潮，学术界已逐渐摆脱实证范式长期宰制的现象，一些新兴的研究方法已渐为学术界所接受，这包括自然论范式、批判理论、行动研究法等。此外，依照研究的发展趋势，研究者已经逐渐养成使用一种以上的方法来进行研究的态度，例如在使用调查法的同时也酌用观察法以相互印证研究结果。王如哲（1998）的研究结果虽然显示教育管理研究方法仍偏重于量化研究，然而在1990年后运用质性研究的研究报告也有逐渐增加的情况。连俊智（2008）即指出不同的范式有不同之哲学预设，在教育管理应用时会形成不同的组织经营形态，以及不同的问题解决机制。若研究仅一味偏向验证性的实证探讨，对实际工作的帮助将很有限。我们认为同时运用多种方法来进行研究将能更深入了解问题的真相，使得研究价值提高。

（三）传统研究由于过于强调客观性，以致忽视伦理与价值的重要性

过去由于受到逻辑实证论对“客观性”的主张影响，使得传统研究中事实与价值、伦理分离。由于这个传统的包袱，对于所谓的“应然”问题，研究者往往采取敬而远之的态度。于是，过去有关此方面的研究遭受极严重的忽视。

Greenfield 首先对教育管理中过分重“实然”轻“应然”的不当态度进行了批判，并提出主观主义的观点来作为研究的途径（Evers & Lakomski, 1994）。之后，Hodgkinson 更对价值的结构进行了深入分析，并把它分成三个层级（Begley, 1996）。Hodgkinson 指出教育管理中做决定的过程无法避开价值的介入，因为它本来就是“决定”的初始本质；由于价值分析与逻辑都是组成哲学的成分，因此行政无法去排除任何的哲学元素。

在中国台湾地区，有关教育管理中的价值论述，可说是一片空白。王如哲（1998）与黄宗显（1999）同时指出台湾地区教育管理研究仍然偏向客观性的量化研究，以质性或现象学方法来进行的研究寥寥可数，也证明了过去的研究过分忽略价值与伦理等主观层面。

（四）量化与质性方法的整合策略深受教育管理学者关注

此处可以发现一个有趣的问题，那就是在西方国家（如美国）教育管

理领域中的范式争辩，明显地指出逻辑实证论所建构的研究方法存在不少问题，但为何量化研究法被滥用情况并未因而减少？

基本上，质性方法与扎根理论较适合对事件、情境的内容、过程及结果的掌握（Glaser & Strauss，1967），尤其适合用来探究受访者心中暧昧不明的想法，然而对于现象发生之次数及分布状况却无能为力。而且，应用质性研究方法搜集质性资料时常会受到时空之限制。譬如，无法在同一时间、同一地点观察或访问许多人、事、物，而只能研究小范围的现象。同时，对于大趋势及不同人口中呈现不同分布现象之特征的了解，质性方法特别显得无能为力。

质性方法和量化方法有着同样的困难——被研究者缺乏合作的精神，甚至可能发生欺骗研究者的行为。关于被研究者是否诚实，研究者可以使用控制验证的方式，譬如，对照被研究者之陈述内容前后是否一致，并与其他人相互印证。一旦发现了欺骗的可能性，研究者仍应让被研究者有申辩的机会，以便对真相有所了解。量化研究在这方面则显得相当乏力。被研究者一旦提供了前后不一致的数据，研究者只能透过猜测来决定资料的无效而弃之一旁。

在搜集质性资料时，研究者必须重视受访者陈述背后的意义。所以，即使产生前后不一致的情形，研究者也视此种矛盾为资料特性的一种，因此有深入了解的必要，以丰富所得的研究结果，建立更完整统合的理论。

质性方法虽然可以弥补量化方法的许多缺点，然而却少有研究者愿意舍量取质，探其原因，不外乎以下几点：

（1）研究者觉得无法强调价值中立，则提供数据的研究发现不具说明力。但是一旦过于信赖统计技术所做的分析，最多也只是变量之间的分析，对于变量之间的过程则无从掌握。

（2）质性研究的过程对于研究者所加诸的要求不易达成。研究过程中，研究者必须同时是发问者、观察者、记录者，并需兼顾整体研究情境，掌握访问之顺畅度，使问与答的过程不至于发生停顿的情形。同时，他也必须能恰当地表达自己，掌握研究者的角色，与被研究者进行良好的互动。研究者也必须对被研究者或事物具高度的兴趣。以上这些多样性的行为角色要求，加上被研究者个人必须投入的要求，都足以令人退却。对不重视与被研究者产生直接且长时接触的研究者来说，质性方法是不予考虑的研究走向。

(3) 质性研究过程相当耗时，其间的变量太多，风险又大，一般研究者弃而使用较易执行之调查法或问卷法。

(4) 研究成果发展的压力，使得年轻一辈研究者纷纷使用计量方法，以便能在有限的时间内完成多项工作成果。

既然质量方法各有优缺点，是否可以取二者之优，补二者之缺，形成完整的方法论呢？国外一些学者也致力于质性与量化方法间优缺点之整合，探讨两者合并的可能性。但由于方法间不可共量性的问题，使方法论间之整合也显得困难重重。

学者 Tashakkori 和 Teddlie（1998）在其专著《混合方法论》（*Mixed Methodology*）中，将量化研究与质性方法进行结合。简略而言，他们提出的六种混合设计分别为：

(1) 类型Ⅰ：实证研究，质性资料搜集、统计分析与推理。

(2) 类型Ⅱ：实证研究，质性资料搜集、质性分析与推理。

(3) 类型Ⅲ：解释性研究，量化资料搜集、统计分析与推理。

(4) 类型Ⅳ：解释性研究，质性资料搜集、统计分析与推理。

(5) 类型Ⅴ：实证研究，量化资料搜集、质性分析与推理。

(6) 类型Ⅵ：解释性研究，量化资料搜集，质性分析与推理（pp. 160-166）。

相关整合策略在研究界已逐渐引起关注，事实上量化方法与质性方法若能交互使用，在资料搜集的过程中可以相互验证搜集过程的正确性，实有助于对实体的逼近。

Evers 和 Lakomski 所提出之连贯论证实模式，从研究层面而言即为统合观点走向，主张以多个验证指标作为判断理论优劣的依据。林明地（1999）归纳中国台湾地区研究方法使用状况，虽发现仍以调查法居多，但可喜的是，台湾地区研究采用两种方法以上者约占四分之一。从搜集资料的观点来看，多重角度的资料搜集将可以使研究获得一个更接近事实的研究结果。林生传（2003）认为量化与质性研究仅是程度之区分而已，其指出量与质的研究真正用之于教育，是连续的；常用的研究方法，并非质量对立，而是各种方法中有些较偏重量化，有些则较偏重质性，其区分只是一个程度的问题。张庆勋（2005）指出量化或质性研究各有其优劣与研究焦点及方法，两者之间的争论不断。量化或质性研究各有不同的方法论基础与研究焦点，教育研究者根据不同的范式及方法论而采用量化或质性研究。未来实应将教育研究形而上（理论思辨）与形而下（方法技术）加以融合，以使教育研究发挥功能。

根据数据之显示，中国台湾地区教育管理研究发展的困境，在于研究界至今仍然普遍认为非实证性研究为不科学，研究结果难以令人信服。以一些研究申请单位为例，非实证论的研究计划往往较无法受到肯定。另外，台湾地区过去普遍认为教育管理学科为“应用科学”，因此大部分的研究多旨在建立解决实务问题的定律，相关理论的讨论则被指为流于空泛而缺乏实用性，造成肯投入相关研究者屈指可数。在研究机构方面，各大学的相关教育研究所，有些过分忽略哲学的探讨，强调统计分析的功能性，造成研究生对于科学哲学与方法论探究失去掌握能力，自然而然会把量化取向的方法作为论文的主要研究方法。这样的情形直接反映在吴清山、王如哲、黄宗显等人的研究结果中。此外，绝大部分的研究生选择使用量化方法来进行研究，理由无他，乃在能于最短的时间内顺利毕业。于是，在论文旺季，各学校都充斥了所谓“学术性问卷”，校长、教师、行政人员与学生填不胜填。在此种情况下，问卷的信度与效度令人质疑。凡此种种，皆使研究生放弃更为深入的理论性探究。

第三节　教育管理研究之反思

一、美国当前教育管理研究之两大难题

（一）困境一：美国教育管理研究之知识基础过于窄化

自20世纪80年代开始，教育管理从社会科学时期转入所谓的混乱时期（era of turmoil）。此时期主要针对规范时期与社会科学时期所建立的教育管理知识基础做彻底的检讨与重建。此种激进变革的动力一直维持到现在，既有的教育管理知识基础被严厉地批判为内容空泛与不适当，其中包括了以下几个大层面（Murphy，1995）：

（1）对于组织的成果缺乏关注，忽略对组织变量与学生成就两者间关联

的深入探索。

(2) 忽略教育管理知识中道德与伦理层面。

(3) 对于教育问题欠缺关注。对于学校的基本讯息系统（包括课程、教学与评鉴等方面）多半漠不关心。

(4) 未能适当考虑多元化的议题，致使各种教育管理专业知识建构之观念间产生隔阂。

(5) 对领导者技艺层面的忽略，造成理论之建构未能提供实务人员所实际需要的经验或知识。

在同一时期，美国的专家学者们也开始研讨如何建构一个更适当的教育管理知识基础，他们相信透过对话与沟通将有助于正确观点的浮现。美国学术界在 20 世纪 80 年代对于教育管理知识基础的重建做了以下几项研究：

(1) 美国教育管理卓越委员会（National Commission on Excellence in Educational Administration，简称 NCEEA）1987 年的成果报告《作为美国学校的领导者》(*Leaders for America's Schools*)，与 Griffiths 共同发表于美国教育研究学会（AERA)，尔后出版成为美国教育管理学会的一篇论文。

(2) 美国教育管理政策委员会（National Policy Board for Educational Administration）的报告书，尤其是 1989 年的《改进学校行政人员的培育：待改革之议题》(*Improving the Preparation of School Administrators*: *An Agenda for Reform*)。

(3) 美国校长领导委员会（National Commission for the Principalship）与美国教育管理政策委员会为了了解进入 21 项功能领域所需要的知识基础，分别在 1990 年和 1993 年进行了两项计划以宣扬有关认知基础建设的概念。尔后美国教育管理学会更界定了教育管理专业所必须具备的六大认知领域(cognitive domain)①。

除了以上所提到的研究报告与书籍外，我们认为另有以下专著对于加深了解学校行政知识基础有很大的帮助：

---

① 关于六大认知领域之专业需求说明可参见美国教育管理学会在 20 世纪 90 年代初所发表的一些文章。

（1）1988年由Boyan所主编的《教育管理研究导引》（*The Handbook of Research on Educational Administration*）。

（2）1988年由McCarthy、Kuh、Newell和Lacona合著的《被检视的教育管理专业人员》（*Under Scrutiny: The Educational Administration Professoriate*）。

（3）1990年由美国教育研究学会所出版的年鉴，书名定为《教育领导与变迁中之家庭、社群与学校背景》（*Educational Leadership and Changing Contexts of Families, Communities, and Schools*）。

（4）1993年由Hallinger、Leithwood和Murphy合著出版的《认知观点下的教育领导》（*Cognitive Perspectives on Educational Leadership*）。

（5）1995年由Donmoyer、Imber和Scheurich合编的《教育管理的知识基础：多元观点》（*The Knowledge Base in Educational Administration: Multiple Perspectives*）。

（6）1999年由Murphy和Louis合编的《教育管理研究导引第二版》（*Handbook of Research on Educational Administration: Second Edition*）。

（7）1999年由Murphy和Forsyth共同主编的《教育管理：改革十年》（*Educational Administration: A Decade of Reform*）。

（8）2003年由Hallinger主编的《突破学校领导发展的格局：全球视角》（*Reshaping the Landscape of School Leadership Development: A Global Perspective*）。

（9）2003年由English主编的《教育管理理论与实践所面对的后现代主义挑战》（*The Postmodern Challenge to the Theory and Practice of Educational Administration*）。

（10）2005年由Strike和Haller主编的《学校行政之伦理》（*Ethics of School Administration*）。

（11）2011年由English主编的《SAGE教育领导手册：理论、研究与实务进阶》（*The SAGE Handbook of Educational Leadership: Advanced in Theory, Research, and Practice*）。

美国教育管理研究在20世纪80年代会产生许多问题，绝非空穴来风，其在20世纪70年代就已面临了理论运动的“衰落时期”（Declining Era）。自20世纪60至70年代开始，学校的教育管理课程转而偏重组织理论与管理技术层面，而忽略了专业之发展，大学所教授之课程过于强调培养以社会科学实证传统为基础之研究能力。这使得教育专业变质，研究者偏重实用性的探究而忽略了哲学的思辨，关于学校教育中之哲学、社会与历史基础之了解，都被丢在脑后。当时美国的学校课程，受限于各州发放教师证书指标的影响，普遍强调管理概念的建立，偏向教育法令与经费之探讨，关于如何使教学更好、如何建立正确研究观念等问题皆被忽略。

此外，大学教授在研究的进行上趋于保守，不求改革与创新，使得研究之议题与层面重复性高，加上国际交流不够，各国间教育管理之知识基础形成了闭门造车的情况（Achilles，1991）。这些问题都必须尽快解决。

（二）困境二：美国教育管理人员培育方案重实务而轻方法

大学中教育管理人员培育方案一直是美国教育管理研究领域讨论的重点，此因培育方案课程内容之良窳会严重影响教育管理专业质量。然而，美国教育管理培育方案一直存在问题。例如 Peterson 和 Finn（1985）对于学校的培育课程取向感到不满，批判当时的学校培育课程无法使未来的学校领导者学得应具备的知识，他们指出：

> 近来，从事学校行政研究的研究生，其博士论文虽然为学术性论文，然而却很少将主题置于专业性实践与学校行政这两大方面。学习与其他相关领域活动也倾向于被忽略。再者，大部分的学生为兼职生（part-time student），他们学习的过程有些达五年之久，且在片断累积、时好时坏的情况下完成学业。这不但使得出色的学生难以产生，他们有时对其学生身份也并不十分认同（引自 Sergiovanni et al.，1992）。

回顾相关历史发展，部分大学发现了类似的问题，并变动其课程内容与教学时间来做改善。例如在 1974 年，西雅图大学（Seattle University）发展出一套教育管理人员领导培育方案。接受培训者必须连续三年在周末与暑假接受集体学习。佛罗里达州的诺瓦大学（Nova University of Fort Lauderdale）也跟着办理在职博士班课程，且规定学生必须在特定的时间（周末或暑假期间）一起学习。1972 至 1979 年间，诺瓦大学共颁发了超过 1300 个博士学位给进修者。后来，芝加哥大学、西北大学与其他著名的大学纷纷办起兼职性质的课程，这些课程与商业界中所谓的工商管理硕士（MBA）文凭相似，传统全职性质的课程反而受到忽视。关于这样的改变，学术界对它的评价毁誉参半。

实用导向的问题也直接反映在博硕士论文上。绝大部分的学生选择以实务研究作为毕业论文之主题。而且一般都以在职进修的形式完成。有些大学（如斯坦福大学）甚至迎合学生此种现实的心态，纷纷提供类似的课程以满足学生的需求，使得太过实用导向的问题愈来愈严重。在当时，教育管理学术几乎丧失了知识基础，更遑论方法论上的改进与哲学性的思辨。

美国学术团体纷纷对当时的发展趋势摇头叹息。美国学校行政人员学会与美国教育管理学会则努力改变这样的局面，其力挽狂澜的决心可以借由以下几件事看出。

在 1983 年，美国学校行政人员学会出版了《学校行政人员培育指导手册》（*Guidelines for the Preparation of School Administration*），手册中要求学校行政知识训练必须包含以下七个批判性知识与技能领域：学校组织气候与增进、批判理论与应用、课程与建构、指导性管理系统与运用、教育人事与评鉴、学校资源与筹措、教育研究与应用。

Murphy 和 Forsyth（1999）检视 1980 年以后的教育管理学术发展时，发现学者批评最多的乃是学校行政人员培育方案，特别是培育方案中所提供的知识基础无法有效解决教育管理实务问题。自 1950 至 1985 年，教育管理因为理论运动的努力而建立了庞大的知识基础，到了 20 世纪 80 年代初，这些由方法论上单一证实模式所建立的理论基础却受到质疑与批判。Crowson 和 McPherson（1987）指出，"运用传统研究方法与假设来探讨实务的问题令人质疑"（p. 48）。Greenfield（1993c）也指出在理论运动时期所建立的知识基础已使得行政这个概念被窄化，特别是事实与价值的二元分化，使得教育管理的研究忽略了哲学的讨论，研究结果之实用性必然大减。实证科学为了对道德问题达成价值中立的态度，将价值问题排除在行政人员培育方案之外的主张，一直深为反实证论的学者所诟病。

在 1985 年，美国教育管理学会通过决议成立了国家教育管理卓越委员会（NCEEA），专门负责教育管理学术发展与学校教育管理人员培育课程，并不断对这两方面的发展给予建议，以提升教育管理的质量。

NCEEA 的成立也是源于社会压力。美国在 1983 年由国家教育卓越委员会（National Commission on Excellence in Education）所发表的报告书《危机国家》（*A Nation at Risk*）引发了蓝领阶级对学校教育与教育改革的抗争。该份报告对当时学校所存在的问题做了仔细的叙述与分析，使得社会大众凝聚了要求国家教育改革的决心与共识。因此，在 20 世纪 80 年代中期，美国学校改革将焦点置于教育管理人员与教师之专业性发展。这就是为何美国教育管理学会在1986年成立了NCEEA，并由德高望重的教育管理界著名学者Griffiths担当该委员会之主席。

该委员会在1987年3月即提出了长达16页的报告书《未来学校的领导者》（*Leaders for Tomorrow's Schools*）。内容主要针对学校行政人员的储训、培育、管理与评鉴进行检讨，并提出重大的变革方针。根据Griffiths的说法，该委员会成立的最主要目的即在检视学校领导者的质量。在1987年的报告书中，该委员会指出了当时教育管理人员培育方案的几项重大问题（Sergiovanni et al.，1992，p. 92）：

（1）教育领导缺乏明确的定义。

（2）学校缺乏领导者储备方案。

（3）学区与大学间缺乏合作。

（4）学校行政领域缺乏弱势族群与女性的参与。

（5）学校行政人员缺乏系统性的专业发展。

（6）学校行政人员培育方案中缺乏优秀的攻读者。

（7）学校行政人员的工作需求与学校行政人员培育方案脱节。

（8）学校行政人员培育方案缺乏符合潮流的内容，也缺乏实习经验。

（9）缺乏优秀人员晋升的制度。

（10）参与教育管理人员培育方案的领导者缺乏全国合作意识。

关于以上的问题，NCEEA提出以下几点建议：

（1）教育管理研究应重新对“教育领导”下定义。

（2）国家应成立教育管理国家政策委员会（National Policy Board on Educational Administration）。

（3）行政人员培育方案应在专业学校中进行。

（4）至少有300所大学与学院应马上停止教育管理人员之培育工作。

（5）少数种族与女性之储训方案与人员配置应由各大学、学校委员会、州与联邦政府，以及工商业界来创办。

（6）公立学校应参与教育管理人员培育工作。

（7）专业发展活动应为理论与实务元素之整合体。

（8）证照方案应该进行彻底的改革与落实。

Gibboney（1987）认为，以上NCEEA对于培育方案的批评与建议内容过于陈旧，不具创新性，对于学校行政人员与教师角色的重建帮助不大，加上整个改革重点仍旧置于管理过程与技术层面，在课程改革方面得了零分（引自 Sergiovanni et al.，1992，p. 92）。另外，有关知识与技能之间的不连贯也造成学生觉得课程之内容艰涩难懂。这就是为何常常有人批评大部分教育管理人员在学校所接受的都是零碎、过于跳跃且毫无用处的课程内容。

论述至此，我们不妨再回到焦点问题：究竟实证范式时期所建立的知识基础实用性何在？又产生何种后遗症？传统社会科学方法研究者强调学校行政通则的建立，但是偏重客观性、排除干扰因素的定律与规则，用在复杂多变的教育环境中显然有失妥当。再者，传统社会科学观点常使得理论与实践之间的鸿沟愈来愈大。这就是实证方法本身作茧自缚的一面。因为实证论者常不善于改变理论来引导实务，他们也不想这么做，使得借用自社会科学中的理论与方法始终无法改进其知识基础的内容。Crowson 和 McPherson（1987）即批判说："培育方案中所教导的都是植基于社会科学实证传统的知识基础，如理性决定理论、封闭系统等，对于实际的混沌无序的环境一概不提，这也造成了教育管理人员培育方案流于古板与封闭"（p. 49）。

证据显示过去社会科学时期的教育管理人员训练忽略了解决实际问题的能力，这种普遍的反技术、反方法的培育课程已经造成知识基础的代沟，特别表现在行为本位方案元素的缺乏、对实务问题解决技巧缺乏关注、对实务智能的忽略与对专业化过程的缩短等几个方面。行政者一致认为最佳的培育方案是增加对工作关联技能（job-related skills）的指导（Murphy & Forsyth，1999）。

事实上，NCEEA 在 1987 年的报告书中就已指出行政人员培育方案中的实习经验不足是最大问题。Pepper（1988）指出大学中的学校行政课程极少提供一个完整的实习经验给未来的学校行政者。由于受到理论运动科学化概念的影响，行政人员培育方案一直存在着以下的问题：（1）不具明确的目标；（2）强调实务经验的实习课程偏少；（3）基于方便考虑来进行活动的安排；（4）过度强调角色中心经验，忽略问题中心经验；（5）缺乏个体化（individualization）的发展；（6）成效不佳的计划、管理一直沿用，使得课程内容更新变得缓慢；（7）实际校园经验与领域本位经验之间的联结不足；（8）过分强调低阶导向与被动观察的活动（引自 Murphy & Forsyth, 1999）。

过去的学者大致上同意教育管理是一门“应用科学”，也唯有基于这样的信念才能使得学校行政人员培育方案更能贴近理论与实际之间的差距。近来一些学者则采取了不同的看法。Anderson（1990）认为最让人垂头丧气的是教育管理人员培育方案常常偏重管理而忽略“教育”层面，特别是学校教育的社会脉络与历史根源等层面的探讨。Greenfield（1993c）也指出社会科学方法将行政问题与教育问题分化，使行政人员培育方案中所强调的都是一些非教育的议题。

目前，美国对于行政人员培育问题尚无定论，许多改革的想法也不断被提出，然而由实务导向逐步迈入哲学思维的路线则是未来发展的重要趋势。由于行政人员培育方案质量之良窳深深影响教育管理绩效，故在理论的发展方面也应该顾及实务面向，使理论得以实践与相互印证。未来国外教育管理人员培育方案的发展，值得我们特别关注与学习。

二、教育管理研究之未来发展趋势

检视本章各节中关于教育管理研究所面临的问题与当前各大期刊的讨论，未来教育管理研究方法论将可能朝以下三个大方向发展。

（一）从方法论的争辩到知识基础的整合

国外有关方法论质性与量化的争辩仍未有所定论，但讨论焦点已经由方法论之间的各自为政，逐渐转为彼此的合作与整合。事实上，大部分的研究者也了解不同方法论虽存在不可共量的部分，但彼此之间又具互补性，保持方法论的多元性实有助于逼近实体，因此未来多元范式方法论势必成为主流文化。

中国台湾地区教育管理研究至今尚未受到国外方法论争辩的影响，研究趋势也与过去并无太大差异，尤其对于质与量的争辩，很明显的是处于“不争不辩”的冷战状态，在研究方法上仍多停留在社会科学时期所使用的实证范式。虽然已有研究者开始使用其他的研究方法来进行研究，然而研究信度与效度方面却遭受强大的质疑。非量化研究的困难并非源于研究过程，而是大环境本身。未来，量化研究势必继续保持其强势的姿态，台湾地区方法论的多元主义要落实，有赖于大环境的改变。

此外，国际上蔚为风潮的后现代主义研究思维（特别是方法论的基本假设）虽然对政治学、社会学等学科造成深远的影响，然而在教育管理研究方面却未引发巨大的方法论革命。而且，与后现代主义相对的统合观点，在当前却备受青睐，说明了大部分的教育管理学者仍偏向于知识的整合，排拒学术的分裂。

然而，教育管理学因深具“应用科学”的特质，其研究目的乃在了解实务问题，并寻求最佳的解决途径，此乃教育管理研究偏重实用性研究的主要原因。因此，大部分的学者虽然批评研究不应偏重实用性，轻视理论性之发展，但是未来之发展却极可能不再将重点摆在理性与非理性的争辩，而是导向于 Laudan 所谓“实用主义”的走向①。

Laudan 实用主义取向的科学进步，将科学目标下放到社会中，因此所谓的科学只不过为解决人类问题、为人类创造福祉的工具。因此科学不再只是实验室中科学家的专利。无可否认其思想是受到 Kuhn 的影响，但是单以实用主义与工具主义的观点来看待科学进步的目标，却也太低估了科学。只是，科学研究的目的无法偏离实用主义的观点，科学的发展不仅仅具有技术的意义；如果忽略了其背后所讲求的合理性与法则，工具理性势必统治人类世界，而科学也会沦为独裁者的帮凶，所谓的科学进步就不再具有任何的正面意涵。因此，科学研究根本的出发点应该是解决人类的问题，

---

① Laudan 将研究重点置于科学进步的合理性，跳脱了 Kuhn 的相对主义与 Feyerabend 的多元主义，坚持科学目标的实用主义和工具主义的解释，又保留科学进步的合理性。其认为科学的目标在于解决问题，在于获得具有高度解决问题效力的理论。Laudan 的看法中有几点引人瞩目：(1) 他详细分析了科学问题的类型，将问题分成经验问题与概念问题两大类。经验问题包括了未解决问题、已解决问题和反常问题三种。概念问题则包括内部问题与外部问题。内部问题是由理论内部逻辑上的不一致所引起的，而外部问题则是由一个理论与其他理论的矛盾或一个理论与当时流行的世界观、方法论相冲突所引起的。(2) 提出研究传统的概念。其认为每一门智力学科，无论是科学或非科学都有一部充满了“研究传统”的历史。研究传统不但能够确立解决问题必需的方法，也能够为构建理论提供思路，并且当理论缺乏解题能力而需要修正时，提供如何修正的指导。理所当然研究传统也对理论进行辩护。研究传统的优劣则可从它的解决问题效力来看。(3) 坚持科学进步的合理性，这点刚好补充了历史主义的非理性缺陷。

寻求人类更大的幸福，故理论间优劣的评断或许可由“解决问题的多寡”来作为指标。这点与连贯论主张不同。连贯论建议由证实模式本身来检视理论内部优劣，实用导向的科学进步观则由外在的客观指标来判断理论的适用性，在知识论上强调知识基础间的整合。我们认为两者对于方法论之整合观点都颇具合理性，而知识基础之整合也极为迫切，未来之相关研究将朝此方向发展。

（二）重视缩短理论与实务之间的差距

缩短理论与实务之间的差距，亦将是未来教育管理研究的重点之一，尤其一些基于变量之间的相关分析与因果预测的理论被发现对学校实务工作者帮助不大时。在教育管理人员培育方案方面，许多的课程也被认为过于学理，忽略了与实务层面的结合，造成了理论与实务之间的差距。

再者，在教育管理研究当中，究竟是理论引导实务政策，还是实务运作导致理论之形式转变？这里，我们倾向于 Quine 的说法，他认为任何的科学都是一个整体，外围的经验适时修正了内部的逻辑真理，内部的规准又可适时引导行动。所以，理论与实务之间是互补又相互印证，两者本为一体，不可偏废一方。在教育管理研究上，Blumberg 与 V. M. J. Robinson（罗宾逊）分别对如何缩短教育管理理论与实务之间的差距提出过看法。

Blumberg（1989）认为教育管理科学深具专业的技艺（craft）特质，此因教育管理既不足以成为一门应用科学，也不是一门艺术，所以行政人员不能把精读的实证性理论一板一眼地用于实际的行政情境中，但也不能随心所欲地一意孤行。因为由理论与研究所生产的知识，难免与学校中解决问题所需要的知识存有差距，行政人员得运用本身的智慧（wisdom）来减少两者之间的落差，这就是专业性的技艺。林明地（2000）认为这样的观点可以联结学校行政的理论与实务，使行政人员所具有的知识、经验与其解决新情境问题时所需的知识与技巧，有较佳与较合理的连接。

Robinson 所提出的问题本位方法论（problem-based methodology），其目的也在减少理论与实务的差距（Robinson，1993，1996）。问题本位方法论首要是了解实践的本质为何。其认为实践即解决方案，是作为解决问题之用。然而在实际运用它之前，它可以透过一些规准来判断解决方案的适当性。因此，某种解决方案可能只适用于特定问题，解决方案没有所谓的适当或不适当，只有是不是用对了地方。Robinson（1993）认为有三个指标可用来判断行政实务之可行性：其一为效率（effectiveness），主要在认清行政实务的工具性本质，目的是满足特定解决方案的需求；其二为一致性（coherence），主要由一个更整体与系统的观点来鉴定解决方案的适切性，亦即评估解决一个问题是否必须付出更严重的代价；其三为进步的可能性（improvability），目的在检视解决方案使用过程中难免犯错的地方，并尽量避免错误的发生（Robinson，1996）。问题本位方法论具有明显的实用主义色彩，适用性亦尚未获得完全证实，其发展有待进一步的观察。

（三）重视教育管理中伦理与价值的探究

过去在逻辑实证论的引导下，价值被抽离出行政研究之外，一直到20世纪70年代中期由Greenfield、Hodgkinson等人引发的方法论革命后，才恢复了教育管理研究的哲学性格，并将价值论述纳入教育管理领域的研究范围。学者Farquhar（1981）的研究结果发现有大概75%的培育方案明显忽略了伦理的讨论（引自Murphy，1995，p. 67）。事实上，在这前后的时段里，此问题一直被纳入讨论。然而，在实证科学独霸的时期，却极少有人正视此方面的问题。

但在20世纪80年代后，方法论的辩论已逐渐将价值与伦理层面视为讨论焦点。尤其在教育领导、课程层面中关于价值的讨论已备受瞩目。在美国，部分大学中的教育管理人员培育方案中已将伦理的问题与争议纳入课程。Willower（1993）指出，“教育管理混乱时期已近尾声，接下来应该致力于能够同时处理伦理与实务问题的研究”（p. 159）。王如哲（1998）论及增进教育管理知识时，也提到将伦理与价值的问题融入教育管理研究中。谢文全（2003）认为教育管理人员培育须包含理论、技术、策略、批判等知识，因教育管理须具备深厚的哲学素养，兼具反省思考与行动实践，才能做出圆融周延的决策。Oplatka（2009）检视教育管理自2000至2007年之发展，发现由于全球化之发展，例如全球化组织对经济、社会、科技与文化之影响，使得多元主义（pluralism）与多元文化主义更显重要。范炽文（2012）认为教育管理即为反省实践（reflective practice），检视教育管理理论与实践分离之现象，亦提出教育管理人员反省实践之途径，包括隐喻法、行政对话、角色扮演与案例讨论、观察反省与写作反省等。以上均显示了伦理与价值层面在未来势必成为教育管理研究重点之一。

第四节　未来教育管理研究之展望

国外教育管理研究方法论在过往数十年间经历极大的变化，其中不乏激烈争辩。他山之石，可以攻错，欧美学者的努力值得效法。基本上，未来华人教育管理学术研究可以朝以下几个方面努力。

一、了解方法论发展趋势，采用多元研究观点

以往的教育管理研究过于依赖单一证实模式，在研究方法上偏重逻辑实证论所建构的方法论，因而产生了方法论上的实证迷思，以为只有经由实证过程的研究才是科学的。这使得其他可资使用的方法被忽略与排挤。未来教育管理研究方法论应朝向多元范式方法的研究途径，其研究观基本上认为任何一种研究方法观点都没有绝对的好或不好，任何一种研究方法与途径，均有其优点与限制所在。多元方法论所强调的多元、开放与包容性，实有助于对实体的发现与逼近。欧美学者皆勇于打破传统，建立新的研究观点，并引发方法论的争辩与反省。然而，这一股战火尚未对华人教育管理研究领域造成显著的影响。综观当前华人教育管理学术领域，除了少数学者注意到欧美地区的方法论变迁发展之外，大部分的研究者仍然忽略国际上的方法论变迁。未来中国大陆与台湾地区应多留意国际之最新方法论发展趋势与范式争辩之讨论，方能在方法论上有所突破。

在研究方法的使用上，过去由于过于迷信逻辑实证论客观性的要求，以为任何的主观因素都是非科学的，应该排除于科学研究之外。此种错误的看法不但窄化了领域中的研究面向，也破坏了多元观点的发展。过去二十年，国外关于方法论的争辩，披露了实证论的种种缺失，引发方法论上的后实证热潮。其研究趋势已逐渐注重多元范式的使用（包括自然论、批判理论、文化理论等）。中国大陆与台湾地区过去的教育管理研究过分依赖实证论与量化取向的研究态度，实应有所调整。

此外，在中国由于质性研究在运用上并不像量化方法般简便，搜集资料与研究期间更易遭受较多的困难，研究结果则因缺乏数据而招致批判，凡此种种，皆使得质性研究较受排斥。然而，教育管理领域应以多元的态

度接受新范式，并试图在一定基础上加以整合，如此才能更趋进实体，使研究更具有周延性。

二、发挥教育管理学术组织功能，落实理论之传播

美国在20世纪50年代以来的理论基础改革，大部分由领域中之学术团体来推动，而美国教育管理学术的发展也远远超越其他先进国家。这主要由于美国在第二次世界大战后，学术性组织如雨后春笋纷纷成立，这些杰出的学术性组织，特别是美国学校行政人员学会、美国教育管理学会，它们经由不断地举办学术研讨会、出版期刊与学术专著等来促进学术的进步，对于教育管理理论发展的贡献相当大。

在中国台湾地区，经由教育管理领域先进学者的努力，在1999年成立“教育管理研究学会”，开启了台湾教育管理研究领域的新纪元。该学会除了定期在大学中举办研讨会，也积极发挥其重要学术发展功能，包括定期举办研讨会活动、出版相关研究期刊、奖励优良研究者、构思研究计划、开拓校际合作研究等。

在美国有相当多的学术团体对于研究成果的发行有着督促的作用。例如美国教育研究学会经常推动一些出版计划，对于学术推进产生了重大的影响。分别于1988年与1999年出版的《教育管理研究导引》第一、二册，即是在该学会推动下诞生，而这两本书也已蔚为美国教育管理研究领域的重要参考专著。而美国最负盛名的《教育管理季刊》也是由美国教育管理学会在1965年发起而出版的重要学术刊物。

在台湾地区，过去的教育管理研究论文都发表在综合教育期刊，并无教育管理的专刊出现。随着台湾暨南大学教育管理与政策研究所的成立，该所积极投注心力于学术生产工作，并定期出版《学校政策论坛》季刊。之后，1999年“学校行政研究学会”编辑发行《学校行政双月刊》，2011年“教育管理研究学会”编辑发行《教育管理研究》季刊。大陆地区也有教育科学出版社发行之《中国教育管理评论》、《教育发展评论》。这些期刊在内容上理论与实务的研究成果并重，用心程度值得肯定。展望未来，相关期刊的质量与研究方法论的多元，当是重要的努力方向。

三、成立教育管理研究专责单位，推动国际学术交流

国外先进国家都有所谓专责研究单位负责领域研究数据的整合与推广。例如美国教育部设立了教育研究与进步署（OERI）、美国教育研究学会、联邦教育研究委员会（CFREA）等单位来进行研究数据之整合与研究发展。又如德国的“德意志国际教育研究院”、韩国的“教育开发院”、日本和法国的“国立教育研究所”等。在另一方面，部分教育学术团体也由政府单位所发起，它们对于一些研究计划的进行扮演着领导的角色。

此外，研究结果显示中国大陆与台湾地区的学者对于外国相关研究方法论之争辩，较少加以关注。加上大部分的教育管理项目研究以问题解决（实用）导向为主，只将方法论当成问题解决的工具，而非发展理论的基础，造成有关理论的探究较受忽略。未来如有适当机会，中国学者最好能至外国参与教育管理学术团体所举办的学术会议，以了解最新的教育管理研究发展趋势。

第五节 结语

环顾历史，教育管理研究领域在20世纪经历了多次研究方法论的变迁。不论其功过如何，对于相关学者与前辈的努力应该加以肯定。事实上，由于众人的投入，教育管理已成为独立的研究学科，有其特有的理论与研究方法，这是百年前的学者无法想象的。在21世纪的今天，对于更佳方法论的追求，学者自是责无旁贷。

在本书中，我们叙述了20世纪整个教育管理研究方法论与理论的基本演进过程。1950年左右的理论运动，将教育管理“科学化”的诉求推向高峰，逻辑实证论也成为主流范式。其主张如理论必须具验证性、排除价值因素而坚持理论客观性及采用操作性定义，均使得教育管理的研究方法向自然科学看齐。逻辑实证论之入主，虽使教育管理得以累积专业知识与大型理论，但此种单一证实模式的独霸，却也使教育管理研究结果过于窄化而无法反映实体。

针对于此，后实证论的各种观点于焉产生。其中如Greenfield的主观主

义、Lincoln 和 Guba 的自然论、Sergiovanni 的文化理论、Bates 的批判理论、Evers 和 Lakomski 的连贯论，均针对教育管理领域的方法论提出针砭。其主张虽各有千秋，但均坚持理论依赖性，重视研究主体性，强调价值与伦理等主观层面。后实证观点反对社会科学之研究只在发现人类与社会的普通法则，强调用诠释的角度来探究科学的多重面向，拒斥实证范式的霸权心态。

其后出现的后现代主义，派别繁多，但特征多为反基础主义、反决定论、反还原论、反权威性等。后现代主义之科学观令人落入无证实模式的困惑，容易造成理性浩劫与学术分裂。但其中非线性理论的出现，却使教育管理研究开始重视变异性与不可预测性，开启了另一角度来观察世界。

进入 21 世纪，教育管理研究方法论之范式必然不断变迁。但从历史的角度来看，多元范式的趋势已经来临。尽管学者对理论是否具可共量性的争辩不休，然而基于教育管理研究面向的多面性与复杂性，多元研究范式的使用势在必行。

然而，这并非意味着实证论所主张的证实模式已无立足之地；实务上，我们反对的是任何单一方法论的独霸。各种研究显示，虽然实证论遭受强烈炮火攻击，但其仍为美国与中国研究者的主流方法论之一。实证论所偏爱的量化方法与后实证论所倾向的质性方法，在实际运用上各有千秋，前者擅长总体层面之描述，后者则精于个体层面之探讨。研究者必须视其需要而拣选之，但不必排斥其中任何一种方法。

教育管理研究者必须采用多元范式，乃基于其研究对象的复杂性。社会科学的研究对象乃在于人，其层次有二：一为行为（behavior），二为行动（act）。两者在日常语言中常混淆交互使用，但在哲学的定义上却有所差异。所谓行为，系指物理性（此处采用广义解释，包括化学性与生物性）的移动、改变或是事件。自然界中的现象如星球运转、火山爆发，及至基因遗传，皆属行为之范围。人类乃物体之一，当然也有其行为，例如在教室中教师高声喊叫、学生举起右手等皆是。行为多半有某种程度的因果关系，换言之，当某种起始情况出现后，可以预测其后事件的出现。以跌倒在地为例，行为者的肌肉与骨骼结构、地心引力等讯息可以描述其跌倒在地的行为。当然，自然界中充满了此种律则。了解质量、重量、地心吸力、重力加速度等因素，即可预测特定小行星撞上木星后的爆炸力量。然而，此种实证论者所梦寐以求的因果通则，是否也适用于社会现象呢？

事实上，以人类为主体的社会现象虽有行为的表示，但却必须有行动的意涵，才有其研究的价值。以学生举手为例，同样行为却可能有不同的行动。学生举手可能是因为：（1）内急需要上厕所，所以举手征得老师同意；（2）选举班长，所以举手进行投票行为；（3）听不懂上课内容，所以举手发问；（4）因为脑部受伤，引发不自主的举手行为。以上四种可能性，第四种勉强可称为行为，因为它是不自主的，未经心智的发动。其余三种皆有其特定目的与意义，虽然是同样的行为，但却是不同的行动。

综上所述，可知道行动乃是行为加上意义的组合。此处意义系指行动者心中的理由、目标、想法，并以之引导形成特定的行为。行为仅为表象，行动才是教育管理研究者的关注焦点。社会科学与自然科学不同，鲜少有机械式的通则产生，面对复杂的人类，研究者关心的是外显行为背后的意涵。以研究组织文化为例，当一位研究者至学校探访，发现开校务会议时，教师鲜少表达意见。就研究目的而言，研究者自然不会只停留在不发言的行为上，他一定希望能探求其背后的原因。或许是校长作风官僚化，教师敢怒不敢言；或许是校长准备充分，教师认同其做法而觉得没有表达意见的必要。了解行为背后的意义（也就是行动），才是教育管理学者的关心焦点。试想，在著名的霍桑效应（Hawthorne effect）研究中，如果研究者只看到因照明设备改变，而使女工工作效率改变的外显行为，就可能真的以为两者确有关系。其实女工之所以更加努力，仍基于被肯定的心理因素，这是光看表面行为所无法得知的。

因此，大致而言，我们可以将自然科学所探讨的现象列为行为层次。它具有通则性的特质，例如水可分解为二氢一氧（H_2O）、星球的运行路线等。只要掌握了起始状况与特定变量，即可预测其后的行为。此种对因果关系的追求，被移植至社会科学则出现极大问题。因为社会科学以人为研究主体，其有思想、情绪、价值观，外显行为不能根本解释现象的整体。这也是实证论面临的最大问题，其所主张的客观性、操作性、价值中立性，往往将研究限制于行为层次，而忽略了背后的意义。

实务上，实证论所倾向的量化方法可在短时间中搜集大量数据。经统计分析后，可得到类似“变量 X 与变量 Y 的相关值为 Z”，或是“变量 X 可预测解释变量 Y 的变异数百分比”的结论。在总体层面上，它提供了一个约略的图像，但其背后究竟代表什么意义？在量化研究中，研究者试图提出自我的看法（许多是对照以往的文献），可是总让人觉得并非自我探求的第一手数据，而造成解释上的瓶颈。

另一方面，后实证论所提倡的质性方法，多以小规模但却深入的诠释取向来研究人类的行动。对于被研究者的主观价值、意向乃至动机有较佳的发觉策略。因此，未来研究中，多种范式的使用乃为必要。研究者或许在量化方法中取得较全面性的外显行为数据后，再以质性方法做追踪研究。哲学家虽对范式之间是否能够共量尚未达成共识，但从多元实体的观点而言，不同范式的不同研究角度，当使教育管理研究更具有周延性。

在结束本书之前，我们必须再次提醒，在后现代的社会中，教育管理的研究鲜少能价值中立。这代表研究者很难在诠释数据时摆脱自我价值的干扰，并且，研究结论的呈现往往也必须接受他人不同价值观的批判。以智力测验的发展为例，此本为教育心理的领域，但如何使用及如何诠释，却在行政领域引起争议。众所周知，智力测验乃 A. Binet（比奈）和 T. Simon（西蒙）在 1905 年首先制作而成（即著名之比西智力量表），当时之目的在鉴别法国的智能不足孩童，以将其转置于特殊学校中。此种客观测验的内容几经变化，中间并有测验专家经统计分析，发展出包括语言、数理等心理因素，以其分数之分配，来表示个体的智商程度。智力测验在 20 世纪已成为一种个人的标签。

批判理论的学者对测验却无好感，认为其是宰制人类阶级的工具，此种指控于 1994 年达到高潮。当时两位学者 R. Herrnstein（赫恩斯坦）和 C. Murray（默里）出版《钟形曲线》（*The Bell Curve*）一书，主张依照美国人的智力测验分数，可将其分为数个阶层，其中黑人分数平均较白人分数为低。换言之，黑人天生就比白人笨。此书一出，立即引起各界挞伐，认为其根本是种族主义。虽然作者声称只是将所调查的分数诚实相告，然而却被冠以白人优越主义，受到无情攻击，两位作者甚而接到死亡威胁。

Herrnstein 和 Murray 的研究，后来也遭到同行的批评，主要在其取样的误差以及测验的选择等。但平心而论，此仅止于技术阶段，真正的问题乃在两人只看到外显的行为，却未深究其背后之意义。就算黑人平均分数较白人低，但真能代表其天生较愚笨吗？隐藏其后的可能有文化不利、社会经济地位低，乃至家长教育程度低等因素。这些才是教育管理学者所关心的。其牵涉到人的情绪、价值观与感觉。光看分数，就认为白人较聪明，很难不被认为有先入为主的偏见。事实上，现今教育管理的多数研究，皆必须经过个人与社会的价值批判，绝对客观中立极难达成。因此，唯有透由多种研究范式的角度，才能在多元实体中寻得较为完整的图像。

盼望在未来岁月中，有更多以中文著作的教育管理研究方法论的研究出现。不同学者尽管各自支持特定的方法论范式，但是只要说出道理，我们都欢喜聆听。百花齐放总比一家之言要来得刺激，尤其是在这日新月异的时代中。

参考文献

一、中文参考文献

王如哲 . 1998. 教育行政学［M］. 台北：五南图书出版有限公司 .

王如哲 . 1999. 教育行政研究的展望［M］// 台湾中正大学教育学研究所 . 教育学研究方法论文集 . 高雄：丽文文化公司：99-124.

王逢振 . 1995. 女性主义［M］. 台北：扬智文化出版社 .

贝斯特，凯尔纳 . 1996. 后现代理论：批判的质疑［M］. 朱元鸿，李世明，译 . 台北：巨流图书公司 .

孔恩 . 2004. 科学革命的结构［M］. 王道还，译 . 台北：远流出版社 .

巴托莫尔 . 1991. 法兰克福学派［M］. 廖仁义，译 . 台北：桂冠图书有限公司 .

史特劳斯，科彬 . 1997. 质性研究概论［M］. 徐宗国，译 . 台北：巨流图书公司 .

伍振鷟，陈伯璋 . 1985. 近四十年来教育研究之初步检讨［J］. 中国论坛（241）：230-243.

庄文瑞 . 1987. 当代科学哲学的转向：巴柏与孔恩的辩论［J］. 当代（10）：26-36.

刘育忠 . 2000. 对话、游戏与教育：高达美与德希达之对比研究［D］. 台北：台湾政治大学教育学系硕士论文 .

刘魁 . 1998. 后现代科学观［M］. 台北：扬智出版社 .

江明修 . 1992. 社会科学多重典范的争辩：试论质与量研究方法的整合［J］. 台湾政治大学学报（64）：315-344.

江明修 . 1997. 公共行政研究方法论［M］. 台北：政大书城 .

孙中兴 . 1993. 爱、秩序、进步：社会学之父 Comte［M］. 台北：巨流出版社 .

孙孝文 . 2007. 对教育管理研究范式的思考［J］. 武汉理工大学学报：社会科学版，20（2）：271-274.

孙绵涛，罗建河 . 2008. 西方当代教育管理理论流派［M］. 重庆：重庆大学出版社 .

杜兰 . 1980. 西洋哲学故事［M］. 陈文林，译 . 台北：志文出版社 .

李平写 . 1987. 向科学理性的权威挑战：科学哲学顽童保罗费若本［J］. 当代

(10)：12-19.

李明堂 . 2002. 从 EAQ 研究议题、研究方法探讨教育行政研究典范的发展 [J]. 屏东师院学报 (17)：175-214.

连俊智 . 2008. 学校领导实务的探究：应关注的对象层级与发展途径 [J]. 新竹教育大学教育学报，25 (1)：53-78.

肖起清 . 2007. 我国教育管理学的发展及其研究范式的形成 [J]. 国家教育行政学院学报，115 (7)：45-49.

吴志宏. 2002. 探讨新世纪教育管理学研究的走向 [J]. 华东师范大学学报：教育科学版，20 (2)：1-5.

吴明清 . 1993. 教育研究：基本观念与方法之分析 [M]. 台北：五南图书出版有限公司 .

吴清山 . 1994. 教育研究本土化的取向 [M] // 台湾政治大学教育研究所 . 教育研究方法论文集 . 台北：台湾书店：149-157.

吴清山 . 2007. 后现代思潮与教育改革 [M] // 后现代思潮与教育发展 . 台北：心理出版社：29-53.

吴清基 . 1986. 赛蒙行政决定理论与教育行政 [M]. 台北：五南图书出版有限公司 .

吴琼恩 . 1995. 行政学的范围与方法 [M]. 台北：五南图书出版有限公司 .

邱心玫 . 2010. 教育管理研究方法探微 [J]. 闽江学院学报，31 (1)：111-113.

邱钰婷 . 2008. 六位初中女校长的问题解决心智运作：后结构女性主义的分析观点 [D]. 台北：台湾师范大学教育政策与行政研究所硕士论文 .

何玉静 . 2004. 论西方教育管理研究的主流范式 [J]. 焦作师范高等专科学校学报，20 (1)：45-49.

张之沧 . 1998. 后现代主义的“实在论”态度 [J]. 哲学杂志 (24)：206-225.

张巨青，吴寅华 . 1994. 逻辑与历史：现代科学方法论的嬗变 [M]. 台北：淑馨出版社 .

张庆勋 . 2005. 理论、研究与实际的融合 [J]. 屏东教育大学学报 (23)：1-29.

张我军 . 1998. 后现代教育 [M]. 台北：扬智出版社 .

张国清 . 1995. 罗蒂：再现论、反再现论和当代西方哲学主题的转向 [J]. 哲学研究 (7)：34-41.

张新平 . 2000a. 美英教育管理理论的三种范式 [J]. 教育研究 (2)：64-70.

张新平 . 2000b. 关于教育组织管理批判理论的探讨 [J]. 教育研究 (10)：72-76.

张新平 . 2001. 教育组织范式论 [M]. 南京：江苏教育出版社.

张新平 . 2002. 反思与建构：教育管理现象及相关问题研究 [J]. 华东师范大学学报：教育科学版，20 (2)：6-16.

张新平．2003a．外国教育管理学理论发展50年［J］．华东师范大学学报：教育科学版，21（4）：9-16．

张新平．2003b．价值论与整合论：外国教育管理学理论的新进展［J］．比较教育研究（1）：28-34．

张新平，蒋和勇．2004．教育管理学的困境与方法转型［J］．湖北大学成人教育学院学报，1（22）：14-17．

陈木金．1996．混沌现象对学校行政的启示［J］．教育资料与研究（9）：69-75．

陈木金．1999．混沌理论对学校组织变革因应策略之启示［J］．学校行政双月刊（1）：61-68．

陈木金．2000．从奇异吸引子理论谈新世纪的学校行政革新［J］．学校行政双月刊（5）：30-44．

陈木金．2002．学校领导研究：从混沌理论研究彩绘学校经营的天空［M］．台北：高等教育出版社．

陈伯璋．1995．台湾教育研究之检讨与展望［G］// 台湾空中大学，花莲师范学院，屏东师范学院．分析社会的方法论文集．屏东：屏东师范学院：c1-c21．

陈素秋．2007．搅扰公私划界：从女性主义出发［D］．台北：台湾师范大学公民教育与活动领导学系博士论文．

陈碧祥．1998．理解之诠释学分析及其教育意义［D］．台北：台湾师范大学教育研究所博士论文．

拉卡托斯．1992．批判与知识的增长［M］．周寄中，译．台北：桂冠图书公司．

范炽文．2008．教育行政研究：批判取向［M］．台北：五南图书出版有限公司．

范炽文．2012．教育行政即反省实践［J］．学校行政（77）：143-158．

林生传．2003．教育研究法［M］．台北：心理出版社．

林志忠．2004．教育行政理论：哲学篇［M］．台北：心理出版社．

林明地．1999．学校行政管理研究的现况与趋势［M］// 台湾中正大学教育学研究所．教育学研究方法论文集．高雄：丽文文化公司：125-152．

林明地．2000．学校行政的“技艺”性质及其对学校行政理论与实际的启示［J］．学校行政双月刊（5）：45-62．

林夏水．1997．非线性科学的哲学问题［J］．哲学研究（12）：48-55．

林清山．1993．实验研究法［M］// 黄光雄，简茂发．教育概论．台北：师大书苑出版社：309-340．

欧用生．1989．质的研究［M］．台北：师大书苑出版社．

罗青．1989．什么是后现代主义［M］．台北：学生书店．

罗建河．2006．论教育管理理论的知识论基础［D］．武汉：华中师范大学教育学院博士论文.

罗建河，孙绵涛. 2007. 西方自然连贯主义教育管理理论述评［J］. 外国教育研究，34（8）：36-40.

金吾伦. 1994. 托马斯库恩［M］. 台北：远流出版公司.

孟建伟. 1997. 还原论与整体论：必要的张力：对当代西方科学哲学方法论的反思［J］. 哲学研究，1997（8）：32-38.

孟樊，郑祥福. 1997. 后现代学科与理论［M］. 台北：生智出版社.

赵敦华. 1988. 维根斯坦［M］. 台北：远流出版社.

胡幼慧. 1996. 质性研究：理论、方法及本土女性研究实例［M］. 台北：巨流图书公司.

胡塞尔. 1992. 欧洲科学危机和超越现象学［M］. 张庆雄，译. 台北：桂冠图书公司.

侯怡枫. 1997. 一位小学女性校长领导实际之个案研究［D］. 嘉义：台湾中正大学教育学研究所硕士论文.

姜新立. 1994. 当代社会科学哲学［J］. 中山社会科学学报，8（1）：199-245.

洪淑芬. 2008. 台湾地区国民中学女性校长领导策略之研究：女性主义观点［D］. 南投：台湾暨南国际大学教育政策与行政学系.

费耶阿本德. 1990. 自由社会中的科学［M］. 结构群，编译. 台北：结构群文化事业有限公司.

费耶阿本德. 1996. 反对方法［M］. 周昌忠，译. 台北：时报文化出版公司.

姚介厚. 1996. 当代美国哲学［M］. 台北：远流出版公司.

秦梦群，黄贞裕. 2001. 教育行政研究方法论［M］. 台北：五南图书出版有限公司.

秦梦群. 1995. 浑沌理论在教育行政领域上的应用［J］. 教育与心理研究（18）：83-102.

秦梦群. 2010. 教育领导：理论与应用［M］. 台北：五南图书出版有限公司.

秦梦群. 2011. 教育行政理论与模式［M］. 台北：五南图书出版有限公司.

徐宗国. 1986. 由田野研究资料建立扎根的理论［J］. 台湾大学社会学刊（18）：51-62.

高宣扬. 1995. 新马克思主义导引［M］. 修订版. 台北：远流出版公司.

高敬文. 1996. 质化研究方法论［M］. 台北：师大书苑出版社.

海金. 1991. 科学哲学与实验［M］. 萧明慧，译. 台北：桂冠出版社.

教育资料馆. 1994. 教育研究信息汇编［M］. 台北：教育资料馆.

黄乃荧. 1999. 隐喻的意义及其在学校行政问题解决的应用［J］. 教育研究集刊（42）：171-202.

黄乃荧. 2000. 后现代教育行政哲学［M］. 台北：师大书苑出版社.

黄乃荧. 2007. 后现代思潮与教育发展［M］. 台北：心理出版社.

黄永军. 2011. 发展教育管理理论的方法探究［J］. 国家教育行政学院学报（1）：43-46.

黄光国 . 1993. 西方社会科学理论移植到东方所造成的相关问题及对策［M］// 西方社会科学理论的移植与应用合作研究计划论文汇编 . 台北：远流出版公司：33-36.

黄光国 . 2001. 社会科学的理路［M］. 台北：心理出版社 .

黄丽蓉 . 1995. 组织中之女性领导［D］. 台北：台湾政治大学公共行政研究所硕士论文 .

黄宗显 . 1999. 1990 年后台湾地区教育行政学术研究状况之分析与展望［M］// 台湾师范大学教育学系 . 科学的国际化与本土化 . 台北：扬智出版社：385-422.

黄政杰 . 1987. 教育研究亟须摆脱量化的支配［M］// 中国教育学会 . 教育研究方法论 . 台北：师大书苑出版社：131-140.

黄瑞琪 . 1980. 批判理论与现代社会学［M］. 台北：巨流图书公司 .

黄瑞琪 . 1996. 批判社会学：批判理论与现代社会学［M］. 台北：三民出版公司 .

彭怀恩 . 1999. 政治学方法论 Q&A［M］. 台北：风云论坛出版社 .

程树德 . 1997. 轻松与科学家知性对话［M］. 苏采禾，译 . “科学之终结”导读 . 台北：联经出版社 .

程晋宽. 2002. 论西方教育管理的实证主义研究传统［J］. 比较教育研究（9）：1-7.

程晋宽 . 2003. 论西方教育管理研究范式的转换［J］. 比较教育研究（6）：13-19.

舒炜光 . 1994. 科学哲学导论［M］. 台北：五南图书出版有限公司 .

谢文全 . 2003. 教育行政学［M］. 台北：高等教育出版社 .

简成熙 . 1994. 谢富乐教育分析哲学的探讨与应用［D］. 高雄：高雄师范大学教育研究所博士论文 .

简成熙 . 2005. 教育哲学专论：当分析哲学遇上女性主义［M］. 台北：高等教育出版社 .

詹志禹，吴璧纯 . 1992. 逻辑实证论的迷思［J］. 思与言，30（1）：101-121.

詹志禹 . 1997. 从科学哲学的发展探讨“理性”的意义及其对教育的含意［G］// 郭实渝 . 当代教育哲学论文集Ⅱ. 台北：“中央研究院”欧美研究所：1-41.

蔡秀涓 . 1993. 公共行政理论危机与重建方向［D］. 台北：台湾政治大学公共行政研究所硕士论文 .

蔡灿新 . 2010. 教育管理学研究的主题、存在的问题以及未来走向：近十年教育管理研究的文献梳理与分析［J］. 四川教育学院学报，26（1）：5-8.

蔡美仪 . 1992. 台湾女性教育主管性别角色、自我概念、社会支持与工作适应之关系［D］. 台北：台湾政治大学教育研究所硕士论文 .

锺静宜 . 1999. 台湾地区教育、职业地位取得之性别差异与变迁：女性主义观点［D］. 台北：台湾政治大学教育学系硕士论文 .

樊秀惠 . 1998. 比较教育中实证主义的论争［D］. 南投：台湾暨南国际大学比较教

育研究所硕士论文.

德希达.1998. 言语与现象［M］. 杨恒达，刘北成，译. 台北：桂冠图书有限公司.

颜良恭.1998. 公共行政中的典范问题［M］. 台北：五南图书出版有限公司.

潘慧玲.2000. 教育议题的性别视野［M］. 台北：台湾师范大学出版社.

二、英文参考文献

Achilles C M. 1991. Reforming educational administration：An agenda for the 1990s［J］. Planning and Changing，2（1）：23-33.

Anderson G L. 1990. Toward a critical constructionist approach to school administration：Invisibility，legitimation，and the study of non-events［J］. Educational Administrative Quarterly，26：38-59.

Anderson G L，Grinberg J. 1998. Educational administration as a disciplinary practice：Appropriating Foucault's view of power，discourse，and method［J］. Educational Administration Quarterly，34（3）：329-353.

Ayer A J. 1982. Philosophy in twentieth century［M］. London：Unwin.

Barlosky M. 1996a. Knowledge，certainty，and openness in educational administration［M］// Evers C W，Lakomski G. Exploring educational administration：Coherentist applications and critical debates. Oxford：Pergamon：247-270.

Barlosky M. 1996b. A rejoinder to Evers and Lakomski［M］// Evers C W，Lakomski G. Exploring educational administration：Coherentist applications and critical debates. Oxford：Pergamon：271-278.

Bates R J. 1984. Toward a critical practice of educational administration［M］// Sergiovanni T J，Corbally J E. Leadership and organizational culture：New perspectives on administrative theory and practice. Urbana：University of Illinois Press：260-274.

Bates R J. 1985. Public administration and the crisis of the state［M］. Geelong：Deakin University Press.

Begley P T. 1988. The influence of personal beliefs and values on principal's adoption and use of computers in schools［D］. Toronto：University of Toronto.

Begley P T. 1996. Cognitive perspectives on values in administration：A quest for coherence and relevance［J］. Educational Administration Quarterly，32（3）：403-426.

Benham M. 1997. The story of an African-American teacher-scholar：A woman's narrative［J］. Qualitative Studies in Education，10（1）：63-83.

Bigum C，Green B. 1993. Governing chaos：Postmodern science，information technology and educational administration [J]. Educational Philosophy and Theory, 25 (2): 79–103.

Bjork L G. 2000. Introduction: Woman in the superintendency: Advances in research and theory [J]. Educational Administration Quarterly, 36 (1): 5–15.

Blackmore J. 1996. Breaking the silence: Feminist contributions to educational administration and policy [M] // Leithwood J, Chapman E, Corson P, Hallinger P, Hart A. International handbook of educational leadership and administration. Dordrecht: Kluwer Academic Publisher: 997–1042.

Bloom L, Munro P. 1995. Conflicts of selves: Nonunitary subjectivity in women administrators' life history narratives [M] // Hatch J, Wisniewski R. Life history and narrative. Washington, DC: Falmer Press: 99–112.

Blount J M. 2003. One postmodern feminist perspective on educational leadership [M] // Maxcy S J. Postmodern school leadership. London: Westport, Connecticut: 47–59.

Blumberg A. 1989. School administration as a craft: Foundations of practice [M]. Boston: Ally and Bacon.

Bonjour L. 1999. The dialectic of foundationalism and coherentism [M] // Greco J, Sosa E. The Blackwell guide to epistemology. Oxford: Blackwell: 117–142.

Borland J H. 1990. Postpositivist inquiry: Implications of the "New philosophy of science" for the field of education of the gifted [J]. Gifted Child Quarterly, 34 (4): 161–167.

Bowles S, Gintis H. 1976. Schooling in capitalist America [M]. New York: Basic Books.

Boyan, N J. 1981. Follow the leader: Commentary on research in educational administration [J]. Educational Researcher, 10 (2): 6–13.

Brewer J, Hunter A. 1989. Multimethod research: A synthesis of styles [M]. CA: Sage.

Brunner C C. 2000. Unsettled moments in settled discourse: Woman superintendents' experiences of inequality [J]. Educational Administration Quarterly, 36 (1): 76–116.

Burrell G, Morgan G. 1994. Sociological paradigms and organizational analysis: Elements of the sociology of corporate life [M]. London: Arena.

Campbell D T. 1982. Experiments and arguments [M] // House E. Evaluation studies review annual. Beverly Hills: Sage: 117–127.

Collard J, Reynolds C. 2005. Leadership gender and culture in education: Male and female perspective [M]. New York: Open University Press.

Crowson R L, McPherson R B. 1987. The legacy of the theory movement: Learning from the new tradition [M] // Murphy J, Hallinger P. Approaches to administrative training in education. Albany: State University of New York Press: 45–64.

Culbertson J A. 1988. A century's quest for a knowledge base [M] // Boyan N J. Handbook of research on educational administration. London: Longman: 3-26.

Davies J S, Foster W. 2003. A postmodernist analysis educational administration [M] // Maxcy S J. Postmodern school leadership. London: Westport, Connecticut: 60-68.

Deal T E, Kennedy A A. 1982. Corporate cultures: The rites and rituals of corporate life [M]. Reading: Addison-Wesley.

Derrida J. 1973. Speech and phenomena, and other essays on Husserl's theory of signs [M]. Evanston : Northwestern University Press.

Dillard C. 1995. Leading with her life: An African American feminist (re) interpretation of leadership for an urban high school principal [J]. Educational Administration Quarterly, 31 (4): 539-563.

Donmoyer R. 1999. Paradigm talk (and its absence) in the second edition of the handbook of research on educational administration [J]. Educational Administration Quarterly, 35 (4): 614-641.

English F W. 1992. Educational administration: The human science [M]. New York: Harper Collins.

English F W. 1997. The cupboard is bare: The postmodern critique of educational administration [J]. Journal of School Leadership, 7 (1): 4-26.

English F W. 1998a. The postmodern turn in educational administration: Apostrophic of catastrophic development [J]. Journal of School Leadership, 8 (5): 426-428.

English F W. 1998b. Musing on Willower's "fog": A response [J]. Journal of Leadership, 8 (5): 464-469.

English F W. 2003. The postmodern challenge to the theory and practice of educational administration [M]. Springfield, IL: Charles C Thomas.

Erickson D A. 1977. Educational organization and administration [M]. Berkeley: McCutchan.

Evers C W. 1991. Towards a coherentist theory of validity [J]. International Journal of Educational Research, 15: 499-597.

Evers C W, Lakomski G. 1991. Knowing educational administration: Contemporary methodological controversies in educational administration research [M]. Oxford: Pergamon.

Evers C W, Lakomski G. 1994. Educational administration: Ethical and philosophical issues [M] // Husen T, Postlethwaite N. International Encyclopedia of education. 2nd ed. Oxford: Pergamon Press: 1769-1775.

Evers C W, Lakomski G. 1996a. Science in educational administration: A postpositivist conception [J]. Educational Administration Quarterly, 32 (3): 379-402.

Evers C W, Lakomski G. 1996b. Exploring educational administration: Coherentist applications and critical debates [M]. Oxford: Pergamon.

Evers C W, Lakomski G. 2000. Doing educational administration: A theory of administrative practice [M]. Oxford: Pergamon.

Evers C W, Lakomski G. 2012. Science, systems, and theoretical alternatives in educational administration: The road less travelled [J]. Journal of Educational Administration, 50 (1): 57-75.

Feigl H. 1953. Scientific outlook: Naturalism and humanism [M] // Feigl H, Brodbeck M. Readings in the philosophy of science. New York: Appleton-Century-Crofts: 8-18.

Feigl H. 1981. Naturalism and humanism [M] // Cohen R S. Feigl H. Inquiries and provocations. Boston: D. Reidel Publishing Company: 366-377.

Feyerabend P. 1978. Science in a free society [M]. London: Verso.

Feyerabend P. 1988. Against method [M]. London: Verso.

Firestone W A, Louis K S. 1999. Schools as cultures [M] // Murphy J, Louis K S. Handbook of research on educational administration. 2nd ed. San Francisco: Jossey-Bass Publishers: 297-322.

Firestone W A, Wilson B L. 1989. Using bureaucratic and cultural linkages [M] // Burdin J L. School leadership: A contemporary reader. Newbury Park, CA: Sage: 275-296.

Foster W P. 1986. Paradigms and promises [M]. Buffalo: Prometheus Press.

Gage N. 1989. The paradigm wars and their aftermath: A "historical" sketch of research on teaching since 1989 [J]. Educational Researcher, 12 (5): 13-25.

Gibboney R A. 1987. Education of administrator: An American tragedy [J]. Educational Week, April: 28.

Glaser B G, Strauss A L. 1967. The discovery of grounded theory: Strategies for qualitative research [M]. Chicago: Aldine.

Greenfield T B. 1993a. Theory about organization: A new perspective and its implications for schools [M] // Greenfield T B, Ribbins P. Greenfield on educational administration. London: Routledge: 1-25.

Greenfield T B. 1993b. Science and service: The making of the profession of educational administration [M] // Greenfield T B, Ribbins P. Greenfield on educational administration. London: Routledge: 199-228.

Greenfield T B. 1993c. The decline and fall of science in educational administration [M] // Greenfield T B, Ribbins P. Greenfield on educational administration. London: Routledge: 134-161.

Greenfield T B. 1993d. Research in educational administration in the United States and Canada: An overview and critique [M] // Greenfield T B, Ribbins P. Greenfield on educational administration. London: Routledge: 26-52.

Greenfield T B, Ribbins P. 1993. Greenfield on educational administration: Toward a humane science [M]. London: Routledge.

Griffiths D E, Hart A W, Blair B G. 1991. Still another approach to administration: Chaos theory [J]. Educational Administration Quarterly, 27 (3): 430-451.

Griffiths D E. 1959. Administrative theory [M]. New York: Appleton-Century-Crofts.

Griffiths D E. 1978. Contemporary theory development and educational administration [J]. Educational Administration, 6 (2): 82.

Griffiths D E. 1979a. Intellectual turmoil in educational administration [J]. Educational Administration Quarterly, 15 (3): 43-65.

Griffiths D E. 1979b. Another look at research on the behavior of administrators [M] // Immegart L, Boyd W L. Problem-finding in educational administration: Trends in research and theory. Lexington, MA: D. C. Health: 41-62.

Griffiths D E. 1988. Administrative theory [M] // Boyan N J. Handbook of research on educational administration. New York: Logman: 27-52.

Griffiths D E. 1995. Book Reviews: Greenfield on educational administration [J]. Educational Administration Quarterly, 31 (1): 151-165.

Griffiths D E. 1997. The case of theoretical pluralism [J]. Educational Management and Administration, 25 (4): 371-380.

Griffiths D E. 1999. Introduction [M] // Murphy J, Forsyth P B. Educational administration: A decade of reform. CA: Corwin Press: xi-xix.

Griffiths D E, Iannaccone L. 1958. Administrative theory, relationships and preparation [J]. Review of Educational Research, 28 (4): 334-357.

Grogan M. 2000. Laying the groundwork for a reconception of the superintendency from feminist postmodern perspectives [J]. Educational Administration Quarterly, 36 (1): 117-142.

Guba E G. 1985. The context of emergent paradigm research [M] // Lincoln Y S. Organizational theory and inquiry: The paradigm revolution. Beverly Hills, CA: Sage: 79-104.

Gunter H. 1995. Jurassic management: Chaos and management development in educational institution [J]. Journal of Educational Administration, 33 (4): 5-20.

Habermas J. 1971. Knowledge and human interests [M]. Boston: Beacon Press.

Habermas J. 1984. The theory of communicative action volume 1: Reason and the rationalization of society [M]. McCarthy T A, Trans. Boston: Beacon Press.

Halpin A W. 1958. Administrative theory in education [M]. London: The Macmillan Company.

Halpin A W. 1966. Theory and research in administration [M]. New York: The Macmillan Company.

Halpin A W. 1969. A foggy view from Olympus [J]. Journal of Educational Administration, 7 (1): 3-18.

Harris C E. 1996. The aesthetic of Thomas B. Greenfield: An exploration of practices that leave no mark [J]. Educational Administration Quarterly, 32 (4): 487-511.

Hill M S, Ragland J C. 1995. Woman as educational leaders: Opening windows, pushing ceilings [M]. CA: Corwin Press.

Hodgkinson C. 1978. Towards a philosophy of administration [M]. Oxford: Blackwell.

Hodgkinson C. 1983. The philosophy of leadership [M]. Oxford: Blackwell.

Hodgkinson C. 1991. Educational leadership: The moral art [M]. Albany: State University of New York Press.

Hodgkinson C. 1996. Administrative philosophy: Values and motivations in administrative life [M]. Oxford: Pergamon.

Hollis M. 1994. The philosophy of social science: An introduction [M]. Cambridge: Cambridge University Press.

Hoy W K. 1994. Foundations of educational administration: Traditional and emerging perspectives [J]. Educational Administration Quarterly, 30 (2): 178-198.

Hoy W K, Miskel C G. 1978. Educational administration: Theory, research, and practice [M]. New York: Random House.

Hoy W K, Miskel C G. 1996. Educational administration: Theory, research, and practice [M]. 5th ed. New York: McGraw-Hill.

Hoy W K, Miskel C G. 2007. Educational administration: Theory, research, and practice [M]. 8th ed. New York: McGraw-Hill.

Husen T. 1994. Research paradigms in education [M] // Husen T, Postlethwaite T N. International encyclopedia of education. 2nd ed. Oxford: Pergamon: 5051-5056.

Husen T. 1997. Research paradigms in education [M] // Keeves J P. Educational research, methodology, and measurement: An international handbook. 2nd ed. Oxford: Pergamon: 16-21.

Immegart G L, Boyd W L. 1979. Problems-finding in educational administration: Trends in research and theory [M]. Lexington, MA: D. C. Health.

Jackson P. 1968. Life in classrooms [M]. New York: Holt, Rinehart and Winston.

Jacobs K D, Kritsonis W A. 2006. National strategies for implementing postmodern thinking for improving secondary education in public education in the United States of America [J]. National Forum of Education and Supervision Journal, 23 (4): 1-10.

Jarvis D S L. 1998. Postmodernism: A critical typology [J]. Politics and Society, 26 (1): 95-142.

Jensen G, Peshkin A. 1992. Subjectivity in qualitative research [M] // Lecompte M, Millroy W, Preissle J. The handbook of qualitative research in education. San Diego: Academic Press: 681-726.

Keeves J P. 1988. Educational research, methodology, and measurement: An international handbook [M]. Oxford: Pergamon.

Keith N. 1996. A critical perspective on teacher participation in urban schools [J]. Educational Administration Quarterly, 32 (1): 45-79.

Kenway J, Modra H. 1992. Feminist pedagogy and emancipatory possibilities [M] // Luke C, Gore J. Feminisms and critical pedagogy. New York: Routledge: 138-166.

Kerlinger F N. 1973. Foundations of behavioral research: Educational and psychological inquiry [M]. 2nd ed. New York: Holt, Rinehart & Winston.

Kerlinger F N. 1986. Foundations of behavioral research [M]. 3rd ed. New York: Holt, Rinehart & Winston.

Kuhn T. 1970. The structure of scientific revolutions [M]. Chicago: University of Chicago Press.

Lakomski G. 1997. Critical theory and education [M] // Keeves J P. Educational research, methodology, and measurement: An international handbook. 2nd ed. Oxford: Pergamon: 168-173.

Leithwood K, Menzies T. 1998. A review of research concerning the implementation of site-based management [J]. School Effectiveness and School Improvement, 9 (3): 233-285.

Levine H G. 1992. Types of naturalistic inquiry [M] // Alkin M C. Encyclopedia of educational research. New York: Macmillan: 889-892.

Lincoln Y S. 1985. Organizational theory and inquiry: The paradigm revolution [M]. Beverly Hills, CA: Sage.

Lincoln Y S, Guba E G. 1985. Naturalistic inquiry [M]. Beverly Hills, CA: Sage.

Littrell J, Foster W. 1995. The myth of a knowledge base in administration [M] // Donmoyer R, Imer M, Scheurich J J. The knowledge base in educational administration: Multiple perspectives. New York: The State University of New York Press: 32-46.

Locke J. 1959. An essay concerning human understanding [M]. New York: Dover Publications.

Longino H E. 1999. Feminist epistemology [M] // Greco J, Sosa E. The Blackwell guide to epistemology. Oxford: Blackwell: 327-353.

Lyotard J F. 1984. The post-modern condition: A report on knowledge [M]. Bennington G, Massumi B, Trans. Minneapolis: University of Minnesota Press.

Maddock T H. 1993. Enlightenment and redemption: On the consequences of two different versions of critical theory for educational administration [J]. Educational Philosophy and Theory, 25 (2): 1-20.

Marshall C. 1995. Imagining leadership [J]. Educational Administration Quarterly, 31 (3): 484-492.

Masterman M. 1970. The nature of a paradigm [M] // Lakatos I, Musgrave A. Criticism and the growth of knowledge. Cambridge: Cambridge University Press: 59-89.

Maxcy S J. 1994. Postmodern school leadership: Meeting the crisis in educational administration [M]. Westport, ET: Praeger.

McCarthy M. 1986. Research in educational administration: Promising signs for the future [J]. Educational Administration Quarterly, 22 (1): 3-20.

McGuire J E. 1992. Scientific change: Perspectives and proposals [M] // Salmon M H. Introduction to the philosophy of science: A test by members of the department of the history and philosophy of science of the University of Pittsburgh. New York: Prentice-Hall: 132-178.

Meskin J P. 1979. Women as principals: Their performance as educational administrators [M] // Erickson D A, Reller T L. The principal in metropolitan schools. Berkeley, CA: McCutcheon Publishing: 323-347.

Miskel C, Sandlin T. 1981. Survey research in educational administration [J]. Educational Administration Quarterly, 17 (4): 1-20.

Murphy J. 1995. The Knowledge base in school administration: Historical footings and emerging trends [M] // Donmoyer R, Imer M, Scheurich J J. The knowledge base in educational administration: Multiple perspectives. New York: The State University of New York Press: 62-71.

Murphy J. 1999. The reform of the profession: A self-portrait [M] // Murphy J, Forsyth P B. Educational administration: A decade of reform. CA: Corwin Press: 39-68.

Murphy J, Forsyth P B. 1999. A decade of change: An overview [M] // Murphy J, Forsyth P B. Educational administration: A decade of reform. CA: Corwin Press: 3-38.

Nuyen A T. 1996. Postmodern education as sublimation [J]. Education Theory, 46 (1): 93-103.

Oldroyd D. 1986. The arch of knowledge: An introductory study of the history of the philosophy and methodology of science [M]. New York: Methuen.

Oplatka I. 2006. Women in educational administration within developing countries: Towards a new international research agenda [J]. Journal of Educational Administration, 44 (6): 604-624.

Oplatka I. 2009. The field of educational administration: A historical overview of scholarly attempts to recognize epistemological identities, meanings and boundaries from the 1960s onwards [J]. Journal of Educational Administration, 47 (1): 8-35.

Ouchi W G. 1981. Theory Z : How American business can meet the Japanese challenge [M]. New York: Avon Books.

Owens R G. 1982. Methodological perspective: Methodological rigor in naturalistic inquiry: Some issues and answers [J]. Educational Administration Quarterly, 18 (2): 1-21.

Owens R G. 1987. Organizational behavior in education [M]. 3rd ed. Englewood Cliffs, New Jersey: Prentice-Hall.

Owens R G, Valesky T C. 2010. Organizational behavior in education: Leadership and school reform [M]. 10th ed. Englewood Cliffs, New Jersey: Prentice-Hall.

Park S H. 1999. The development of Richard Bates's critical theory in educational administration [J]. Journal of Educational Administration, 37 (4): 367-388.

Phillips D C, Burbules N C. 2000. Postpositivism and educational research [M]. Lanham, Maryland: Rowman & Littlefield Publishers.

Pitner N J. 1988. The study of administrator effects and effectiveness [M] // Boyan J. Handbook of research on educational administration. New York: Longman: 99-122.

Poincare H. 1902. Science and hypothesis [M] // Alder M J. Great books of the western world. Chicago: The University of Chicago Press: 1-70.

Popkewitz T. 1984. Paradigm and ideology in educational research [M]. London: Falmer Press.

Popper K R. 1968. Conjectures and refutations: The growth of scientific knowledge [M]. New York: Routledge.

Read M, Marsh D. 2002. Combining qualitative and quantitative methods [M] // Marsh D, Stroker G. Theory and methods in political science. New York: Palgrave: 231-248.

Regan H. 1990. Not for women only: School administration as a feminist activity [J]. Teacher College Record, 91 (4): 565-577.

Reilly D H. 1999. Non-linear systems and educational development in Europe [J]. Journal of Educational Administration, 37 (5): 424-440.

Ritzer G. 1992. Sociological theory [M]. New York: McGraw-Hill.

Robinson V M J. 1993. Problem-based methodology: Research for the improvement of practice [M]. Oxford: Pergamon.

Robinson V M J. 1994. The practical promise of critical research in educational administration [J]. Educational Administration Quarterly, 30 (1): 56-76.

Robinson V M J. 1996. Problem-based methodology and administrative practice [J]. Educational Administrative Quarterly, 32 (3): 427-451.

Rorty R. 1979. Philosophy and the mirror of nature [M]. New Jersey: Princeton University Press.

Scheffler I. 1985. Of human potential: An essay in the philosophy of education [M]. London: Routledge & Kegan Paul.

Schein E H. 1985. Organizational culture and leadership [M]. San Francisco: Jossey-Bass Publishers.

Scheurich J J. 1994. Social relativism: A postmodernist epistemology for educational administration [M] // Maxcy S J. Postmodern school leadership: Meeting the crisis in educational administration. Westport, CT: Praeger: 17-46.

Scheurich J J. 1997. Research method in the postmodern [M]. London: Falmer Press.

Schratz M. 1993. Qualitative voices in educational research [M]. London: Falmer Press.

Schuartz H M, Davis S M. 1981. Matching corporate culture and business strategy [J]. Organizational Dynamics, Summer: 30-48.

Sergiovanni T J. 1984. Developing a relevant theory of administration [M] // Sergiovanni T J, Corbally J E. Leadership and organizational culture: New perspectives on administrative theory and practice. Urbana, IL: University of Illinois Press: 275-291.

Sergiovanni T J, Burlingame M, Coombs F S, Thurston P W. 1987. Educational governance and administration [M]. 2nd ed. NJ: Prentice-Hall.

Sergiovanni T J, Burlingame M, Coombs F S, Thurston P W. 1992. Educational governance and administration [M]. 3rd ed. Boston: Allyn & Bacon.

Shulman L. 1986. Paradigms and research programs in the study of teaching: A contemporary perspective [M] // Wittrock M C. Handbook of research on teaching. 3rd ed. New York: Macmillan: 3-36.

Simon H A. 1976. Administrative behavior: A study of decision-making processes in administrative organization [M]. 3rd ed. New York: Free Press.

Skrla L, Reyes P, Scheurich J J. 2000. Sexism, silence, and solutions: Woman superintendents speak up and speak out [J]. Educational Administration Quarterly, 36 (1): 44-75.

Smircich L. 1983. Concepts of culture and organizational analysis [J]. Administrative Science Quarterly, 28 (3): 339-358.

Stockman N. 1983. Antipositivist theories of the sciences [M]. Dordrecht: D. Reidel Publishing Company.

Tashakkori A, Teddlie C. 1998. Mixed methodology: Combing qualitative and quantitative approaches [M]. Thousand Oaks: Sage.

Tatsuoka M, Silver P. 1988. Qualitative research methods in educational administration [M] // Boyan N J. Handbook of research on educational administration. New York and London: Longman: 677-702.

Walker J C, Evers C W. 1988. Research in education: epistemological issues [M] //Keeves J P. Educational research, methodology, and measurement: An international handbook. Oxford: Pergamon: 22-31.

Weber M. 1947. The theory of social and economic organization [M]. London: William Hodge.

Weber M. 1949. The methodology of the social sciences [M]. New York: The Free Press.

Weick K. 1982. Administering education in loosely coupled schools [J]. Phi Delta Kappan, 27: 673-676.

Willower D J. 1975. Theory in educational administration [M]. Journal of Educational Administration, 13: 77-91.

Willower D J. 1988. Synthesis and projection [M] // Boyan N J. Handbook of research on educational administration. New York: Longman: 729-747.

Willower D J. 1993. Explaining and improving educational administration [J]. Educational Management and Administration, 21 (3): 153-160.

Willower D J. 1996. Inquiry in educational administration and the spirit of the times [J]. Educational Administration Quarterly, 32 (3): 344-365.

Willower D J. 1998. Fighting the fog: A critique of postmodernism [J]. Journal of School Leadership, 8 (5): 448-463.

Wolcott H. 1973. The man in the principal's office: An ethnography [M]. New York: Holt, Rinehart, and Winston.

学术术语索引

（以笔画为序）

七画

八画

九画

十画

十一画

十二画

十三画

十四画

十五画

十六画

出 版 人　所广一
责任编辑　翁绮睿　刘明堂
版式设计　孙欢欢
责任校对　贾静芳
责任印制　曲凤玲

图书在版编目（CIP）数据

教育管理研究范式与方法论/秦梦群，黄贞裕著．—北京：教育科学出版社，2014.9
（中国教育管理文库/褚宏启主编．学术前沿系列）
ISBN 978-7-5041-8794-9

Ⅰ．①教…　Ⅱ．①秦…　②黄…　Ⅲ．①教育管理—研究—中国　Ⅳ．①G526

中国版本图书馆 CIP 数据核字（2014）第 140739 号
北京市版权局著作权合同登记　图字：01-2014-7373 号

中国教育管理文库·学术前沿系列
教育管理研究范式与方法论
JIAOYU GUANLI YANJIU FANSHI YU FANGFALUN

出版发行	教育科学出版社		
社　　址	北京·朝阳区安慧北里安园甲 9 号	**市场部电话**	010-64989009
邮　　编	100101	**编辑部电话**	010-64981167
传　　真	010-64891796	**网　　址**	http://www.esph.com.cn

经　　销	各地新华书店		
制　　作	北京金奥都图文制作中心		
印　　刷	保定市中画美凯印刷有限公司		
开　　本	169 毫米×239 毫米　16 开	**版　　次**	2014 年 9 月第 1 版
印　　张	18	**印　　次**	2014 年 9 月第 1 次印刷
字　　数	300 千	**定　　价**	45.00 元